D1935124

Das Buch

Joe heißt eigentlich Johanna, ist fünfzehn und hat die Nase gestrichen voll vom Familienleben: mit einer Mutter, die sich über Joes zerrissene Jeans aufregt, aber keine Ahnung hat, wie es ihrer Tochter geht, und mit dem ekligen Mike, der sich als Möchtegern-Stiefvater aufspielt. Joe packt die Tasche und haut ab – egal wohin. Und wer in Berlin nicht weiß wohin, fährt erst mal zum Alex. Als Joe dort von einer Gruppe Skins angemacht wird, tritt Engel dazwischen. Es ist Liebe auf den ersten Blick zwischen Joe und dem siebzehnjährigen Außenseiter. Aber wie viel hält eine Liebe aus? Joe ist fest entschlossen, für ihr Glück zu kämpfen – gegen die Eltern, das Jugendamt und auch gegen die Drogenszene, die Engel immer wieder in den Abgrund zu ziehen droht ...

Der Autor

Kai Hermann, 1938 in Hamburg geboren, war Redakteur und Autor von *Zeit* und *Spiegel* und arbeitet frei für den *Stern*. Er schrieb Bücher und Drehbücher, darunter *Christiane F.: Wir Kinder vom Bahnhof Zoo* (gemeinsam mit Horst Rieck), *Die Starken, Yakuza* und *Andi*. Kai Hermann wurde mit dem Theodor-Wolff-Preis, dem Egon-Erwin-Kisch-Preis sowie der Carl-von-Ossietzky-Medaille ausgezeichnet.

Kai Hermann

Engel und Joe

Nach einer wahren Geschichte

Ullstein

Besuchen Sie uns im Internet:
www.ullstein-taschenbuch.de

Umwelthinweis:
Dieses Buch wurde auf chlor- und säurefreiem Papier gedruckt.

Ungekürzte Ausgabe im Ullstein Taschenbuch
1. Auflage Dezember 2002
7. Auflage 2006
© Ullstein Buchverlage GmbH, Berlin 2005
© 2002 by Ullstein Heyne List GmbH & Co. KG
© 2001 by Econ Ullstein List Verlag GmbH & Co. KG, München/Ullstein Verlag
Umschlaggestaltung: Büro Hamburg
(nach einer Vorlage von Thomas Jarzina, Köln)
Titelabbildung: Amana Germany GmbH, Hamburg
Gesetzt aus der Officina Sans
Satz: LVD Berlin
Druck und Bindearbeiten: Ebner & Spiegel, Ulm
Printed in Germany
ISBN-13: 978-3-548-25543-9
ISBN-10: 3-548-25543-4

[1]

Die verdammte Sonne abstellen. Noch mal einschlafen.

Null Chance.

Die eklige Mischung aus Zigaretten, Pille, Alk und diesem Typen. Im Kopf und auf der Zunge. Die zerstückelten Erinnerungen, die keine Ruhe geben.

Sie hat sich mit diesem Idioten gebissen. Vielleicht hätte sie sich von ihm auch noch poppen lassen. Dicht, wie sie war. Okay, sie hat seine Hand dann festgehalten. Und er ist einfach aufgestanden und abgehauen. Weil es ihn wohl nervte, dass sie seine Hand festhielt. Scheiße.

Wenn du aufwachst nach so einer Nacht, kannst du eigentlich nur noch sofort sterben.

Joe muss erst mal pinkeln. Kaum ist man lebensmüde, muss man sich zum Glück schon wieder auf was anderes konzentrieren. Zum Beispiel darauf, ins Badezimmer zu gehen.

Joe heißt eigentlich Johanna. Aber den richtigen Namen benutzt nur ihre Mutter, wenn es Stress gibt. Heute wird sie wieder Johanna sagen. Mit Betonung auf der zweiten Silbe.

Joe geht auf den Flur. Hört die Stimmen. Sagt laut: »Nee, nicht schon wieder.«

Mama und ihr Freund sind im Badezimmer. Wie fast jeden Sonntagmorgen. Allein die Vorstellung macht Joe beinah irre. Mama mit diesem Bierwanst im Bad. Was, verdammt noch mal, machen die da zusammen? Sie wäscht sich den Schritt und er die Eier? Oder was? Oder gegenseitig? Oder was? Dass Mama überhaupt mit so einem. Nur weil es sie depressiv macht, allein zu schlafen. Krank.

Wenn die zusammen im Bad sind, reden sie über die Benzinpreise, Kinderschänder oder Fernsehpromis. Heute nicht.

Joe hört ihren Namen. Und dann Mama: »Ich weiß auch nicht mehr, was ich mit ihr anstellen soll.«

Und der Typ, der heißt auch noch Mike, sagt: »Ich sprech mit ihr. Ich meine, sie ist gerade mal fünfzehn. Jedenfalls gibt es das nicht mehr. Und dann vielleicht noch bis nachmittags schlafen.«

Mama zetert: »Ich werd einfach nicht mehr fertig mit ihr.«

Und der Typ sagt allen Ernstes: »Lass mich das gleich mal regeln.«

Joe ist wieder in ihrem Zimmer. Sie denkt, das ist jetzt wohl das Letzte. Die eigene Mutter schickt ihren Lover. Weil sie es aufgibt, Mutter zu sein? Oder wie? Richtig will Joe das nicht zu Ende denken. Sie müsste kotzen. Erst mal muss sie aber pinkeln.

War ja klar, dass es wieder Stress geben würde ohne Ende. Aber dass der wahrscheinlich schmierigste Typ Berlins einen Auftritt als Joes Stiefvater haben will. Das ist die mieseste Show seit Heino im Musikantenstadl. Joe flüstert ins Kopfkissen: »Ey Mama, ich liebe dich. Weißt du doch. Das kannst du nicht ernst meinen. Ey, sag ihm bitte, bitte, dass er nicht in mein Zimmer kommt. Oder ich steche ihn ab.« Wenn Joe sich richtig in was reinsteigert, dann geht es am Ende in ihrer Fantasie nur noch um Mord oder Selbstmord.

Es klopft tatsächlich an der Tür. Joe steht vor ihrem Bett. Im Nachthemd. Starr. Bleich. Ungefähr wie der Marmorengel auf dem Marienfriedhof. Die Tür öffnet sich. Dieser Mike geht etwa einen Meter ins Zimmer. »Morgen, das Fräulein. Tatsächlich schon wach.«

Joe sagt: »Ich habe nicht gehört, dass jemand ›herein‹ gesagt hat.«

Er hat Mamas alten weißen Bademantel an. Der ist ihm zu eng und zu kurz. Die blassen, dünnen Beine unter der Wampe sehen unglaublich lächerlich aus. »Nicht gleich wieder diesen aggressiven Ton, bitte«, meint er.

»Ich muss pinkeln.« Joe will raus. Aber er steht breitbeinig in der Tür. Sie müsste ihn berühren, wenn sie vorbeiwill. Vielleicht hält er sie dann auch noch fest. Da müsste sie sofort kotzen.

»So eilig wird's ja nicht sein«, sagt er, »wenn man bis morgens um vier unterwegs sein kann.« Er labert immer solchen unzusammenhängenden Müll. Mama findet das witzig.

Joe bleibt noch ruhig. »Du bist wohl der Allerletzte, den es was angeht, wie lange ich unterwegs bin.«

»Irrtum, Fräuleinchen. Es geht mich eine Menge an, wenn deine Mutter sich Sorgen macht und kein Auge mehr zukriegt. Weil sich das Kind bis morgens rumtreibt.«

Schon beim »Fräuleinchen« wäre Joe sonst ausgerastet. Spätestens bei »Kind«. Aber der Hass in ihr wird immer eisiger. »Was zwischen mir und meiner Mutter ist, da hältst du dich besser ziemlich weit raus. Wenn du sonst noch was zu sagen hast, mach es ganz schnell. Weil ich pissen muss. Verstehst du?« Joe beginnt, diesen Hass zu genießen.

Er ist doch nur lächerlich. Wie er sich vor ihr aufpumpt. »Nun hör mal gut zu. Es ist jetzt ein für alle Mal Schluss mit der Rumtreiberei. Ist das klar? Feierabend. Endgültig.«

»Ob du hier Ansprachen hältst oder in China fällt ein Sack Reis um.« Es scheint, als würde Joe immer cooler.

»Jetzt ist aber endgültig Feierabend«, wiederholt er ziemlich laut.

Joe geht einen Schritt auf ihn zu. Sieht ihm zum ersten Mal ins Gesicht. »Sag mal, was glubscht du mich überhaupt so an? Findest du wohl geil, dass ich im Nachthemd bin, oder?«

Er fängt endlich an zu brüllen: »Du bist ja ein feines Früchtchen. Das ist dein Umgang. Genau.«

Er sagt tatsächlich »Früchtchen«. Er ist so eklig. Und er setzt noch einen drauf: »Drogen und ab auf die Matratze. Ja? Mit fünfzehn.«

Das hätte er vielleicht nicht sagen sollen. Nach der Scheißnacht. Aber Joe will ihm nicht den Gefallen tun, auszurasten. »Ja und?«, sagt sie. »Wenn's mir Spaß macht.«

Er kriegt kaum noch Luft. »Was, was? Du gibst es auch noch zu. Du schläfst mit irgendwelchen Jungen und, und ...«

»Ey, wer geiert mir denn immer hinterher? Glaubst du, ich merk das nicht. Schon morgens, wenn ich ins Bad gehe. Wie du hinter mir hergeierst.«

Jetzt geht er einen Schritt auf sie zu. Sie stehen sich gegenüber. »Sag das noch mal.«

»Du würdest mich doch am liebsten selber ficken.«

Es tut nicht weh. Joe spürt eigentlich gar nichts. Sie stolpert rückwärts zu ihrem Bett. Mit einer Hand hält sie das Gesicht. Sie fühlt, dass ihr Blut aus der Nase läuft. Sie hört seine Stimme von weit weg: »Tut mir ehrlich Leid. Aber du hast es provoziert.«

Joe denkt, dass man wirklich Sterne sieht, wenn man einen vor den Kopf kriegt. Das Blut lässt sie auf die weiße Bettdecke tropfen. Es tut ihr irgendwie gut, zu beobachten, wie sich die roten Flecken auf der Decke ausbreiten. Ihr laufen Tränen aus den Augen, aber sie heult eigentlich nicht.

Joes Fantasie fängt ganz langsam an, wieder zu arbeiten. Warum ist sie nicht mit dem Kopf gegen das Bettgestell geschlagen? Und Mama kommt ins Zimmer. Und ihre Tochter liegt da. Mit leeren Augen. Eine schmale Blutspur zieht sich aus dem Mundwinkel. Den Typen hätten sie sofort verhaftet und auch Mama stundenlang verhört. Nee, die wäre gleich zusammengeklappt. Nie mehr hätte sie einen Kerl mit ins Badezimmer genommen. Und mindestens jeden dritten Tag würde sie frische Blumen aufs Grab ihrer Tochter legen.

Mama kommt tatsächlich kurz ins Zimmer. Sie sieht das viele Blut auf der weißen Decke. Sie sagt nur: »Das hast du dir eindeutig selber zuzuschreiben, Johanna.«

Joe sitzt auf dem Bett. Sie hat die Haare vors Gesicht geschoben. Wie sie es schon als kleines Kind getan hat, wenn sie unsichtbar sein wollte oder gar nicht mehr da. Die Nase blutet nicht mehr. Es dauert lange, bis ihr klar wird, was passiert ist. Das Nachthemd ist klatschnass. Die Matratze auch. Es stinkt wie im Disco-Klo.

Das kann nicht wahr sein. Alles nicht. Joe versucht, zwei, drei Gedanken hintereinander zu ordnen. Geht nicht.

Als sie so sieben, acht Jahre alt war, da hat sie so eine Phase gehabt. Ins Bett gepinkelt. Das war der absolute Horror. Davon kriegst du schon als kleines Kind totale Minderwertigkeitskomplexe. Wahrscheinlich war damals auch schon einer von Mamas

Typen schuld. Darauf kommt man ja als kleines Kind nicht. Dem Schulpsychologen hat Mama natürlich sowieso nichts von ihren Typen erzählt.

Joe zieht das nasse Nachthemd über den Kopf. Sie guckt in den Spiegel. Sie findet sich unglaublich hässlich. Angefangen bei den zu kleinen Brüsten. Die rechte Gesichtshälfte ist rot, an einigen Stellen auch schon bläulich.

Dieser Scheißtyp. Was für einen Spruch würde er jetzt loslassen? »Noch nicht mal trocken, aber bald schwanger.« Irgendwas in der Richtung. Garantiert. Und Mama würde grinsen. Halb amüsiert und ein bisschen gequält. Weil, manchmal ist ihr der Typ auch peinlich und ihre Tochter mehr wert.

So viel ist sicher: Diesen Mike wird Joe nie wieder sehen. Sie wird also auch nie mehr in diesem verpissten Bett schlafen. Mama vielleicht später mal wieder treffen.

Joe steht bald eine halbe Stunde unter der Dusche und versucht, den ganzen Ekel von der Haut zu waschen. Sie braucht eine Flasche Duschgel. Sie trocknet sich endlos ab. Und würde am liebsten sofort noch einmal duschen.

Als sie Mikes Rasierwasser ins Becken laufen lässt, hält sie sich die Nase zu. Weil es nach Mike stinkt. Sie träufelt Abflussfrei in die Rasierwasserflasche. Aber dann liest Joe doch noch mal den Warnhinweis auf dem Etikett. Sie gießt das Zeug ins Klo. Nee, blind werden soll der Typ nun auch nicht. Das würde ihm so passen. Mama müsste lebenslang den Blindenhund für ihn machen. Ihre Tochter geht in den Knast. Und die BILD-Zeitung bringt Joes Foto mit einem schmalen schwarzen Strich über den Augen. Aber so, dass jeder sie erkennen kann. Und drunter steht: »Hinter diesem Engelsgesicht verbirgt sich eine Bestie.« Jedenfalls, wenn die BILD das Foto nimmt, das ihr Onkel letztes Weihnachten gemacht hat. Vor dem Tannenbaum. Oder sie nehmen das Bikini-Foto und nennen sie »Säure-Luder«. Und daneben das Bild von Mike, der mit seinen milchig-ausgelaufenen Augen noch triefiger guckt als vorher. Darunter steht: »Ich habe sie doch geliebt wie mein eigenes Kind.«

Joes Fantasie ist schon wieder gut auf Touren. Sie geht immer auf das Fantasy-Programm, wenn sie nicht groß nachdenken will.

Joe steckt Zahnbürste und Kamm in die Tasche des Bademantels. Sie horcht lange in den Flur. Dann schleicht sie in ihr Zimmer. Sie zieht die alten Jeans an. Die mit den Rissen am Knie und knapp unterm Hintern. Mama flippt aus, wenn sie die Dinger nur sieht.

Mama wird für lange Zeit nicht mehr ausflippen müssen. Joe packt ihre Reisetasche. Unterhosen, T-Shirts, Socken und ein paar Mark aus dem geblümten Porzellan-Sparschwein. Sie kramt in der alten Spielzeugkiste. Findet unter den Legosteinen die Packung Kondome. Mama schnüffelt überall. Aber das Versteck hat sie nie gefunden.

Joe nimmt den kleinen alten Teddy in die Hand, dem ein Auge fehlt, wie den meisten alten Teddys. Der ist ziemlich versifft. Weil sie ihn angeblich immer aus der Kinderkarre gefeuert hat. Sie setzt ihn zurück in das Regal und sagt: »Kommst nicht mit. Kindergarten ist vorbei.«

Joe fühlt sich echt besser. Viel besser. Nicht, dass sie schon drei, vier vernünftige Gedanken hintereinander ordnen kann. Sie macht gar nicht mehr den Versuch. Nachdenken ist sowieso nur sinnvoll, wenn man gut drauf ist. Sonst zieht es immer weiter runter. Wenn gar nichts mehr geht, musst du was tun, ohne nachzudenken. Schreien zum Beispiel. Oder Rotz und Wasser heulen.

Diesmal packt Joe einfach ihre ungefähr sieben wichtigsten Sachen. Das Hirn nervt nicht rum mit blöden Fragen: Warum? Wohin? Und dann? Joe macht es. Eigentlich wollte sie es schon längst machen.

Sie zieht das dunkelblaue Kapuzen-Sweatshirt über den Kopf. Hängt die rote Tasche über die Schulter. Öffnet die Tür einen Spalt. Lauscht in den Flur. Nur der Ton des Fernsehers ist zu hören.

Joe geht auf den Flur. Die Tür vom Wohnzimmer ist zu. Dieser Mike guckt »Doppelpass«. Wie jeden Sonntag um die Zeit. Mama sitzt daneben und tut so, als interessiere sie sich für Fußball. Irgendwann ist es ihr meistens zu langweilig. Sie fängt dann an, das Mittagessen vorzubereiten.

Joe bleibt eine Sekunde vor dem Wohnzimmer stehen, ohne es zu wollen. Aus dem Badezimmer stinkt es bis hierher nach Mikes Rasierwasser.

Sie geht an der Garderobe vorbei, wo Mikes stinkende Lederjacke aus der Türkei hängt und Mamas neonfarbener Anorak aus den Achtzigern. Der soll sie jünger machen. Ist aber nur peinlich. Joe sieht sich noch mal genau um. Zieht sich die Gerüche rein. An schönen Sonntagen, wenn Mama und Joe allein waren, roch es um diese Zeit nach angebranntem Toast und Badeöl.

Joe geht zur stinkigen türkischen Lederjacke und greift in die Taschen. Kriegt zwei Fünfer zu fassen und noch ein paar Markstücke. Überlegt, ob sie auch an Mamas Sachen geht. Aber da steht sie schon vor der Wohnungstür. Drückt vorsichtig die Klinke runter. Ist im Treppenhaus. Geht ganz langsam die abgewetzten Holzstufen runter. Nicht besonders leise. Vielleicht wartet sie darauf, dass Mamas entsetztes Gesicht über ihr erscheint und dann der Aufschrei: »Tu es nicht, bitte komm zurück.« Joe würde sich nicht mal umdrehen. Und es täte gut, sich nicht mal umzudrehen.

Die Wände des Treppenhauses sind braun. Nicht etwa hellbraun, sondern richtig braun. Es gibt keine deprimierendere Farbe. Vor allem für ein Treppenhaus. Im Parterre sind jede Menge Sprüche auf die Wände gekritzelt. Das Übliche. »Melanie liebt Gregor«, Herzen, Schwänze und Härteres. Die richtig versauten Sachen hat Joe immer überkritzelt. Vor allem alles, was über sie da stand. In dem Treppenhaus ist sie groß geworden.

Sie geht aus der Haustür. Mehr oder weniger für immer. Das müsste irgendwie an die Nieren gehen. Aber Joe hat ihren Vorrat an Gefühlen im Moment aufgebraucht. Sie fühlt sich frei. Weil ihr Kopf total leer ist. Abzuhauen hat sie sich dramatischer vorgestellt.

Auf der Straße ist kein Mensch. Die Männer gucken »Doppelpass«. Die Frauen bereiten das Essen vor. Die älteren Kids schlafen noch oder gähnen im Bad ab. Für die Kleineren ist so ein später Sonntagvormittag die pure Langeweile.

Joe weiß nur so ungefähr, wo sie hinwill. Hat auch noch keine

Lust, genauer darüber nachzudenken. Sie kommt am »Green Card« vorbei. Das ist neu, sieht teuer aus und passt nicht so richtig in die Gegend. Es ist noch nicht sehr voll um die Zeit. Joe ist schon öfter am »Green Card« vorbeigeschlichen. Sonntagmittag, wenn da Frühstückszeit ist. Man konnte sich an die Bushaltestelle stellen und die Gäste durch die große Scheibe beobachten. Leute, die zwölf Mark für ein Frühstück hinblättern. Fast nur Pärchen. Noch etwas groggy von der letzten Nacht. Aber unheimlich relaxed. Reden wohl nicht viel. Manchmal grinst sich so ein Pärchen ganz cool und happy an. Die tun alle, als hätten sie gerade hundert Orgasmen hinter sich und müssten sich für die nächsten hundert stärken. Und jeder soll es sehen.

Joe fand das immer ätzend. Wahrscheinlich aber nur, weil sie an der Bushaltestelle gestanden und blöde in den Laden reingestarrt hat. Und nicht drinnen mit einem coolen Typen nach reichlich Orgasmen gefrühstückt hat.

Joe bleibt an diesem Morgen nicht an der Bushaltestelle stehen. Es würde sie nur runterziehen. Es sind viele Polizeiwagen unterwegs. Sirenengejaule am Sonntag ist nicht oft. Vor »Kaisers« stehen ein paar Glatzen und tun wichtig. Es gibt viele Glatzen im Viertel. Joe kennt einige von denen, die vor »Kaisers« stehen. Sie will auf der anderen Straßenseite vorbei. Aber einer von den Typen ruft sie doch noch: »Ey Joe. Komm doch mal her.« Der Typ heißt Killer. Jedenfalls nennen ihn alle so.

Es ist besser, mit Glatzen keinen Ärger zu haben, wenn man im Viertel wohnt. Joe mag die nicht besonders. Aber die Nazis im Viertel sind zumindest keine, die Obdachlose tottreten. Glaubt sie. Manche kennt sie schon aus der Grundschule. Jungs, die sich nicht trauen, allein mit einem Mädchen zu reden oder überhaupt irgendwas allein zu tun. Deshalb sind sie immer zu mehreren und hängen an der Bierdose.

Joe geht ganz automatisch über die Straße zu den Typen, obwohl sie nicht die geringste Lust hat, sich von denen anlabern zu lassen. Aber das ist auch so was. Dass Joe manchmal automatisch Sachen tut, die irgendwelche Idioten ansagen. Glatzen, Lehrer oder selbst dieser Mike. Als sie Mama mal eine Klassenarbeit zeigen wollte, meinte dieser Mike: »Gib doch mal her.« Sie hat ihm automatisch das Heft gegeben. Sich hinterher den Arsch abgeärgert.

Als Joe bei den Glatzen ist, fragt Killer: »Kriegen wir keinen Kuss?«

»Ich steh nicht auf Mundgeruch«, sagt Joe. Sie stellt sich möglichst so, dass die Glatzen nicht ihre geschwollene Gesichtshälfte sehen.

Einer rülpst laut, und die anderen finden es komisch. »Kommst du mit? Zecken klatschen?«, fragt Killer.

»Wieso?«

»Die Asis betteln darum, was aufs Maul zu kriegen. Die wollen gegen unseren Aufmarsch randalieren.«

»Keine Zeit«, sagt Joe. »Macht keinen Scheiß. Bis die Tage.« Sie tut so, als habe sie es eilig.

Es gibt kaum was Öderes, als Sonntagvormittag durch Friedrichshain zu latschen. Vor allem, wenn man nicht mal weiß, wohin. Kein Schaufenster. Nur Hundescheiße. Die Attraktion sind die Glitzerfähnchen des Gebrauchtwagenladens.

An der Ecke vor den Gebrauchtwagen hockt ein Typ auf dem Boden. Sieht aus wie 'n Punk. Gehört eigentlich nicht in die Gegend. Joe muss sich ihn genauer angucken. Der Typ hat Blut im Gesicht. Joe will schnell vorbei.

Aber der Typ fragt: »Hast du 'n paar Groschen, um 'n Krankenwagen anzurufen?«

Sonst kannst du sonntags Stunden durch die Stadt rennen, und siehst und hörst nichts. Kein Bekannter weit und breit. Niemand, der auch nur ein Wort mit dir redet. Nicht mal ein Bauarbeiter pfeift dir hinterher. Und du kommst dir ziemlich überflüssig vor. Wenn du aber niemanden hören oder sehen willst, quatscht dich an jeder Ecke jemand an.

Joe kramt Kleingeld aus der Hosentasche. Automatisch. Obwohl ihr der Typ reichlich egal sein kann. Sie gibt ihm fünfzig Pfennig und fragt: »Nazis?«

Er sagt: »Nee, Bullen.«

Die Wunde auf seiner Stirn sieht nicht gut aus. Sie blutet noch etwas. Er wischt sich das Blut mit einem Lappen aus dem Gesicht. Joe gibt ihm Papiertaschentücher. »Du musst da was machen. Das sieht echt gefährlich aus«, sagt sie.

Der Typ reagiert nicht. Er holt eine Ratte aus der Tasche. Drückt sein blutverschmiertes Gesicht in das Fell der Ratte. Küsst sie. Setzt sie auf sein Knie.

Joe stellt die Tasche ab. Geht automatisch in die Hocke. Sieht sich die Ratte an. »Die ist süß.«

»Süß?« Der Typ setzt sich eine Brille auf, die nur noch ein Glas hat, und betrachtet Joe. Sie dreht die geschwollene Seite des Gesichts zu spät weg. »Nazis?«, fragt er.

»Nee, mein Stiefvater«, sagt Joe.

»Nicht wirklich.«

Joe steht sofort wieder aufrecht und hängt sich die Tasche über die Schulter. Sie weiß wirklich nicht, warum sie in die Hocke gegangen ist und ausgerechnet dem was erzählt. Dann hat sie auch noch »mein Stiefvater« gesagt.

»Wenn ich den Alten totmachen soll, schick mir 'ne Message.«

Joe sagt: »Du kannst hier nicht bleiben. Dahinten kommen Nazis.«

»Tatsächlich?«

»Im Ernst. Du musst hier weg.«

Der Typ tut so, als sei ihm alles egal. Sieht aber doch ein bisschen nervös die Straße runter. Sagt: »Danke auch.«

Joe geht, ohne noch was zu sagen. Die Polizeiwagen sind wieder hektisch unterwegs. Sie ist froh, dass sie weg ist von dem Typen. Er ist wahrscheinlich ein Arschloch. Obwohl er auf den ersten Blick nicht so aussieht. Wie er sie so durch die kaputte Brille angeguckt hat. Für Joe sind bei einem Jungen die Augen wichtig. Natürlich nicht nur. Der Typ mit dieser kaputten Brille hatte irgendwie spöttische Augen. Obwohl er sich eigentlich beschissen gefühlt haben muss. Wahrscheinlich ist er doch ein Arschloch. Eingebildet. Wie er sie behandelt hat. So von oben herab. Nur das mit der Ratte, das war süß.

Einen Moment denkt Joe darüber nach, was eigentlich der Plan ist. Den gibt es nicht. Vielleicht schmeißt sie sich abends vor die U-Bahn. Aber das scheint eher unwahrscheinlich. Denn sie ist null depressiv. Auch nicht gerade happy. Gar nichts eigentlich. Es ist ein schöner Tag. Das hat sie bisher gar nicht gemerkt. Die Sonne scheint. Wenn sie nicht gerade in einer der ziemlich weißen Wolken verschwindet. Es ist so warm, dass Joe nicht mal kalte Fingerspitzen hat wie meistens. Dabei ist es erst Mai.

Sie kommt zum Marienfriedhof. Geht durch den Eingang. Nur so. Sonst sind Friedhöfe irgendwie feierlich und traurig. Zwar nicht wirklich unheimlich. Aber man ist eingeschüchtert auf Friedhöfen und traut sich nur leise zu sprechen. Heute fühlt Joe sich wohl zwischen den Gräbern.

Sie setzt sich auf eine Bank. Konzentriert sich auf das verschiedene Grün der Bäume. Es ist ihr noch nie aufgefallen, wie viele Grüns es gibt. Wahrscheinlich Tausende. Wenn man das Grün der Bäume in Afrika und Asien oder am Amazonas dazuzählt.

Sie überlegt, warum sich ausgerechnet zwei treffen, die beide gerade was vor den Kopf gekriegt haben. Zufall? Weiß man nicht. Wahrscheinlich.

Joe hat schon eine Ewigkeit auf dieser Bank gehockt. Ihr macht es nichts aus, dass sich eine sehr alte Frau neben sie setzt. Denn mit der Zeit fühlt man sich ziemlich allein auf so einem Friedhof. Und alte Menschen nerven sie nie wirklich. Auch ihre Großeltern nicht.

Die alte Frau sagt: »Herrlicher Tag.«

»Ja, ist es«, antwortet Joe.

»Sind deine Oma oder dein Opa hier begraben?«, fragt die alte Frau.

»Ja«, lügt Joe.

»Hast du noch einen Opa oder eine Oma?«

»Sie sind alle ganz früh gestorben.«

Joe kann nicht wirklich lügen, ohne tiefrot zu werden. Aber Geschichten erzählen ohne Ende. Und man glaubt ihr dann jedes Wort.

»Du erinnerst mich so an meine jüngste Enkelin«, sagt die alte Frau, die wohl das Thema wechseln will.

Joe gefällt es aber, über das Sterben zu reden. Über was soll man auf einem Friedhof auch sonst quatschen. Sie erzählt: »Unsere Familie hat so eine Erbkrankheit. Wir kommen alle ziemlich früh unter die Erde.«

»Und deine Eltern?«

»Ich bin allein.«

»Nein, mein Gott.«

»Doch, ich bin eine Waise.«

Joe tut es schon ein bisschen Leid, dass sie die alte Frau verarscht. Die scheint ziemlich nett zu sein. Nun aber einfach »April, April« zu sagen geht auch nicht mehr. Außerdem stellt sich Joe sofort vor, dass sie eine allein gelassene Waise ist. Und ihr kommen beinah echte Tränen in die Augen.

Die alte Frau sieht Joe ganz erschüttert an. »Und wo lebst du?«

Joe deutet mit dem Zeigefinger nach unten. »Hier. Auf dem Friedhof. Hier will ich auch beerdigt werden. Ich gewöhn mich schon dran.«

Die alte Frau guckt entsetzt. »Das geht doch nicht. Wo sind denn deine Sachen?«

Joe zeigt stumm auf ihre Reisetasche. Die Verarsche tut ihr jetzt wirklich Leid. Andererseits, so falsch ist die Geschichte ja auch wieder nicht. Und wie hätte man einer alten Frau erklären sollen, dass man seine Familie auch anders verlieren kann. Zum Beispiel dadurch, dass man vom schmierigen Lover seiner Mutter ins Gesicht geschlagen wird.

Die alte Frau sagt: »Du kannst doch nicht nachts auf dem Friedhof sein. Wo doch so viel passiert.«

»Wovor soll ich denn noch Angst haben?«, fragt Joe. Gruselt sich gleichzeitig bei der Vorstellung, sie wäre tatsächlich nachts allein auf dem Friedhof.

Die alte Frau lächelt sie plötzlich lieb an und sagt: »Recht so.« Und nach einer Pause: »Liebeskummer?«

Joe kann nur noch piepsen: »Nee, nicht wirklich.«

»Hauptsache, du behältst den Kopf oben und lässt dir nichts gefallen«, meint die alte Frau. »Ich war auch so. Weißt du, Trotz ist eine der wichtigsten Tugenden, wenn man jung ist. Ich traue es dir übrigens zu, dass du auf dem Friedhof schläfst.«

Die alte Frau holt noch eine Visitenkarte aus der Tasche und erklärt, die habe ihre jüngste Enkelin auf dem Computer gemacht. Die Enkelin sei übrigens auch so. Habe knallgrüne Haare. Und wenn Joe vielleicht doch mal irgendwie Hilfe braucht, kann sie jederzeit vorbeikommen oder anrufen.

Natürlich würde Joe nie allein auf einem Friedhof übernachten. Eigentlich hätte sie im Boden versinken müssen. Sie ist ja schon vormittags so tief gesunken, dass sie beinahe in Neuseeland wieder rausgekommen ist.

Aber Joe geht es merkwürdig gut, als sie wieder allein auf der Bank sitzt. Ihr ist das alles nicht mal peinlich. Sie denkt, kaum bist du weg, da triffst du eine der wenigen Omas auf der Welt, die nicht einfach alles besser wissen, sondern fast weise sind und total sympathisch. Das passiert dir sonst in hundert Jahren nicht. Wahrscheinlich war der Junge mit dem Loch im Kopf vorhin auch kein Arschloch. Es wäre gut, wenn der zum Arzt gegangen ist.

Die Polizeiautos sind immer noch in voller Hektik. Joe latscht zur U-Bahn-Station Weberwiese. Es ist einigermaßen sicher, dass sie sich nicht vor die U-Bahn schmeißen wird. Sie geht unheimlich langsam. Weil sie jetzt wirklich darüber nachdenken muss, wohin sie will. Erst mal zu Mareille, ihrer besten Freundin? Kann man vergessen. Weil Mama die mit Sicherheit schon alarmiert hat. Samt Eltern. Die würden sie zuquatschen: »Sei doch vernünftig, denk an deine Zukunft, kannst du doch auch deiner Mutter nicht antun, denk doch daran, was die alles für dich getan hat.«

Eigentlich gibt es nur zwei Möglichkeiten. Ob du in Eisenhüttenstadt abhaust oder in Wanne-Eickel: Du gehst zum Zoo oder auf den Alex. Vielleicht noch zur Gedächtniskirche.

Joe könnte zu Fuß zum Alex laufen. Macht sie aber nicht. Weil sie zu faul ist, die ganze Karl-Marx-Allee runterzulatschen. Das ist sowieso die wahrscheinlich ödeste Straße Berlins. Wenn Mama erzählt, wie sie früher auf der Karl-Marx-Allee schick Eis essen gegangen ist und Party gemacht hat. Weil es die angesagteste Meile im Osten war. Dann kannst du ahnen, warum Mama ist, wie sie ist.

Joes biologischen Vater hat sie auch auf der Karl-Marx-Allee aufgerissen. Mit dem ist Mama gegangen, erzählt sie selber, weil der alle Türsteher auf der Karl-Marx-Allee kannte und in jeden Laden reinkam. Damals musstest du Beziehungen haben, um einen Platz in der Eisdiele zu kriegen.

Der biologische Vater ist über Ungarn in den Westen. Kurz nachdem Joe geboren wurde. Und für Mama war Schluss mit Party auf der Karl-Marx-Allee. Knapp zwanzig war sie da. Sah ziemlich gut aus. Klar ist das Scheiße für sie gelaufen. Aber wenn dann Sätze kommen wie »Schließlich habe ich für dich meine ganze Jugend geopfert«, ist das schon nervig. Joe hat es sich doch nicht ausgesucht. Weder den biologischen Vater noch die Mutter, noch überhaupt auf die Welt zu kommen. Soll sie jetzt ewig mit schlechtem Gewissen rumlaufen? Vor Dankbarkeit feuchte Augen kriegen? Weil Mama sie nicht gleich durch die Findelkindklappe geschoben hat?

Joe steigt am Bahnhof Weberwiese in die U-Bahn. Sie stellt sich an die Tür. Beobachtet diese Familien, die sonntagnachmittags unterwegs sind. Die Mamis und Papis haben ihr einigermaßen entspanntes Feiertagsgesicht aufgesetzt. Die aufgehübschten Kleinen sind froh, dass der langweilige Vormittag vorbei ist. Die meisten fahren bestimmt zu Oma und Opa Kuchen essen. Oder in den Kleingarten von Onkel Soundso.

Man möchte nicht wissen, was bei denen zu Hause abgeht. Zum Beispiel montagmorgens. Aber Joe machen diese blöden Familien jetzt schon Heimweh. Einen Moment jedenfalls. Vielleicht hätte sie nicht ausgerechnet am Sonntag abhauen sollen.

Die U-Bahn ist verdammt schnell am Alexanderplatz. Joe möchte einfach weiterfahren. Bis ihr was Besseres einfällt, als auf den Alex zu gehen. Eine Sekunde bevor sich die Türen schließen, steigt sie doch aus. Es ist nicht gerade originell, als Treberin auf den Alex zu gehen.

Joe schleicht die Treppe hoch.

Sie hat schon bei den Punks am Alex-Brunnen abgehangen. Groß beachtet hat sie da niemand. Weil sie beinah so aussieht wie jede stinknormale Friedrichshainer oder Neuköllner Tusse. Kein Nazi. Kein Punk. Kein gar nichts.

Die Szene am Brunnen hat sie schon interessiert. Auch wenn es hart war, was da abging. Man kaum eine Chance hatte, von denen akzeptiert zu werden, wenn das Outfit nicht stimmte und man womöglich gleich den falschen Spruch brachte.

Das sah man, wenn die Provinz-Kiddies ankamen. Die aus Eisenhüttenstadt und Wanne-Eickel, die dann gleich fragen: »Wisst ihr nicht 'n Platz zum Pennen?« Die meisten kommen in den Ferien. Haben sich mit Küsschen von Mami und Papi verabschiedet. Auf der Bahnhofstoilette die Haare gefärbt. Schnell noch die Zunge stechen lassen. Und dann ab auf den Alex. Die Leute, die immer am Brunnen sind, behandeln die Neuen ziemlich von oben herab. Mit Sprüchen wie: »Was zum Pennen? Im Hilton soll der Service in Ordnung sein.«

Als Joe oben auf der Treppe ist, sieht sie erst mal Bullenhelme. Dann dahinter, am Brunnen, sind ein Haufen Punks und andere Linke. Und vor dem »Kaufhof« Glatzen. Es sind nicht so viele Nazis wie Punks. Normal trauen sich Skins überhaupt nicht auf den Alex. Außer den Glatzen mit schwarzer Uniform vom privaten Wachdienst. Die Nazis vor dem »Kaufhof« fühlen sich wahrscheinlich sicher mit der Bullenarmee auf dem Platz und den Typen vom Wachdienst

Joe würde am liebsten gleich wieder runter in den U-Bahn-Tunnel. Aber dann müsste sie sich entscheiden, wohin sie will. Richtung Osten oder Westen. Nord oder Süd. Vom Alex kommst du überallhin. Es ist also schlecht, wenn du nicht mal die Himmelsrichtung kennst, in die du willst. Deshalb bleibt Joe auf dem Platz.

Sie geht rüber zu »Saturn«. Tut so, als interessiere sie sich für die Fernseher im Angebot. Sie hat aber lange genug zu den Punks geguckt, um ihn zu entdecken. Er hat einen Verband um den Kopf. Wenigstens war er beim Arzt.

Es stehen einige Leute vor dem Schaufenster. Die gucken Autorennen. Das läuft gleich auf drei Mattscheiben. Ohne Ton. Mal ist ein einzelnes Auto zu sehen. Mal ein paar hintereinander. Ein Typ sagt: »Das schafft er noch.« Ein anderer: »Da kommt er nicht mehr ran.« Autorennen ist noch weit verblödeter als Fußball. Der erste Typ dreht sich um. Weil er wohl eingesehen hat, dass sein Lieblingsauto es nicht mehr schafft, und meint: »Die gehören alle ins Arbeitslager. Die Penner und die Glatzköpfe.« Der andere dreht sich auch um: »Da sind mir die Kurzhaarigen schon lieber.«

Joe sieht wieder zu den Punks und den Skins. Die scheinen sich gegenseitig überhaupt nicht zu beachten. Wegen der Bullen natürlich. Die Indianer, die sonst nachmittags auf dem Alex Musik machen, haben ihre Flöten und Trommeln eingepackt. Plötzlich läuft eine Glatze los. Tritt nach einem Indio. Trifft ihn nicht. Weil der Nazi besoffen ist und der Indio ziemlich fix. Alle Indios rennen. Die Glatzen lachen sich den Arsch ab.

Joe kommt es einen Moment auch witzig vor. Wie die kleinen Männer mit wehenden Ponchos flitzen. Sie mag diese Indios nicht besonders. Weil die auf eine miese Art Minderjährige anbaggern. Wahrscheinlich, weil sie selber so klein sind. Eine, die ist zwei Klassen unter ihr, hängt mit denen ab. Die Indios haben sie vollgequatscht mit Geschichten von Mama Erde und Papa Himmel. Die Kleine hat es sowieso nicht wirklich geschnallt. Jedenfalls haben sie ihr wohl eingeredet, dass sie alle Priester oder Heilige sind. Dass Sex für sie so eine Art Gottesdienst ist. Aber auf Indianersprüche fahren ja auch Erwachsene ab.

Einige Punks grölen: »Nazis raus.« Und: »Deutsche Polizisten schützen die Faschisten.« Dann ist es wieder ziemlich ruhig.

Joe bekommt plötzlich Riesenschmacht nach einer Zigarette. Es ist schon merkwürdig genug, dass sie den ganzen Tag nicht ans Rauchen gedacht hat. Vielleicht, weil sie in der Nacht eine ganze Packung leer gemacht hat. Jetzt braucht sie aber wirklich eine Kippe.

Sie geht am »Burger King« vorbei in Richtung Karl-Liebknecht-Straße. Weil da ein Zigarettenladen ist. Vielleicht hat der auf. Sie kommt ziemlich dicht an den Glatzen vorbei. Und plötzlich grölt einer von denen: »Ey Joe.« Ist natürlich Killer. Der winkt wie wild. Hat eine Zigarette zwischen den Fingern.

Joe hat nun wirklich keinen Bock auf noch mehr Glatzen. Aber sie sieht, dass der Tabakladen zu ist. Sie geht zu Killer und fragt: »Hast du mal 'ne Kippe?«

Killer grinst. Zieht den Reißverschluss seiner Bomberjacke etwas runter. Hat bald ein Dutzend Zigarettenschachteln drunter. Die haben mal wieder einen Automaten oder einen Kiosk ausgeräumt. Killer gibt Joe eine Schachtel R6.

Sie macht die Schachtel auf. Killer gibt ihr Feuer. Joe zieht den Rauch durch die Lunge. Sie möchte eigentlich gleich wieder weg. Nur rauchen. Aber sie denkt, man kann nicht gleich wieder weg, wenn man eine ganze Schachtel ausgegeben kriegt.

Killer fragt: »Sag mal, willst du nach Mallorca? Oder warum ziehst du immer mit Gepäck durch die Gegend?«

»Ich bin von zu Hause weg«, sagt Joe. Könnte sich aber sofort den Arm schlitzen. Weil sie so was von blöde ist.

»Echt?«

»Nee, unecht.«

»Kannst bei mir pennen«, meint Killer.

»Tatsächlich!«

Einer, der Atze heißt und stottert, und noch zwei andere haben alles mitgekriegt. Sie rücken Joe auf die Pelle. Wenn man als Frau so einen Typen alleine trifft, wird der rot und kriegt das Maul nicht auf. Aber wenn sie besoffen sind und mit anderen zusammen, dann tun sie so, als müssten sie jeden Tag eine andere Braut umnieten.

Atze meint: »Bei mir ist auch 'ne Be-Be-Betthälfte frei.«

»Wirklich?«

»Du hältst dich da raus«, sagt Killer zu Atze. Joe will weg. Sie sieht rüber zu den Punks. Entdeckt gleich wieder seinen Verband. Er guckt zu ihr. Hat die kaputte Brille auf der Nase. Scheiße, denkt Joe, was kriegt der jetzt für eine Meinung?

»Die können wir uns doch teilen«, meint die dritte Glatze.

»Schnauze«, brüllt Killer. Er mimt den Chef bei den Skins im Viertel. Schiebt die anderen zu Seite. Baut sich breitbeinig direkt vor Joe auf. So eklig breitbeinig, wie Skins sich immer hinstellen, wenn sie Eindruck machen wollen. Sagt: »Hör nicht auf das Gequatsche von den Idioten.«

»Mach ich auch nicht. Ich muss sowieso weiter.«

»Nee, du bleibst 'n bisschen. Ich war schon immer scharf auf dich, ehrlich«, sagt Killer.

»Musst du kalt duschen«, erwidert Joe.

»Was wünschst du dir denn zum Geburtstag?«

»Von dir? Eine Gute-Nacht-Barbie. Oder besser, eine Baby-Krissy-Barbie.«

»Von mir gefickt zu werden. Stimmt's?«

»Wünsch ich mir zu Weihnachten.«

»Okay, dann ist heute Heiligabend.« Er greift Joe an die Brust. So hart, dass es wehtut. Sagt: »Ist doch schon was drin in der Bluse.«

Joe ist starr, könnte nicht mal den kleinen Finger bewegen. Wenigstens fünf Sekunden lang. Dann holt sie ganz weit aus und schlägt dem Wichser mit der flachen Hand mitten in die Fresse.

Killer hält sich das Gesicht und Atze stottert: »Die A-A-Alte hat sie doch n-n-n-nicht mehr alle.«

»Sag mal, hast du sie noch alle?«, fragt die dritte Glatze.

Joe hat Angst. Aber sie zeigt ihre Angst fast nie. »Wer an meine Titten grabscht, bestimme wohl immer noch ich«, sagt sie. Es kommt nicht so cool rüber, wie sie es wollte.

Killer reibt sich noch das linke Auge. Atze kommt immer mehr ins Stottern, wenn er aufgeregt ist: »Diese P-p-pissne-ne-nelke.«

»Die braucht es wohl mal richtig«, sagt der vierte Skin. Er packt Joe. Schleudert sie zu Atze. Brüllt: »Fang auf das Stück Scheiße.«

Die rote Tasche fällt aufs Pflaster. Atze nimmt Joe und wirft sie Killer in die Arme. Killer packt sie am Arm. Schleudert sie wie ein Hammerwerfer rum. Lässt los. Joe fliegt zwischen die grölenden Glatzen.

[2]

Eigentlich hat Zorro sich die kaputte Brille aufgesetzt, um die Skins besser beobachten zu können. Aber dann hat er Joe entdeckt. Schon als sie vor dem Schaufenster von »Saturn« stand. An der roten Tasche hat er sie erkannt. War merkwürdig, dass die plötzlich auf dem Alex auftauchte.

Zorro heißt eigentlich Egbert Engel. Aber das weiß niemand in Berlin. Deswegen heißt er hier nur Zorro. Er kommt aus Dannenberg an der Elbe. Da nennen sie ihn auch Zorro. Oder Eggie. Seine Ratte heißt Django.

An Zorros linkem Arm hängt Asi. Die hängt ständig an ihm. Sie ist noch ein echtes Kind. Kaum vierzehn. Gerade von zu Hause in Lichterfelde abgehauen. Zorro sollte wohl ihren Beschützer machen. Wahrscheinlich ist sie auch verknallt in ihn. Er hat ihr schon ein paarmal gesagt, dass es besser für sie ist, wieder nach Hause zu gehen. In ihre Lichterfelder Villa. Weil sie wirklich noch ein Kind ist.

Zorro hat jeden Schritt von Joe beobachtet. Er wusste nicht genau, warum. Hat ihn schon geschockt, als sie plötzlich zu den Glatzen ging. Also doch 'ne Fascho-Braut, hat er gedacht. Obwohl sie nicht so wirkte.

Er hat gesehen, dass sie Kippen kriegte, ihr ein Nazi an die Wäsche ging. Und dann die Klatsche. Als Joe durch die Gegend fliegt, befreit sich Zorro von Asis Klammergriff. Steckt die kaputte Brille weg. Holt die Ratte aus der Tasche. Gibt sie Asi. Geht los.

Asi rennt ihm noch ein paar Schritte hinterher und schreit: »Ey, was ist?«

Die anderen fangen auch an zu rufen: »Mach keinen Scheiß, Zorro! ... Ey, bist du total bekifft?«

Zorro geht, wie er immer geht. Etwas nach vorn gebeugt, mit langen, schlaksigen Schritten und langen, pendelnden Armen. Er geht direkt auf die Skins zu.

Weil sie voll mit Joe beschäftigt sind, haben die Glatzen Zorro nicht kommen sehen. Als Killer sich Joe wieder gepackt hat, ist Zorro fast bei ihm. Killer lässt Joe sofort los. Die Skins glotzen Zorro an, als wäre ein Alien vom Himmel gefallen.

Zorro geht zu Joe. »Hi. Hast du vielleicht 'ne Kippe?«

Joe japst nach Luft. Holt Zigaretten und Feuerzeug aus der Sweatshirttasche. Ihre Hände zittern. Es dauert eine Ewigkeit, bis sie zwei Zigaretten aus der Schachtel gefingert hat.

Atze stottert: »Was läuft denn jetzt f-fürn F-F-Film?«

Joe steckt sich eine Zigarette zwischen die Lippen. Gibt Zorro die andere. Zündet ihre Zigarette an. Zieht den Qualm ein. Muss husten, weil sie nur nach Luft japst. Killer lacht richtig hysterisch: »Ey, der ist irgendwo entsprungen. Der ist ja komplett irre.«

»Gib mal her!«, sagt Zorro. Er nimmt Joe die Zigarette aus der Hand, um seine R6 anzustecken. Ihre Finger berühren sich ungefähr eine Zehntelsekunde. Der dritte Skin fragt: »Soll ich ihn wegklatschen?«

»Das ist meiner«, sagt Killer.

Zorro gibt Joe die Zigarette zurück: »Willst du mitkommen?«

»Weiß nicht«, sagt Joe.

»Die Schlampe bewegt ihren Arsch ohne meine Erlaubnis nicht von hier bis da«, sagt Killer. Geht auf Zorro zu, bis er ihn fast mit seiner Wampe berührt.

Die beiden starren sich in die Augen wie die Boxweltmeister. Das ist die Entfernung, aus der Zorro ohne Brille ein Gesicht sehr genau sieht. Es ist nicht so, dass er keine Angst hat.

Die Polizisten sind inzwischen in Bewegung gekommen. Einige traben mit gezogenen Knüppeln zur Skin-Gruppe. Einer ruft: »Nun macht hier keinen Larry.«

Ein Skin brüllt: »Die Zecke hat doch wohl angefangen.«

»Ist ja gut«, sagt der Polizist. »Der komische Vogel kommt da jetzt auch mal ganz schnell raus. Sonst holen wir ihn uns.«

Joe hat die rote Tasche aufgehoben. Zorro dreht sich weg von Killer. Er geht mit langen, schlaksigen Schritten an den Glatzen vorbei. Joe folgt ihm.

Atze will hinterher. Killer hält ihn fest und sagt: »Den heb ich mir auf. Den verwurste ich zu Zeckensülze. Wenn keine Bullen spannen.«

»Aber die Braut können wir uns doch kaufen«, meint der dritte Skin.

»P-P-Pissnelke«, stottert Atze.

»Ist sowieso die letzte Schlampe. Sollen sich doch die Zecken Aids holen«, meint Killer.

Der Bulle rennt Zorro nach. »Beweg dich, sonst helf ich dir. In fünf Minuten will ich keinen von euch mehr hier sehen.«

Zorro beachtet ihn nicht. Er dreht sich auch nicht nach Joe um.

Maria kommt Zorro entgegen. Legt ihm den Arm um die Schulter. »Echt cool, Alter.«

Die anderen sagen nur: »Ey Zorro.« Der geht zu Asi. Sie gibt ihm die Ratte, ohne was zu sagen. Zorro küsst Django.

Asi kräht plötzlich ziemlich laut: »'ne Fascho-Braut ist ja wohl ziemlich das Letzte, was wir hier brauchen.«

»Schnauze!«, sagt Zorro. Er lässt Asi stehen. Hält immer noch Django vors Gesicht. Auch, damit die anderen nicht sehen, dass seine Unterlippe und die Hände zittern.

Joe ist einige Meter vor der Punker-Gruppe stehen geblieben. Sie kriegt noch immer kaum Luft. Hustet, wenn sie an der Zigarette zieht.

Die Polizisten klappen das Visier runter und nehmen die Knüppel in die Hand. Sie bewegen sich auf den Haufen der Punks zu. Ziemlich langsam.

Zorro sagt: »Nee, nicht schon wieder. Ey, wir lassen die Scheißbullen mit den Nazis allein.«

»Vor Faschisten abhauen ist doch Scheiße«, meint jemand.

»Lass die sich doch gegenseitig ficken«, sagt Zorro. Er läuft ein paar Schritte. Asi hängt wieder an seinem Arm. Er bleibt stehen. Sieht sich nach Joe um.

»Brauchst du 'ne extra Aufforderung?«, brüllt ein Polizist.

Zorro befreit sich aus Asis Griff. Ruft Joe zu: »Ey, komm!«

Joe läuft ihm hinterher.

Die Skins grölen ununterbrochen: »Zecken, Arschlöcher, Hurensöhne – Sieg – Zecken, Arschlöcher, Hurensöhne – Sieg.« Und dann nur noch: »Sieg – Sieg.«

Einige Punks bleiben stehen, fahren den Mittelfinger aus. Einer ruft: »Bullen sind Faschisten-Wichser.«

Die Polizisten traben los.

Zorro dreht sich zu Joe um: »Ey, mach.« Er greift nach der roten Tasche. Joe stolpert. Zorro packt sie erst am Unterarm, dann an der Hand und zieht sie hinter sich her.

Die anderen rennen auf das »Haus des Lehrers« zu. Zorro läuft mit Joe zur Bahnunterführung. Hinter einer Dönerbude bleibt er stehen. Zorro fragt sich, warum er diese Braut im Schlepptau hat. Wahrscheinlich, weil er es nicht vergessen kann, wie sie ihm die fünfzig Pfennig gegeben hat. Und wie sich ihre Finger berührt haben, als er sich die R6 angesteckt hat.

»Du bist doch keine Fascho-Braut?«

»Nee.«

Die Polizisten sind hinter den anderen her. Überall ist wieder Blaulicht.

[3]

Joe merkt, dass sie noch immer Zorros Hand umklammert. Lässt sie erschrocken los.

»Die Gegend ist mir zu verseucht«, sagt Zorro. »Lass uns mal 'ne Ecke weiter ziehen.« Sie gehen ziemlich lange. Ohne ein Wort zu reden. Dann meint Zorro: »Ich hab einen verdammt trockenen Hals. Hast du noch Kleingeld?«

»Hab ich«, sagt Joe.

»Ich kenn hier einen Laden. Da sucht uns garantiert kein Bulle.« Zorro geht über die Straße. Die Kneipe heißt »Almstübl«. Das Schild »Almstübl« ist mit blauen Enzianen und Edelweiß verziert. »Ein ziemlich abgefahrener Laden. Obwohl, eigentlich ist es die reinste Spießer-Spelunke«, meint Zorro. Er kämmt sich ziemlich sinnlos den Haarschopf, der aus dem Verband ragt.

Drinnen sieht Joe zuerst das große Bild. Es bedeckt eine ganze Wand und wird angestrahlt. Im Vordergrund ist ein See. Dahinter ein Berg mit schneebedecktem Gipfel. Der Gipfel ist besonders hell angestrahlt.

Joe fragt sich, was sie eigentlich in der komischen Kneipe hier macht. Eigenen Willen hat sie wohl nicht mehr, seit sie zum Alex gekommen ist. Von da an rennt sie blind einem Typen hinterher, den sie nicht kennt. Sie hat es immer gehasst, jemandem hinterherzulaufen. Nicht selber bestimmen zu können, wo es längs geht.

Sie latscht dem Typen weiter hinterher in eine Ecke der Kneipe.

»Ist es okay?«, fragt Zorro.

»Klar.« Oder? Was weiß sie.

Ein Mann in ledernen Kniebundhosen kommt zu ihnen. Sagt: »Grüß Gott«, und dann: »Na, hast wieder mal eine Watschn kassiert?«

»Scheißbullen«, meint Zorro.

»Bist bestimmt nicht ganz schuldlos gewesen«, sagt der Wirt. Er grinst freundlich.

»Gib mal die Karte.«

»Die Karte?«, fragt der Wirt. »Führst dein Mädel aus?«

Er gibt Zorro die Karte. Der setzt sich die kaputte Brille auf. Tut so, als ob er die Karte studiert. Sieht dabei immer wieder zu Joe. Die beiden schweigen endlos.

»Brauchst mal 'ne neue Brille«, sagt Joe endlich.

Zorro sieht sie zum ersten Mal länger an. Er zeigt auf ihr Gesicht. »Mann, das ist ganz schön geschwollen. War das echt dein Stiefvater?«

»Nee, der Freund von meiner Mutter.«

»Nicht wirklich.«

Joe findet es okay, dass sie es ihm gesagt hat. Es musste raus. Sie denkt, dass er einer ist, dem man es sagen kann.

»Deswegen bist du weg von zu Hause?«

»Unter anderem. Der hat mir auch noch hinterhergegeiert.«

»Nee, nicht. Zeig mir den Wichser. Ich mach, dass er dir nie wieder hinterhergeiert.«

Der Wirt kommt zurück. Will wissen, was sie trinken möchten.

Joe fragt: »Was trinkt man denn hier?«

Zorro fällt so schnell nichts ein. »Enzian«, sagt er schließlich.

»Nehme ich auch«, sagt Joe.

Zorro bestellt zwei Enzian und noch ein Bier für sich. Er guckt Joe wieder durch das eine Glas seiner Brille an.

Joe denkt, er starrt sie so an, weil sie irgendwie Scheiße aussieht. Mit der geschwollenen Backe und überhaupt. Sie dreht sich weg. »Ey, diese Brille irritiert. Echt.«

»Ohne bin ich blind wie 'n Maulwurf.«

»Glaub ich nicht.«

Zorro setzt die Brille ab. »Ist aber so.«

»Warum hast du dann keine vernünftige Brille, die du immer aufsetzt?«

»Weil ich Scheiße aussehe mit Brille.«

»Tust du nicht.«

Der Wirt bringt die Schnäpse. Zorro kippt den Enzian mit einem Schluck runter. Joe macht es ihm nach. Das Zeug kratzt in der Kehle. Joe muss husten.

Zorro lacht, schiebt ihr das Bier rüber. »Kannst auch von dem Bier trinken«, sagt er. »Wo willst du denn jetzt eigentlich hin?«

»Weg.«

»Will ich auch.«

»Wohin?«

»In die Berge.«

»Berge? Ich steh auf Meer und Strand.«

»Ey nee.« Zorro erregt sich richtig. »Diese verfetteten Zombies überall, die irgendwelche Käfer quälen oder Quallen aufspießen, sich ständig den Rücken eincremen lassen und mit den Kindern rummeckern. Und wenn es nicht gerade regnet, brät dir die Sonne das Gehirn weich. Und vor Langeweile denkst du nur noch an Sex.«

»Du vielleicht.« Joe ist irritiert von dem Ausbruch. »Warst du überhaupt schon mal am Meer?«

»Fast jede Ferien. Mit meinen Alten. Das war Kindesmisshandlung.«

»Und in den Bergen?«

»Einmal. Aber das ist 'ne ganze Story.«

»Wie geht die?« Joe ist froh, dass sie irgendwie ins Quatschen kommen.

»Ist doch egal«, sagt Zorro. »Gibst du mir noch 'n Enzian aus?«

»Wenn du die Story erzählst und ich auch noch einen kriege.«

Zorro bestellt zwei Enzian und fängt an zu erzählen: »Also, da sind wir in die Berge gefahren. Erst spätabends angekommen. In so einer Pension. Finsterste Nacht. Gesehen hast du jedenfalls nicht, dass es in den Bergen war. Als ich morgens aufwache und zum Fenster gucke, denk ich, was für ein Scheißwetter. Alles düster. Es ist eigentlich keine besondere Geschichte.«

»Mach weiter.«

»Also, ich bin zum Fenster. Seh da raus. Und was so dunkel aussah, ist ein riesiger Berg. Und ganz oben ist Schnee auf dem Berg. Und die Sonne scheint auf den Schnee. Und es sieht aus, als wäre die Spitze aus Gold.«

»Doch 'ne coole Geschichte.«

»Hat noch gar nicht angefangen. Also, das Höchste, was ich bis dahin gesehen hatte, war wahrscheinlich der Weinberg in

Hitzacker. In der Gegend, wo ich her bin. Ich war also völlig weg, als ich das gesehen habe. Das Weiß und das Gold auf diesem irren Berg. Ich habe mich sofort angezogen. Bin raus. Wollte nur noch rauf auf diesen Berg. Elf oder zwölf war ich. Null Peilung, wie lange es dauert, bis man auf so einem Berg ist. Ich habe den Weg gefunden und bin nur noch nach oben gelatscht.«

Der Wirt bringt den Enzian. Zorro kippt den Schnaps gleich runter. Joe behält das Glas in der Hand, um das Zeug langsam wegzunippen.

»Ohne Frühstück oder irgendwas?«

»Wahrscheinlich habe ich gedacht, zum Frühstück bist du wieder unten. Als ich oben angekommen bin, war es saukalt. Schon fast Abend. Meine Turnschuhe nur noch Fetzen. Aber es war ein absolut irres Gefühl da oben. So, als wärst du über der ganzen Welt. Und unten ist alles unheimlich klein. Zum Lachen klein. Und ich habe gedacht, wenn jetzt deine Eltern da unten laufen, sind das nicht mal kleine Punkte. Wie Fliegenschiss. Ich war wahnsinnig stolz, dass ich da oben stand. Es war die totale Freiheit. Auch wenn ich das mit elf oder zwölf wahrscheinlich noch nicht voll gecheckt habe. Und dann sind von unten Wolken gekommen. Plötzlich war über dem ganzen Tal ein Wolkenmeer. Nur dieser Berggipfel und ich ragten da raus. Du hast gedacht, du kannst reinspringen in diese Wolken. Es war so was von abgefahren.«

»Und wie bist du dann wieder runter?«

»Ey, Horror. Echt. Ich muss so was von alle gewesen sein. Füße kaputt. Alles kaputt. War schon total dunkel, als ich bei unserer Pension ankam.«

»Und deine Eltern?«

»Mann, die hatten schon den Wildbach nach mir abfischen lassen.«

»Ach du Scheiße.«

»Erst haben sie geheult. Und als sie sich ausgeheult hatten, habe ich mir ein paar gefangen. Hatte sich trotzdem gelohnt. Nur, dass wir am nächsten Tag gleich wieder nach Hause gefahren sind. Dann musste ich auch noch zum Schulpsychologen.«

»Musste ich auch.«

»Wieso?«

»Egal.« Joe merkt, dass sie den Typen wie verknallt anglotzt. Das muss er nun nicht gleich mitkriegen. Vor allem soll er nicht weiter fragen, warum sie beim Schulpsychologen war. Sie sagt schnell: »Und hast du da oben auch an Sex gedacht?«

Das schockt. Zorro ist richtig süß verunsichert. »Ich hab dir gesagt, dass es keine besondere Story ist.«

Joe findet ihre Bemerkung sofort voll daneben. »Doch, ist es. Ich find, dass es wirklich eine ziemlich coole Story ist.«

»Ich wollte ja nur erklären, warum ich manchmal in diesem Laden bin. Weil der Wirt hier, der Alois, der kommt aus den Bergen und ist echt gut drauf. Und der Berg, auf dem ich war, der sieht ungefähr so aus wie der auf dem Bild.« Zorro ruft: »Alois, noch zwei Enzian.«

»Wie du das erzählst, möchte ich auch mal in die Berge«, sagt Joe.

»Ich zieh sowieso in die Berge.«

»Vielleicht treffen wir uns da.«

Zorro kippt den nächsten Enzian. Joe fängt wieder an zu nippen. »Kann man sich gewöhnen an das Zeug.«

»Es ist außerdem richtig gesund.«

»Wer behauptet denn das?«

»Alois.«

Sie schweigen wieder endlos. Joe nippt an dem Enzian. Ihre Bemerkung, ob er auf dem Berg an Sex gedacht hat, war wirklich ziemlich daneben. Aber so ist sie. Wenn sie gerade dabei ist, sich zu verknallen, muss sie was besonders Blödes sagen. Nur, damit der Junge nicht mitkriegt, dass sie dabei ist, sich zu verknallen.

Zorro hat Django in der Hand und streichelt sein Fell.

Joe fragt: »Darf ich auch mal?« Sie langt über den Tisch. Streichelt die Ratte und berührt Zorros Finger. Sie muss sofort daran denken, wie er auf dem Alex nach ihrer Zigarette gegriffen hat und sich ihre Finger berührt haben.

Zorro gibt ihr Django und fragt: »Hast du eigentlich was, wo du bleibst?«

»Nicht wirklich.«

»In meiner Hütte wäre noch Platz. Wenn du willst.«

Zorro erzählt, dass es in den Bergen blau-weiß karierte Bettwäsche gibt und unheimlich dicke Federkissen. Joe stapelt Markstücke aus dem Sparschwein auf dem Tisch, um die Rechnung zu bezahlen. Der Wirt nimmt ein paar Mark und meint: »Die letzten beiden Runden gehen aufs Haus.« Er grinst, aber überhaupt nicht fies: »Und dann eine angenehme Nacht.«

Draußen ist es fast dunkel. Joe und Zorro gehen nebeneinander. Ohne etwas zu sagen. Manchmal berühren sich ihre Oberarme wie zufällig. Sie steigen in die U-Bahn. Joe achtet nicht auf die Namen der Stationen. Sie spürt den Enzian im Magen und im Kopf. Ihr ist ein bisschen schlecht. Auch weil sie wahnsinnig aufgeregt ist. Vor Aufregung ist sie außer Atem. Sie rutscht ein bisschen weg von ihm. Damit er es nicht merkt.

Joe erschrickt richtig, als Zorro sagt: »Nächste müssen wir raus.«

Sie gehen aus dem Bahnhof und dann links in einen schmalen Weg. Es wird ziemlich finster. Joe fragt nicht, wo er hinwill. Auf beiden Seiten ist Maschendrahtzaun. Die Umrisse von Gartenlauben sind zu erkennen. »Wird abgerissen hier. Dahinten haben sie schon alles platt gemacht«, erklärt Zorro. Er stößt mit dem Fuß eine Pforte im Maschendrahtzaun auf. »Ist nicht gerade Schlosshotel.«

Der Mond ist hinter einer Wolke rausgekommen. In dem weißlichen Licht sieht das große Gartenhaus ein bisschen aus wie im Horrorfilm. Zorro drückt die angelehnte Tür auf. Die knarrt auch noch. Und zwei Ratten rennen raus. Joe kann das »I – nee« nicht unterdrücken.

»Sind nur Djangos Bräute. Der hat Schlag bei Frauen«, sagt Zorro.

»Ich hab mich auch nicht wirklich erschrocken.«

Zorro geht ins Haus. Licht flammt auf. Zorro hat eine brennende Kerze in der Hand. Und Joe denkt einen Moment, dass er wie ein Engel aussieht mit dem weißen Verband um die Stirn und der Kerze. Zorro leuchtet ihr den Weg. Sie erkennt ein Bett. Sieht in einen Spiegel. In dem Spiegel flackert die Kerzenflamme. Dahinter ist Zorros Gesicht. Er sieht wirklich unheimlich süß aus.

»Etwas finster, nicht?« Zorro kramt einen Karton unter dem Bett vor. Holt jede Menge Teelichter. Zündet sie an. Verteilt sie im Raum. »Besser so, oder?«

»Hast es echt gemütlich.« Eigentlich ist es eher etwas unheimlich. Die Teelichter, die überall flackern. Schatten werfen, die sich hektisch bewegen.

Es steht noch ein grün angestrichener Tisch im Raum. Unter dem Spiegel ist ein Waschbecken, daneben ein Herd und überall die Teelichter. Am Bett liegt ein Haufen Bücher. »Hast du die alle gelesen?«, fragt Joe.

»Die meisten. Ich brauch das zum Einschlafen.«

»Ich muss mich nur hinlegen und bin sofort weg.«

Zorro hockt auf dem Bett. Streichelt Django. Sagt: »Setz dich doch hin.«

Joe sieht sich um. Es gibt keinen Stuhl, nicht mal eine Kiste. Sie setzt sich auf das Bett. Eine Armlänge weg von Zorro. Sie sagt: »Die ist wirklich süß«, bevor ihr einfällt, dass sie das schon mal gesagt hat. Sie muss sich zur Seite lehnen, um die Ratte zu streicheln. Sie berührt Zorros Finger. Zieht die die Hand sofort zurück.

Zorro steht auf. Steckt Django in einen Käfig. Setzt sich die kaputte Brille auf die Nase. Tut so, als wolle er etwas suchen. Guckt dann Joe an. Sagt: »Du siehst echt gut aus.«

»Besorg dir mal besser 'ne vernünftige Brille«, meint Joe.

Zorro läuft im Raum rum. Joe hat keine Ahnung, was er machen wird. Sie weiß auch nicht, was sie will. Dass er es macht. Ihr ist kalt vor Aufregung. Oder weil die Nächte im Mai noch ziemlich kühl sind.

Zorro steht vor dem Waschbecken. Dreht den Hahn auf. »Wasser läuft noch. Cool, oder? Gibt sogar 'ne richtige Dusche. Wenn du duschen willst.«

Joe weiß nicht, was sie sagen soll. Will er, dass sie vorher duscht? Oder was? Aber wenn sie jetzt zickt? Sie ist leider verknallt. Die Mädchen auf dem Alex zicken bestimmt nicht groß rum. Für die ist das kein Ding. Es ist ja sowieso falsch, was sie jetzt sagt. »Ich glaube, mir ist es zu kalt.«

»Ich hab mich dran gewöhnt. Ich muss diesen Scheißtag abschrubben.« Zorro geht zu einem Plastevorhang, hinter dem die Dusche sein muss. Er zieht sich hinter dem Vorhang aus. Wirft die Sachen vor der Dusche auf den Boden.

Es gibt nur das eine Bett. Auf dem Bett ist ein einziger Schlafsack. Es lohnt sich nicht, jetzt noch groß nachzudenken. Sie ist von zu Hause abgehauen und dem Typen blind nachgerannt. Joe kramt aus der roten Tasche die Packung Kondome und die Zahnbürste. Sie zieht das Sweatshirt aus und die Jeans. Obwohl sie friert. Sie stellt sich vor das Waschbecken und putzt die Zähne. Das schwache, flackernde Licht der kleinen Kerzen fällt auf ihr Gesicht. Im Spiegel kommt ihr dieses Gesicht ziemlich fremd vor. Wer, verdammt, ist die Frau, die sich in einer Abbruch-Laube die Zähne putzt, während etwa drei Meter weiter hinter dem Vorhang ein nackter Typ steckt, den sie kaum kennt. Nicht mal seinen richtigen Namen. Es bringt aber wirklich nichts, darüber jetzt noch zu grübeln.

Joe zieht das T-Shirt lang über die Oberschenkel. Dabei sieht sie in den Spiegel. Sie denkt, dass ihre Brüste peinlich klein sind. Sie fängt wieder an, die Zähne zu putzen, und schielt zum Vorhang. Die Dusche rauscht nicht mehr. Sie hört, wie Zorro sich abtrocknet. Sie macht immer wieder Pausen beim Zähneputzen, um mitzukriegen, was er macht. Als sie seine Schritte hört, sieht sie sich nicht um, sondern starrt in den Spiegel auf ihr ziemlich fremdes Gesicht.

Zorro sagt: »Ich hasse Zähneputzen.«

»Mach ich automatisch«, antwortet Joe.

»Ich hasse es auch nur abends. Es nimmt dir den guten Geschmack vom Alk oder vom Joint.«

Joe dreht sich zu ihm um. Er hat die Jeans wieder an. Steht verlegen im Raum. Er ist wahrscheinlich kein Arschloch.

»Brauchst ja noch was zum Pennen«, sagt er. Angelt mit dem rechten Fuß nach Styroporplatten unter dem Bett. Schiebt sie mit dem linken Fuß zusammen. Legt den Schlafsack auf die Platten. »Ist wirklich nicht Schlosshotel. Geht das irgendwie?«

»Klar. Aber dann hast du keinen Schlafsack.«

»Brauch ich nicht.«

Joe geht zur roten Tasche, verstaut die Zahnbürste. Sie ist froh, dass er nicht gleich anfängt zu knutschen. Andererseits hätte er es wenigstens versuchen können. Wahrscheinlich ist sie ihm total egal. So, wie er einfach die Platten mit dem Fuß zusammengeschoben hat. Für so einen war sie ein kleines Schulmädchen. Ohne richtige Titten. Aber ist doch okay. Oder? Sie hätte sowieso rumgezickt, es nie gemacht mit jemandem, der sie noch nicht mal gefragt hat, wie sie heißt. Vielleicht hätte sie gerne kurz in seinem Arm gelegen. Nur so. Nach dem Tag. Aber der Junge muss wohl noch geboren werden, der einen nur so in den Arm nimmt. Es sei denn, man kennt ihn schon hundert Jahre. Oder er ist schwul. Joe schiebt die Kondome nach ganz unten in die rote Tasche. Sie verkriecht sich im Schlafsack.

Zorro bläst die Teelichter aus. Nimmt ein Buch. Setzt die kaputte Brille auf. Legt sich auf das Bett. Nur noch die große Kerze am Bett brennt. »Ich muss noch lesen. Stört dich doch nicht, oder?«, sagt er.

»Ich bin sowieso gleich weg«, antwortet Joe. Sie denkt, dass sie nie einschlafen wird. Schon wegen Djangos Bräuten nicht. Die kommen bestimmt wieder oder lauern schon unter dem Bett.

»Wie heißt du eigentlich?«, fragt Zorro.

»Joe.«

»Wieso das?«

»Kommt von Johanna. Mich haben alle gleich Joe genannt. Angeblich, weil ich eher wie ein Junge war. Wieso nennen sie dich Zorro?«

»Auch schon immer. Vor zwanzig Jahren oder so. Da war in der »Lindenstraße« ein Typ, der hieß Zorro und war der totale Chaot. Deswegen. Und davor gab es im Fernsehen einen Zorro, der war so was wie der Rächer der Enterbten. Hab ich nie gesehen. Hat mir meine Oma erzählt. Und dann fand ich den Namen auch okay. Eigentlich heiße ich Engel.« Zorro grinst endlich mal.

Joe muss auch grinsen. »Wie denn das nun?«

»Ist mein Nachname.«

»Engel find ich besser als Zorro.«

»Ich nenn mich nur selber Engel.«

»Dann mach ich das auch.«

Zorro hat die ganze Zeit mit dem einen Brillenglas über das Buch weg Joe angesehen. Deswegen ist ihr das auch so rausgerutscht. Dass sie ihn Engel nennen will. Zum Glück kann er ja nicht wissen, dass er vorhin mit der Kerze aussah wie ein Engel.

Joe ist jetzt unheimlich entspannt. »Bist du eigentlich immer allein in dieser Bude?«

»Maria pennt manchmal hier.«

Joe ist nicht mehr so entspannt. »Kommt die heute auch noch?«

»Die? Der. Der hat 'n neuen Verlobten.«

»Versteh gar nichts mehr.«

»Hast du Maria nicht auf dem Alex gesehen? Die Tunte mit dem langen Kleid.«

»Nee, oder? Das ist 'n Typ?«

»Was sonst. Ich mag eigentlich Schwule nicht besonders. Andererseits, jeder kann sein, wie er will. Und Maria ist ein echter Kumpel. Der einzige, mit dem ich über alles quatschen kann.«

»Maria ist nicht schwul, sondern eine Transe.«

»Meinetwegen. Kennst dich ja gut aus.«

»Sexualkunde. Fünfte Klasse.«

»Kannst übrigens auch hier oben schlafen.«

»Nee, ist doch voll okay hier.« Joe fragt sich, was er meint.

»Weil, ich kann genauso gut unten pennen.«

»Lass man gut sein. Ich bin schon am Einschlafen.«

Zorro hält sich das Buch vor die Nase. Die Kerze brennt so funzelig, dass er nicht einen Buchstaben erkennen könnte. Er schielt sowieso über den Buchrand zu Joe. Die hat die Augen zu. Muss dann aber doch blinzeln. Zorro merkt es und stellt die blödeste Frage überhaupt: »Schläfst du schon?«

»Fast«, lügt Joe und ärgert sich, dass sie geblinzelt hat. Und sie ärgert sich, dass sie an ihr Zimmer denken muss und an Mama. Dass sie nicht weiß, ob es ihr schlecht geht oder gut. Eigentlich gut. Denn der Typ da im Bett ist garantiert in Ordnung.

[4]

Zorro wacht so früh auf wie seit Monaten nicht mehr. Und er fängt wieder da an zu grübeln, wo er beim Einschlafen aufgehört hat. Wieso muss er eine Frau anschleppen, bei der er garantiert null Chance hat? Die sich wahrscheinlich für die Hochzeitsnacht aufhebt oder so. Dabei ist es bestimmt nicht Zorros Art, Mädchen anzubaggern. Schon gar nicht, wenn er denkt, dass die Alte ihn vielleicht abblitzen lässt. Er muss eigentlich erst hundertpro sicher sein, dass die Frau auf ihn steht, bevor er was versucht. Er ist ziemlich verklemmt. Auch wenn das niemand merkt. Und die meisten ihn eher für arrogant halten.

Zorro setzt die Brille auf. Starrt zu Joe runter. Sie schläft noch. Zorro könnte sie ohne Ende anstarren. Aber er schmeißt aus Versehen das Buch runter. Er kriegt gerade noch die Brille abgesetzt, bevor Joe richtig aufwacht.

Zorro tut so, als schliefe er noch. Joe sagt: »Ey, du Spinner, du bist ja längst wach.«

Zorro grinst. Dieses schüchterne Grinsen.

Joe haut mit der Faust auf Zorros Arm. »Spinner, echt. Engel.«

»Engel« hat noch nie jemand zu Zorro gesagt. So jedenfalls nicht. Früher natürlich die Lehrer in der Schule: »Engel träumt schon wieder.« Und Zorro nennt sich eben öfter selber Engel. Wenn er zum Beispiel denkt: Engel, was hast du wieder für Scheiße gebaut?

Zorro weiß nicht, wie sie das gemeint haben kann. Dass sie ihn Engel nennt. Dass sie ihm auf den Arm gehauen hat. Viel zu spät knufft er vorsichtig zurück: »Ey, selber Spinner.« Und weil das schon fast peinlich war, sagt er gleich richtig feierlich: »Ich schnorr uns ein Frühstück vom Feinsten. Mit Wurst und Ananas und allem.«

Joe lächelt ihn an. Und Zorro fühlt sich immer besser. Sie putzen nebeneinander die Zähne. Gehen dann zur U-Bahn.

Zorro versucht, den ganzen Weg zum Alex zu schnorren. Auf der Straße, in der U-Bahn. Zwei Mark dreißig kriegt er zusammen.

Alle starren Joe und Zorro an, als sie zum Brunnen kommen. Zorro geht plötzlich schneller. Lässt Joe hinter sich. Tut so, als habe er eigentlich nichts mit ihr zu tun. Joe bleibt stehen. Zorro geht zwischen die Leute. Klatscht ein paar Hände ab. Schielt zu Joe.

Die hat sich umgedreht. Guckt rüber zu den Skatern, die vor »Burger King« und »Top Clean« rollern. Zorro ärgert es, dass so ein großer blonder Hampelmann anfängt, um Joe rumzuhüpfen. Weil Skater immer meinen, irgendjemand finde ihr Gehüpfe geil.

Asi baut sich vor Zorro auf. »Hast du also echt 'ne Fascho-Braut geknallt. Toll.«

Zorro nuschelt ziemlich leise: »Spinnst du? Erstens ist sie keine Fascho-Braut und zweitens habe ich sie nicht ...« Normalerweise hätte er »gefickt« gesagt. Aber er bringt das Wort nicht raus und findet kein anderes. Ihm ist alles mal wieder total peinlich.

»Echt nicht?«, fragt Asi und himmelt ihn schon wieder an.

Spasti kommt auch gleich. »Ey, Zorro vernascht unschuldige Schulmädchen. War bestimmt ihr erstes Mal, oder?«

»Kannst dir nicht vorstellen, dass es auch Frauen gibt, die nicht gleich die Beine breit machen.«

»Vielen Dank auch, Wichser.« Spasti haut wieder ab.

Zorro findet Spasti eigentlich voll okay. Aber er ist eben daneben. Er hat Joe stehen lassen. Weil er ein feiges, verklemmtes Arschloch ist. Zorro macht, dass er von Asi wegkommt, und geht zu Maria. Der fragt gleich: »Was ist los, Alter? Ich hatte eine Nacht. Paradiesisch. Und du?«

»Ey, seid ihr denn alle bescheuert? Die hatte nur nichts zum Pennen.«

»Da musste sie dich als Matratze nehmen.«

»Wieso bist du denn auch so verblödet? Ich habe sie nicht mal angefasst.«

»Echt?«

»Mann, ey, das ist keine, mit der du dich ein bisschen rumbeißt. Und dann zieht sie die Hose aus.«

»Kann es sein, dass du verknallt bist?«

»Weiß nicht. Ist auch egal. Die kriegt doch ganz andere als mich Penner.«

»Das ist ja nicht mehr verknallt. Das ist schon krank. Mann, echt. Wie meine Lovestory mit Conny. Da hab ich doch auch gedacht, was will so ein süßer Junge mit 'ner alten Transenschlampe. Ey, und ich sag dir, es war Paradies.«

»Ihr Schwuchteln macht es doch sowieso mit allem, was 'n Schwanz hat.«

»Rassist. Hol doch deine Braut wenigstens mal her.«

»Ey, wie oft soll ich noch sagen, dass sie nicht meine Braut ist. Vielleicht kannst du das den anderen Idioten auch mal erklären.«

Zorro dreht sich endlich zu Joe um und denkt, dass sie es voll Scheiße findet, dass er sie hat stehen lassen. Nur, weil er nicht will, dass die anderen denken, er sei scharf auf sie. Und sie guckt ihn nachher nicht mit dem Arsch an.

Zorro schleicht zu Joe und fragt scheinheilig: »Ey, wieso kommst du denn nicht mit?«

»Wieso denn? Kenn die Leute doch gar nicht.«

»Meine Kumpel. Hab dir doch gesagt, dass Maria mein bester Kumpel ist.«

Dann kommt Spasti auch schon angerannt. »Ich bin Spasti.« Und zu Zorro: »Willst dich vielleicht bei mir noch entschuldigen?«

Zorro stellt zum ersten Mal sein Grinsen an und murmelt: »Okay.«

»Und du?«, fragt Spasti.

»Joe.«

»Nur Joe. Einfach so?«

»Ja, nur Joe.«

Dann kommt plötzlich der große Blonde angerollert. Wirbelt das Brett durch die Luft. Fängt es. Steht vor Spasti. »Cool, Alex. Echt cool«, meint Spasti.

»Hi«, sagt der Blonde und guckt Joe dabei an. »Alles klar?«, und rollert wieder weg.

»Parfümierte Hupfdohle«, knurrt Zorro.

»Ey, der ist doch ganz in Ordnung«, sagt Spasti. »Ist auf jeder Demo. Hat tierisch Kohle. Den heirate ich mal, wenn ich alt bin.«

Spasti sieht einigermaßen verboten aus. Ringe im Gesicht, wo du hinguckst. In der Zunge gleich drei. Die Haare neonrot. Keiner weiß, wie sie diese Farbe hinkriegt. Sie würde es auch niemandem verraten. Spasti setzt eine Plastikflasche an den Mund. Gibt die Flasche dann Joe. »Prost Joe.«

Joe trinkt einen kleinen Schluck, lässt sich nichts anmerken, fragt nur: »Was ist denn das?«

»Banana-Shake. Müllermilch mit Strohrum.«

»Nicht schlecht. Ich hab bloß noch nichts gefrühstückt.«

»Mann, machen wir doch. Warte mal«, sagt Zorro. Er schlakst zu einem alten Mann, der auf dem Brunnenrand sitzt.

»Tag Zorro«, sagt der alte Mann.

»Das ist Joe«, sagt Zorro.

»Angenehm«, antwortet der alte Mann.

»Und das ist Opa Addi«, sagt Zorro. »Opa, hast du noch Stütze auf Tasche?«

Joe scheint richtig zu erschrecken, als Opa Addi ihr plötzlich die Hand entgegenstreckt. Er ist ein merkwürdiger alter Mann. Hat ein blau-weiß kariertes Oberhemd an und eine schwarze Krawatte fest um den dünnen Hals gezogen. Darüber eine schwarze Jacke mit dem weißen Totenkopf.

»Du weißt doch, leih nie einem Freund Geld.« Eigentlich hat er das Gesicht eines abgetrunkenen Penners. Die furchentiefen Falten, die sein Gesicht durchkreuzen, und die schmale geierhafte Nase machen ihn unendlich alt. Er könnte hundert sein. Aber irgendwie hat man vor diesem Gesicht Respekt.

»Ausnahmsweise«, sagt Zorro.

»Für die Dame?«, fragt der alte Mann.

Zorro nickt ganz leicht. Wahrscheinlich hat er Angst, es könnte irgendjemand hören, wenn er ja sagt.

[5]

Joe muss mal wieder an ihr Zimmer zu Hause denken und an die Freunde in der Schule. Sie wird doch von den Leuten am Brunnen sowieso nicht akzeptiert. Man merkt ja, wie peinlich es Zorro ist, dass er sie hergebracht hat. Der alte Mann war freundlich. Und auch diese Spasti und Maria. Ausgerechnet die drei, die am verbotensten aussehen.

Zorro hat von Opa Addi kein Geld gekriegt. »Aber lass man, der ist voll in Ordnung«, erklärt Zorro leise. »Der hat den vollen Durchblick. Abgetrunken, wie er ist. Wenn du irgendeine Frage hast, geh zu Opa Addi. Der hat einfach so viel mitgekriegt, der weiß alles.«

Satt wird Joe von solchen Sprüchen auch nicht. Sie hat noch vier Mark. Aber sie kann doch jetzt nicht einfach allein losziehen zur nächsten Dönerbude.

Eine Stunde schnorrt Zorro. Das Ergebnis ist schmal. Obwohl er wirklich gute Sprüche draufhat und immer freundlich bleibt. Auch wenn er zum hundertsten Mal gehört hat: »Geh doch arbeiten.« Manchmal sagt er ganz höflich: »Arbeit macht frei, oder?« Und die antworten natürlich: »Ja, genau.«

Als Joe und Zorro dann ihr Geld zusammenschmeißen, reicht es gerade für zwei Tüten Pommes und eine Portion Chickenwings.

Joe muss allein zu »Burger King«. Weil Zorro da längst Hausverbot hat. Wenigstens setzt er sich mit ihr auf die Treppe davor, um das Zeug zu essen. »Kriegst du nur noch mehr Hunger von dem Scheiß«, sagt Zorro.

»Döner rentiert sich mehr«, meint Joe.

Als sie zum Brunnen kommen, sind alle schon im Aufbruch zur Hasenheide. »Kannst mitkommen«, sagt Zorro.

Joe weiß mal wieder nicht. Aber dann geht sie natürlich mit. In der U-Bahn hängt Asi wieder an Zorros Arm. Der lässt sie und grinst Joe nur irgendwie verlegen an.

Remo und Micky besetzen gleich vier Plätze und beißen sich wie die Tiere. Maria ist noch mit im Wagen und der kleine Typ, den sie Stinki nennen. Mit seiner Braut Mücke. Dieser Stinki ist total daneben. Mal hockt er am Boden und starrt vor sich hin. Dann kriegt er wieder einen Action-Flash. Seine Freundin Mücke versucht nur noch, ihn zu beruhigen.

Zorro sagt: »Stinki kannst du auch bald vergessen.«

Plötzlich ist Stinki an der Tür, wuchtet sie auf und hängt draußen. Sein roter Irokesenkamm wird vom Fahrtwind auseinander genommen. Flattert im Wind wie ein Feuerschweif.

Mücke hat sofort versucht, die Tür wieder aufzukriegen. Sie schreit: »Mann, macht doch was. Der ist doch total zu.«

»Ist doch geil«, meint ein Türkenjunge. »Gleich ist er ohne Birne. Ein Bekloppter weniger.«

Mücke schreit: »Ey, Zorro, mach doch mal was.« Asi hält Zorro am Arm fest.

Joe denkt, sie ist im Kino. Sie hat ja eigentlich nichts mit denen zu tun. Was weiß sie, welche Scheiße die cool finden. Aber Stinki hängt sich so weit raus, dass er wahrscheinlich irgendwann gegen einen Mast oder was knallt. Joe sagt leise zu Zorro: »Mach doch mal was.«

Zorro reißt sich von Asi los und brüllt: »Bin ich hier Junkie-Kindermädchen?« Er reißt die Türen auf, stellt die Füße dazwischen. Greift Stinki mit der Rechten ins Sweatshirt. Der wehrt sich. Zorro packt mit der Linken die roten Haare. Zieht den kleinen Stinki an Sweatshirt und Haaren in den Wagen.

Stinki sieht ihn total verblödet an. Keucht: »Ey, du Wichser, das machst du nicht noch mal mit mir.«

»Okay«, sagt Zorro und dröhnt ihm die Faust genau unter das rechte Auge. Stinki sackt zusammen. Mücke hockt über ihm. Heult los: »Zorro, du brutales Schwein.«

Zorro ist nicht mal richtig außer Atem. Er sagt: »Der Typ ist doch so was von fertig. So voll gepumpt mit Scheiße. Ihr braucht gar nicht mehr zum Brunnen zu kommen. Junkies haben da nämlich Platzverbot.«

Mücke schluchzt: »Das bestimmst du ja wohl noch lange nicht.«

»Du hast ziemlich zugehauen«, sagt Joe.

Sie versteht wirklich nicht, warum Engel dem noch ins Gesicht schlagen musste. Man sieht es ihm jedenfalls nicht an, dass er mit einem Ruck eine S-Bahn-Tür aufwuchten kann. Dann noch den Typen reinzieht und losschlägt. Er hat Stinki das Leben gerettet. Wahrscheinlich. Und Joe hat daneben gestanden und sich das angeguckt wie ein Horrorvideo. Sie hätte wenigstens versuchen können, Engel festzuhalten, als er da in der offenen Tür stand.

Zwei Stationen weiter ist schon der Bahnsteig voller Bullen. Asi hängt sich wieder an Zorros Arm. Der schiebt Joe vor sich her zur gegenüberliegenden Tür. Springt auf die Gleise. Hilft erst Asi runter, dann Joe. Sie laufen hundert Meter auf dem Bahndamm. Die Bullen kommen erst gar nicht hinterher.

Niemand hat mehr Bock auf Hasenheide. Als die Polizei wieder abgezogen ist, fahren sie zurück zum Alex. Da hockt schon ein Autonomer mit der Message: »Morgen alle nach Cottbus. Die Nazis wollen da Parade machen und sollen eins aufs Maul kriegen.«

Asi klebt wieder an Zorro, der mit dem Autonomen einiges abklärt. Dann kommt Zorro wie zufällig an Joe vorbei und meint: »Wir fahren morgen nach Cottbus.« Er macht sich von Asi frei. Dreht sich eine Zigarette. »Ich meine, wenn du willst, kannst du auch mitkommen.«

»Vielleicht. Mal sehen.«

Zorro dreht eine Runde, bis er Asi los ist. Kommt zu Joe zurück. Er holt Django aus der Tasche, sieht der Ratte in die Augen und sagt: »Ich meine, du kannst auch ruhig wieder bei mir pennen. Wenn du nichts anderes hast.«

»Meinst du Django oder mich?«

Zorro setzt sein verlegenes Grinsen auf.

Joe wird aus dem Typen echt nicht schlau. Am Brunnen scheinen ihn alle ziemlich zu respektieren. Vielleicht ist er es gewohnt, dass die Frauen scharf auf ihn sind. Wie Asi hinter ihm her ist, kann jeder sehen. Und auch wie arrogant er sie behandelt. Aber er ist einer, bei dem peilt man nur schwer, ob er wirklich so überheblich ist. Joe muss sowieso bei ihm schlafen. Oder wieder nach Hause gehen. Oder was sonst?

Zorro ist nur noch mit Schnorren beschäftigt. Weil er Alk kaufen will und für den nächsten Tag auch noch Kohle braucht.

Es ist noch nicht dunkel, als Joe und Zorro zur Kleingartensiedlung fahren. Am Eingang steht ein Schild: »Warnung! Baustelle. Betreten verboten. Eltern haften für ihre Kinder.« Es ist eine witzige Siedlung. Jede Hütte anders. Man konnte sehen, wie die Leute dran rumgebastelt haben. Ein Leben lang wahrscheinlich. Überall was angeflickt und reingebaut. Was sie so ergattern konnten. Eine alte Tür mit Schnitzereien, komisch verzierte Säulen. In der Dämmerung sehen manche Hütten aus wie geschrumpfte Märchenpaläste. Man könnte meinen, dass irgendwo Dornröschen, Schneewittchen oder Rapunzel schlafen.

Jedenfalls findet Joe es überhaupt nicht mehr unheimlich. Eher richtig romantisch. Auch die Gärten. Kraut und Gras haben sich über die Beete hergemacht. Dazwischen leuchten Tulpen, rot, gelb, lila. Viel schöner als auf glatt geharktem Boden.

Nur, wenn man hochguckt, sieht man die Kräne am Rand der Siedlung.

An den Gartentüren sind noch die Schilder mit dem Schäferhund drauf und in roter Schrift: »Achtung vor dem Hund«. Aber es rennt nur noch eine verstörte Katze durch die Gärten.

Zorros Laube ist die schönste. Sie ist rot und grün gestrichen. Hat eine überdachte Veranda. Darüber auf richtigen Säulen einen Balkon. Im Garten ist ein großes Planschbecken. Es ist so blau wie ein Hollywood-Pool.

Über eine Wendeltreppe steigen sie aus dem Garten auf den Balkon. Sie sitzen auf diesem Laubendach. Und Zorro trinkt aus seiner Kornflasche. Manchmal gibt er Joe die Kornflasche. Die trinkt einen winzigen Schluck. Eine Amsel singt. Wenn die Amsel aufhört, pfeift Zorro das Amsellied nach. Und die Amsel fängt wieder an.

»Kannst du perfekt«, sagt Joe.

»Ich steh auf alles, was Flügel hat.«

»Warum das?«

»Weil Vögel frei sind. Die können fliegen, wohin sie wollen. Und vögeln, so viel sie wollen.« Zorro ist schon einigermaßen betrunken. »Außerdem sehen Vögel schön aus«, sagt er schnell. »Bis auf Geier vielleicht.«

Es ist dunkel geworden. »Dann wollen wir mal«, sagt Zorro. Sie gehen runter in die Bude. Zorro zündet wieder ein paar Kerzen an. Er ist wirklich ziemlich betrunken.

Joe merkt den Korn auch im Kopf. Sie hätte Engel sagen sollen, dass er mit dem Saufen aufhört. Was weiß sie, wie der Typ mit besoffenem Kopf ist.

Zorro steht in Unterhose da. Kümmert sich um Django. Joe putzt die Zähne. Dann zeigt Zorro auf das Bett: »Heute schläfst du da.«

»Ist mir aber echt egal.« Joe denkt, dass er wahrscheinlich auch mit besoffenem Kopf kein Arschloch ist.

»Nee«, sagt Zorro. Er lässt sich betrunken auf die Styroporplatten fallen.

Joe kriecht ins Bett. »Nacht«, sagt sie. Macht gleich die Augen zu. Hört, wie Zorro wieder aufsteht. Denkt, er macht die Kerzen noch aus. Dann ist es still. Bis Joe plötzlich seinen Atem spürt, der nach Korn und Kippen riecht.

Joe macht die Augen auf. Sie guckt in sein Gesicht. Im Kerzenschein sieht er wieder ein bisschen wie ein Engel aus. Joe greift nach seinen Schultern und drückt ein bisschen dagegen. »Ich muss jemanden erst ziemlich lange kennen«, sagt sie. Reichlich blöder Satz. Dabei hätte es sie bestimmt depressiv gemacht, wenn er es nicht wenigstens versucht hätte. Sie ist nämlich verknallt. Wahrscheinlich.

Zorro lässt sich wieder auf die Styroporplatten fallen und murmelt besoffen: »Entschuldigung. War nicht so gemeint.«

[6]

Zorro hat es gewusst. Er kann froh sein, dass sie ihm nicht gleich eine geklatscht hat. Die hat doch nun nicht ausgerechnet auf einen wie ihn gewartet. Wenn sie schläft und Zorro guckt sie ohne Brille an, könnte sie eine Prinzessin sein aus einem Märchen. Die kann eben jeden Typen kriegen. Es ist aber auch Scheiße, dass er sich wieder erst besaufen musste.

Am nächsten Morgen fragt Joe: »Ist es in Ordnung, wenn ich mitkomme?«

»Hab ich doch gesagt.«

»Und wenn Asi sauer ist?«

»Ey die. Das ist 'n Baby. Die gehört zu Mama und Papa.«

Im Zug versuchen alle, sich in ein Abteil zu zwängen. Asi pflanzt sich gleich neben Zorro. Joe bleibt auf dem Gang. Zorro klammert sich an seine Kornflasche, die noch halb voll ist. Er muss erst mal einen kräftigen Schluck nehmen, bevor er aufsteht und sagt: »Ey, das ist mir hier echt zu viel Kindergarten.« Zorro geht auf den Gang zu Joe. »Das hältst du nicht aus da drin. Ich such mir ein anderes Abteil.«

Zorro lässt Joe stehen. Geht zwei Abteile weiter. Macht die Tür auf. Natürlich hofft er, dass Joe nachkommt.

In dem Abteil sitzt ein älterer Mann, der jedenfalls nicht gleich angestrengt in die andere Richtung guckt, als Zorro »Tag auch« sagt und sich hinsetzt. Zorro starrt zur Tür, dann schnell auf den Boden, als Joe auftaucht.

»Ist doch noch frei?«, fragt Joe und zeigt auf den Platz neben Zorro.

»Alles frei«, antwortet der ältere Mann. Zorro nimmt einen Schluck aus der Flasche. Joe setzt sich neben ihn. »Fängst du nicht ziemlich früh an?«

»Nur 'n bisschen vortanken für die Demo«, meint Zorro und setzt sein dämlichstes verlegenes Grinsen auf.

Joe sagt, dass sie tierisch müde ist. Sie hat das Sweatshirt ausgezogen. Klemmt es hinter den Kopf. Ihr Kopf rutscht langsam auf Zorros Schulter. Und dann liegt auch noch ihre Hand auf seinem Schenkel. Sie atmet, wie man atmet, wenn man schläft.

Zorro wagt nicht mehr, sich zu bewegen. Er sitzt steif wie ein Zaunpfahl. Umklammert die Flasche. Bis Spasti die Tür aufreißt und lostrompetet: »Na, ihr beiden Schmusebärchen. Gibt's doch nicht, dass ihr den Alk hier heimlich allein wegkippt.«

Joe sitzt wieder gerade. Zorro steht tatsächlich auf und entschuldigt sich noch: »Joe hat 'n bisschen gepennt.«

Es sind viele nach Cottbus gekommen. Bestimmt ein paar Tausend. Punks, Autonome, Ökos. Aber auch eine Menge Normale. Weit kommen sie nicht. Bullen, wo man hinguckt.

Die meisten Punks haben sich vor einem Supermarkt versammelt. Klar, was passiert.

Zorro hält den Kontakt zum autonomen Block. Die haben aber anscheinend auch keinen Plan. Vielleicht nehmen sie Zorro auch nicht für voll. Weil er reichlich breit ist.

Asi hat auch von Zorros Korn getrunken. Macht wieder den Klammeraffen. Joe steht daneben. Muss sich von Zorro blöde angrinsen lassen.

Asi fragt Zorro: »Gehst du mit mir?« Und Zorro sagt nichts. Asi umklammert Zorros Nacken, zieht sich an ihm hoch, legt ihm die Beine um die Taille und meint: »Ich mach auch alles für dich.«

Zorro schielt immer wieder zu Joe. Er denkt nicht groß nach. In seinem besoffenen Kopf gefällt es ihm, dass jemand in ihn verknallt ist. Er findet es wahrscheinlich gut, wenn Joe merkt, dass er schließlich nicht auf sie angewiesen ist. Als er wieder zu Joe schielt, ist die weg. Zorro packt Asis Arme. Stellt sie ziemlich grob auf die Straße.

Die Autonomen machen vor der Bullenkette ein bisschen Action. Am Supermarkt geht die erste Scheibe zu Bruch. Zorro sucht Joe. Er entdeckt sie auf der anderen Straßenseite. Sie tritt gegen einen Abfallkorb. Tritt noch mal gegen den Abfallkorb. Tritt immer wieder zu.

Spasti ist neben Zorro. Guckt auch rüber zu Joe und meint: »Hat ganz schön Power, deine Frau.«

»Was ist denn mit der?«, fragt Zorro.

»Wenn du für Asi den Kletterbaum machst. Vielleicht nimmst du deine Braut einfach mal in'n Arm.«

Es laufen immer mehr Leute zum Supermarkt. Zorro geht mit breiten Schultern in die andere Richtung. Manchmal hat er was von einem Cowboy in einem alten Western. Erst geht er schnell. Dann immer langsamer. Bleibt stehen. Schleicht die letzten Schritte zu Joe. Er weiß nicht genau, was er machen soll.

Joe sieht ihn aus verheulten Augen an. Zorro legt ihr vorsichtig die Hand auf die Schulter. Es ist, als ob Joe ihm ein paar Zentimeter entgegenkommt. Zorro legt seine langen Arme um sie.

Joe drückt ihn ein bisschen weg. Aber ihr Kopf liegt an seinem Hals. Sie weint. Sie sagt: »Ey Engel.« Joe kriegt die Arme frei und legt sie um seinen Rücken

Zorro hat das Gefühl, sie kriecht echt in ihn rein. So eng ist sie bei ihm. Eine halbe Ewigkeit stehen sie so. Reglos. Wie ein Denkmal. In dem totalen Chaos.

Die Autonomen beulen sich längst mit den Bullen. Die Punks räumen den Supermarkt aus. Schleppen wie blöde Tonnen von Alk und Kippen, sogar Fernseher und Stereoanlagen.

Wenn Zorro mal aufhört, Joe zu küssen, schielt er zu den Bullen. Es werden immer mehr. Sie bereiten sich auf die Attacke vor. Den Wasserwerfer hat Zorro nicht gesehen. Der legt gleich los. Volles Rohr. Fegt die Leute nur so weg. Flaschen fliegen durch die Gegend und Kartons mit Stereoanlagen und Menschen.

Zorro stellt sich gerade noch vor Joe. Der Strahl trifft ihre Beine. Sie heben ab. Einen Moment ist es tatsächlich wie Fliegen. Dann knallen sie aufs Pflaster. Sitzen nebeneinander.

»Alles okay?«, fragt Zorro.

»Glaube ja«, sagt Joe, »bis auf den Arsch. Und du?«

»Weiß auch nicht. Ich glaube das Knie. Nicht schlimm.«

»Und dein Kopf?«

»Ist noch dran.«

Der Wasserwerfer hat sein Wasser verschossen. Aber die Bullen knüppeln sich mit ziemlichem Tempo voran. Die Leute rennen weg vom Supermarkt, um nicht eingekesselt zu werden.

»Wir bewegen besser unsere kaputten Ärsche«, sagt Zorro. Er zieht Joe hoch, die sich den Hintern hält. »Geht es?«, fragt er.

»Ist ja nur der Arsch«, sagt Joe.

Zorro humpelt ein bisschen. Er zieht Joe in Richtung Supermarkt.

»Ey, wo willst du denn hin?«

»Immer in die entgegengesetzte Richtung.«

»Echt? Ohne dich würd ich krepieren vor Schiss.«

Zorro zieht Joe durch eine eingeschlagene Scheibe in den Supermarkt. Da ist kein Mensch mehr.

»Wieso denn?«, fragt Joe.

»Willst du dir von den Bullen das Hirn breitquetschen lassen? Die haben doch längst einen Kessel gemacht. Es ist immer Scheiße, mit den anderen mitzurennen.«

Zorro humpelt ziemlich. Der Lärm von der Randale ist weit weg. Es ist fast so unheimlich still im Supermarkt wie in einer Kirche. Bis es neben ihnen hohl lacht. Joe stürzt erschrocken in Zorros Arme. Der holt mit dem gesunden Bein aus und schießt einen dieser Gartenzwerge mit Bewegungsmelder durch den halben Supermarkt. Der lacht auch noch hohl, während er fliegt. Bis er gegen ein Regal knallt und nur noch röchelt. »Kann die Monster sowieso nicht ab«, sagt Zorro.

Joe versucht zu lachen. »Ich würde wirklich vor Angst krepieren, wenn du nicht da wärst.«

Zorro zieht Joe in die hinterste Ecke des Ladens. Zum Tchibo-Stand. Er holt irgendwelche Decken aus dem Regal. Wirft sie auf den Boden.

Sie setzen sich auf die Decken. »Und wenn die Bullen kommen?«, fragt Joe.

»Die finden uns doch hier nie, diese Hirnis.«

»Ganz schön nass«, sagt Joe und wringt Wasser aus ihrem Sweatshirt.

»Ziemlich nass.« Zorro hat die kaputte Brille auf und inspiziert die Tchibo-Regale. Er angelt sich einen echt japanischen Kimono und einen Reiseföhn. Er sagt zu Joe: »Gib mir deine Klamotten, Prinzessin.«

Joe sieht ihn groß an. »Prinzessin?«

»Logisch, du bist meine Prinzessin. Kannst dich drunter ausziehen.« Er gibt Joe den echt japanischen Kimono.

»Du bist doch sowieso blind wie ein Maulwurf, oder?«

»Bin ich auch.«

Joe legt den Kimono über ihre Schultern und zieht ihre Sachen aus. Zorro hat eine Steckdose gefunden. Stöpselt den Föhn ein. Wringt Joes Sweatshirt aus. Hält es vor den Föhn.

»Und du?«, fragt Joe.

»Was?«

»Komm doch mal her.« Joe wringt Wasser aus seinem Sweatshirt. »Würde ich auch mal ausziehen.« Zorro kniet vor ihr, und Joe zieht ihm vorsichtig das Sweatshirt über den bandagierten Kopf.

Zorro sieht einen Moment ihre Brüste. Es ist die Entfernung, auf die er noch ganz gut sehen kann. Sagt: »Meine verdammt schöne Prinzessin.«

»Bist du wirklich blind wie ein Maulwurf, Engel?«

»Garantiert.«

Zorro nimmt Joe in den Arm. Er legt eine Hand auf ihren Busen. Küsst sie. Joe hält sein Handgelenk fest. »Du bist ziemlich besoffen, Engel?«

»Bin ich nicht.« Zorro fühlt sich nicht mehr betrunken. Vielleicht hätte er das jetzt nicht gemacht. Ganz ohne Alk. Aber einen besoffenen Kopf hat er bestimmt nicht mehr. »Du musst jemanden erst ziemlich lange kennen«, sagt er, »oder?«

»Ich kenne dich ungefähr hundert Jahre oder so«, antwortet Joe. »Aber ich möchte nicht, dass du betrunken bist.« Dann wird sie ganz starr in seinem Arm. Stimmen kommen näher und auch Schritte. »Ich hab Angst«, sagt Joe leise.

»Alles im grünen Bereich«, flüstert Zorro zurück.

Sie hören, wie einer sagt: »Riesenschweinerei ist das doch.«

»Sollte man alle auf der Flucht erschießen«, brüllt ein anderer.

»Lass mal deine Sprüche besser stecken«, sagt noch ein anderer.

Sie hören, wie der Gartenzwerg anfängt, hohl zu röcheln. »Scheiße«, schreit einer und lacht dann. »Ach du elende Scheiße.«

»Was denn?«

»Eine verletzte Person.«

»Wie?«

»Ein Gartenzwerg.«

Der Bulle muss ziemlich nah sein. Zorro und Joe liegen ganz flach. Weiter weg brüllt jemand: »Ganzer Zug zu mir. Alle Zugänge gegen Plünderer sichern.« Die Schritte und Stimmen werden leiser, bis es wieder unheimlich still ist am Tchibo-Stand.

»Die kommen bestimmt wieder«, flüstert Joe.

»Unsinn«, sagt Zorro mit ganz normaler Stimme. »Die passen jetzt auf, dass uns niemand stört.« Und er fängt wieder an, Joes Klamotten zu föhnen. Dann legt er Joe noch eine Tchibo-Decke um, holt sich auch einen Kimono, zieht alle Klamotten aus. Und föhnt sein eigenes Zeug. Dann wieder Joes Sachen. Und sagt nur: »Ich bin jetzt wirklich nicht mehr besoffen, Prinzessin.«

»Weiß nicht«, meint Joe.

Zorro nimmt Joes Klamotten und rutscht auf Knien zu ihr. Sie greift nach den Sachen. Er zieht die Hand zurück. »Nur, wenn ich dich anziehen darf.«

»Du bist ohne Brille wirklich blind wie ein Maulwurf?«

»Ey, bin ich.«

Joe dreht sich weg. Zorro zieht ihr den Kimono aus. Joe dreht sich wieder zu ihm. Sieht ihm in die Augen. Als er ihr das T-Shirt überzieht, sagt sie: »Ey, du bist ein Spinner, Engel. Du und blind.«

Zorro grinst. »Nee, nur kurzsichtig.«

»Engel, Spinner«, sagt Joe.

Zorro will ihr den Slip anziehen. Joe lässt ihn erst machen. Dann drückt sie sich an ihn. Küsst ihn. Flüstert: »Engel, du Spinner. Echt. Kannst du jetzt alles wieder ausziehen. Ist sowieso noch nicht trocken.«

»Ich glaub, ich liebe dich, Prinzessin«, flüstert Zorro.

Joe fragt noch: »Und du bist auch wirklich nicht mehr besoffen? Hundertpro?«

[7]

Die Klamotten sind natürlich immer noch nicht richtig trocken. Aber Joe fühlt sich verdammt gut. Auch wenn ihr wieder kalt wird und sie ein bisschen Angst hat. »Und wenn du mir jetzt ein Baby gemacht hast?«, sagt sie.

»Wäre doch cool. Total cool. Einen kleinen Prinzen.«

»Engel, Spinner. Wirklich. Sag mal lieber, wie wir hier rauskommen. Ich hab nämlich Schiss.«

Zorro findet ein Fenster. Das geht zum Hof. Außer den Abfallcontainern ist nichts auf dem Hof. Zorro nimmt sich einen kleinen Fernseher. »Lass den Scheiß«, meint Joe. »Erstens hab ich Schiss. Und zweitens sowieso.«

»Wir brauchen doch Fernsehen. Wenn das Baby kommt und wir abends zu Hause hocken.«

»Spinner hoch zehn.«

Zorro bringt erst den Fernseher raus und hilft dann Joe. »Wenn du jetzt mit dem Ding durch die Stadt latschen willst, bin ich hundert Meilen weg«, sagt sie.

Zorro sieht sie dämlich an. Er stellt den Fernseher auf einen Container.

Für Joe ist alles wie Traum. Die fremden Straßen. Überall noch Bullen. Der Typ, der den Arm um sie gelegt hat. So ist es also, wenn man auf Wolken geht, denkt sie, oder auf Rosen. Das Gefühl im Magen lässt sich nicht beschreiben. Eigentlich ist ihr schlecht. Aber vor Glück. »Engel«, sagt Joe, »es ist sensationell mit dir.«

Zorro drückt sie an sich.

Im Zug legt Joe den Kopf an Zorros Schulter und schläft sofort ein. Sie träumt irgendwelchen Quatsch. Dass sie mit Engel am Meer ist. Und Zorro schwimmt immer weiter raus. Sie will ihn noch zurückholen. Aber er ist schon zu weit weg. Als Joe aufwacht, fährt der Zug schon durch Berlin. Zorro küsst sie.

Sie gehen nicht mehr zum Alex. Sitzen stundenlang in dieser Alpen-Kneipe und quatschen. Joe will endlich wissen, warum Zorro von zu Hause abgehauen ist.

Zorro meint, dass es eine reichlich blöde Geschichte ist, die sowieso niemand glaubt. Weil man eigentlich auch nicht erklären kann, warum er weg ist.

Sie trinken Enzian. Der Wirt schreibt an. Er weiß, dass Zorro am Montag Stütze kriegt.

Zorro erzählt dann doch. »Also, wenn du es wissen willst. Es war wegen meiner Oma. Meine Mutter hat bei meinem Vater im Geschäft gearbeitet. Und meine Oma war die Größte für mich. Ey, mit der konntest du echt über alles quatschen. Es ist aber wirklich eine blöde Geschichte. Eigentlich.«

»Die von dem Berg war auch nicht blöd.«

»Also, meine Oma ist gestorben. Ich hab noch abends gequatscht mit ihr am Telefon. Und am nächsten Tag, als ich aus der Schule komme, heißt es: ›Ja, Oma ist letzte Nacht eingeschlafen.‹ Sie haben echt gesagt ›eingeschlafen‹. Ich hab gewusst, was sie damit meinten. Aber richtig geschnallt hab ich es erst mal nicht.

Meine Mutter hat ein bisschen geheult. Aber dann kamen schon die Sprüche: ›Erfülltes Leben hat sie doch gehabt. Und es ist doch ein Segen, einfach so einzuschlafen.‹

Und ich dachte immerzu: Das kann doch nicht wahr sein. Oma ist tot. Mit wem quatschst du nun? Irgendwie war ich aber auch ganz cool. Weil ich es mir überhaupt noch nicht vorstellen konnte, dass meine Oma nicht mehr da war. Dann hör ich noch meine Mutter zu Papa sagen: ›Hätte ich nicht gedacht, dass der Junge es so vernünftig nimmt. Wo er doch so an ihr gehangen hat.‹ Ist aber wirklich eine total bescheuerte Geschichte.«

»Ist es nicht.«

»Also bei uns auf den Dörfern ist es Sitte, dass Verwandte und Nachbarn den Sarg tragen. Ich wusste also schon, was kommt. Dass mein Vater nämlich sagt: ›Klar, dass du den Sarg mit trägst.‹ Und ich: ›Papa, das bring ich nicht. Bitte.‹ Und er dann:

›Was bringst du denn überhaupt?‹ Und meine Mutter: ›Also nicht mal die letzte Ehre willst du der Oma erweisen, wo sie so viel für dich getan hat.‹ Und der Alte meint, was aus mir bloß werden soll. Wenn ich mich vor allem drücke.

Schließlich habe ich gesagt: ›Okay, ich mach das.‹ Weil ich im Moment auch dachte, dass ich das irgendwie schaffen würde. Ey, es ist echt 'ne peinliche Story.«

»Wieso denn bloß?«

»Na ja. Dann war die Beerdigung. Ich hab gar nicht hingehört, was der Pastor gelabert hat. Wieder vom erfüllten, arbeitsreichen Leben und so. Ich habe nur auf den Sarg gestarrt und gedacht, da ist jetzt wirklich deine Oma drin. Zum ersten Mal hab ich das richtig begriffen, dass sie 'ne Leiche ist. Und es war klar, dass ich bald losheul wie ein kleines Kind. Dann hab ich mir noch vorgestellt, dass ich mit den anderen den Sarg hochhebe und sie halten den Sarg nicht gerade. Dass meine Oma dann im Sarg von einer Seite zur anderen poltert. Ey, es ist alles wirklich super peinlich.«

»Engel, ich glaub, ich liebe dich immer mehr.«

»Jedenfalls hat mich mein Vater dann angestoßen. Die anderen Sargträger waren schon aufgestanden. Und ich bin nur noch gerannt. Erst quer über den Friedhof und dann in ein Maisfeld. Irgendwann hab ich mich hingeschmissen. Und nur noch geheult. Nachts bin ich noch mal zurück in unser Haus. In der Küche hatte meine Mutter das Abendbrot für mich hingestellt. Da musste ich Idiot noch mal heulen. Ich hab mir ein paar Sachen zusammengepackt. Bin wieder los. Erst nach Hamburg, dann nach Berlin. Jetzt kennst du die bekloppte Geschichte.«

Joe streichelt Zorro über den Kopf.

Der meint: »Vielleicht hat mein Alter ja Recht, dass ich die letzte Nullnummer bin.«

»Engel, Spinner. Mann, du hattest 'n echten Grund, abzuhauen. Ich bin weg, weil ich schlechte Laune hatte.«

»Wieso? Ich denke, der Lover von deiner Mutter wollte dir an die Wäsche?«

»Er wollte mir nicht wirklich an die Wäsche. Das habe ich mir eher vorgestellt. Weil es so schön eklig war. Und weil ich es schon eklig fand, dass er Mama an die Wäsche gegangen ist.«

»Muss jedenfalls 'n echt mieser Typ sein.«

»Weiß nicht. Ich find ihn jedenfalls abartig.«

Sie fahren zur Laubenkolonie. Sitzen auf dem Balkon. Die Sonne ist untergegangen. Die Bäume sind löchrige Schatten. Das rote Geländer des Balkons leuchtet noch. Weit weg blinken die Lichter der Plattenhäuser bläulich von den TV-Glotzen.

Die Amsel singt wieder. Zorro pfeift ihr Lied nicht nach. Er sieht Joe an. Hat sein softestes Grinsen aufgesetzt. Sagt plötzlich: »Wäre trotzdem besser, wenn du wieder nach Hause gehst.«

»Wieso denn das?«

»Ich meine, bis wir 'ne Wohnung haben. Die Laube reißen sie mir doch heute oder morgen unterm Arsch weg. Und du musst auch wieder zur Schule gehen.«

»Das sagst ausgerechnet du.«

»Ich krieg 'ne Lehrstelle. Organisiert ein Typ vom Jugendamt. Und dann wahrscheinlich 'ne Wohnung.«

»Find ich cool, wenn du 'ne Lehre machst und 'ne Wohnung kriegst.«

»Und 'n Baby.«

»Spinner. Engel.«

»Und dann ziehen wir in die Berge.«

Joe kriecht wieder in Zorro rein. »Und weißt du, was ich super cool finde? Dass du hundertpro nicht besoffen bist, jetzt.«

Sie gehen runter in die Bude. Als Joe mit dem Zähneputzen fertig ist, zieht Zorro ihr das T-Shirt aus. Küsst ihre Brüste.

»Sind ziemlich klein«, sagt Joe.

»Ey, die sind ungefähr das Schönste, was ich mir vorstellen kann. Ich will nie mehr im Leben andere Titten.«

»Und zu wie vielen Frauen hast du das schon gesagt?«

»Noch nie. Ich schwöre es.«

»Echt? Scheiße, ich glaub das sogar.«

Zorro lässt Joe einen Moment los. »Glaub mir nicht alles.«

Joe hört nicht. »Ich schwöre, dass meine Titten nur dir gehören. In Ewigkeit. Amen.« Sie zieht Zorro aufs Bett. Begräbt ihn unter sich. Will ihn küssen.

Zorro hält ihren Kopf in beiden Händen. Sieht ihr in die Augen. »Ey, du sollst mir nicht alles glauben.«

Joe dreht sich von ihm runter. »Wieso? Was ist?«

»Ich scheiß dich an.«

»Asi?«

»Ey, Blech. Total.«

»Was ist los?«

»Wenn ich es dir sage, trennst du dich von mir. Du kriegst es sowieso raus.«

»Hast du Aids?«

»Und dann fick ich dich ohne Gummi. Ist es das, was du von mir hältst?«

»Was ist denn, Mann. Sag es doch endlich.«

»Ich hasse diese Junkies. Ich hasse diese Typen wie Stinki. Die sich kaputtmachen. Und ihre Bräute machen sie auch kaputt.«

»Die sind krank.«

»Ey, ich bin krank.«

»Du?«

»Ich war Junkie. Beinah jedenfalls.«

»Glaub ich nicht.«

»Wenn ich es dir sage. Jetzt ist es aus mit uns, oder?«

Joe ist erleichtert. Sie streichelt ihm übers Gesicht. »Wenn wir zusammen sind, machst du diese Scheiße sowieso nicht.«

»Wir sind zusammen, oder?«

»Für alle Ewigkeit, oder?« Joe zieht Zorro vorsichtig das Sweatshirt über Kopf und weißen Verband.

Morgens schleicht sich Zorro leise aus dem Bett. Joe wacht trotzdem auf. »Ey, was ist?«

»Frühstück organisieren.«

»Kenn ich irgendwoher den Spruch.«

»Echt?«

Zorro ist schon draußen. Joe duscht. Sie versucht, unter der Dusche das Amsellied nachzupfeifen. Wahrscheinlich wird es eine

Ewigkeit dauern, bis Engel mit was Essbarem zurück ist. Doch Zorro ist schon nach gut zehn Minuten wieder da. Hält ihr eine ganze Marzipantorte vor die Nase.

Joe guckt ihn wohl ziemlich blöde an, als sie das Riesenteil sieht. »Wie denn das? Zum Frühstück? Hast du geklaut? Oder was?«

»Ein Kumpel von mir ist Konditor. Nee, aber der verblödete Fahrer vom Bäckereiwagen lässt immer die Tür offen. So üppig zugelangt hab ich aber noch nie, ehrlich.«

»Ich will das nicht. Du gehst noch in den Knast.«

»Mundraub. Dafür kriegst du gerade mal zwei Wochenenden Arbeitsauflage.« Sie brechen ganze Stücke raus aus der Marzipantorte. Stopfen sie rein. Weil sie gestern vergessen haben zu essen. Irgendwann hält sich Joe den Bauch. Zorro meint: »Ich bin verrückt nach Marzipan. Aber im Bauch wird das Zeug zu Beton.«

Joe muss sich noch mal aufs Bett legen. Zorro legt sich daneben. Sagt: »Dann fährst du also nach Hause. Vorher muss ich aber die schönsten Titten der Welt küssen.«

Eine Stunde später gehen sie zur U-Bahn. Am Alexanderplatz muss Joe umsteigen. Als ihr Zug kommt, hält Zorro sie fest umklammert. Joe verpasst auch den nächsten Zug. Weil sie sich noch mal küssen müssen. »Du bleibst nicht zu lange«, sagt Zorro.

»Länger als zwei Stunden halte ich es ohne dich sowieso nicht aus.«

»Ey, wir sehen uns in zwei Stunden am Brunnen. Ich hol nur die Stütze und rede mit dem Typen vom Jugendamt. Wegen der Lehrstelle.«

»Geh aber beim Arzt vorbei. Lass dir einen neuen Verband machen.«

Sie küssen sich wieder eine halbe Ewigkeit. Dann steigt Joe in den Zug nach Friedrichshain.

Als Joe die Luft im Treppenhaus einatmet, ist ihr klar, dass sie wieder zu Hause ist. Wahrscheinlich mag sie den Gestank sogar. Denn jedes Treppenhaus riecht anders. Jedenfalls hat ihr Treppenhaus einen besonderen Geruch. Nach saurer Suppe von den

Halbrussen, die unten wohnen. Nach Gulasch sowieso und nach Brathähnchen. Weil der Typ, der ganz oben alleine wohnt, schon zum Frühstück Brathähnchen anschleppt. Ätzend nach dem Zeug, mit dem die Halbrussin das Treppenhaus wischt. Vor allem aber riecht es nach Scheiße. Weil jemand mal unten ins Treppenhaus geschissen hat. Und zwar richtig. Niemand wollte die Scheiße wegmachen. Auch die Halbrussin nicht. Sie hat gesagt, dafür wird sie nicht bezahlt. Länger als eine Woche hat die Scheiße dagelegen. Sogar die Polizei hat jemand geholt. Aber die Bullen sind gleich rückwärts wieder raus. Joe konnte sich zwanzig Tempos vor die Nase drücken, wenn sie vorbeiging. Sie musste jedes Mal beinahe kotzen.

Das ist schon mindestens zwei Jahre her. Wahrscheinlich riecht es längst nicht mehr nach Scheiße im Treppenhaus. Aber aus der Nase kriegt man das nie mehr raus. Und wenn man genau hinguckt, erkennt man noch die Umrisse, die der riesige Scheißhaufen in den Boden geätzt hat.

Es ist kein schlechtes Gefühl, wieder im Treppenhaus zu sein. Joe geht ganz langsam die abgewetzten Stufen hoch zum zweiten Stock.

Ist doch eigentlich ein kuscheliges Leben jetzt. Sie geht morgens zur Schule. Freut sich auf nachmittags, wenn sie Engel sieht. Abends schlafen sie zusammen. Und der verblödete Freund von Mama geht ihr am Arsch vorbei. Bald hat Engel sowieso die Wohnung.

Joe steht vor ihrer Tür. Sie überlegt, ob sie klingeln soll. Schließt dann aber auf. Sie ist ganz ruhig. Als käme sie von einer Freundin zurück.

In der Wohnung rührt sich nichts. Joe ruft: »Mama.« Aus dem Schlafzimmer kommen tierische Laute. Es kann nicht sein, dass die da schon mittags rummachen. Weil er ja zur Arbeit ist. Joe klopft an die Tür. Von drinnen schreit es: »Nein.« Wie, wenn der Kettensägen-Mann aus dem Busch kommt.

Joe macht die Tür auf. Mama liegt im Bett und sieht sie total irre an. »Mama, was ist?«, fragt Joe.

»Was hast du bloß gemacht?«, sagt ihre Mutter. Sie hat die

karierten Stretchhosen an, die Joe so hasst. Sonst nur den BH. Ihre Haare hängen vor dem Gesicht. Wie bei Joe, wenn sie sich verstecken will. Mamas Haare sind zu blond, seit sie den Typen hat. Sie guckt Joe immer noch völlig irre an. »Mike ist weg.«

»Der kommt wieder.«

»Wir hatten Streit. Deinetwegen.«

»Ey Mama, sagst du mir vielleicht erst mal Guten Tag?«

»Da hast du ja erreicht, was du wolltest.« Sie macht die Augen zu und stöhnt. Tierisch. Aber leiser als vorher.

Joe redet auf sie ein. Aber sie stöhnt nur. Auf dem Boden vor dem Bett steht eine Flasche Asbach. Halb leer. Daneben Tablettenröhrchen und verstreute Tabletten. Joe bekommt Angst. Sie ruft die 112 an. Denkt gleich, dass es vielleicht übertrieben ist, einen Unfallwagen zu rufen. Die Leute im Haus. Peinlich für Mama. Sie sagt dem Typen am Telefon, dass es wahrscheinlich nichts Schlimmes ist. Ja, ihre Mutter ist ansprechbar. Sie wollen den Notarzt schicken.

Der kommt nach einer Stunde. Mama ist eingeschlafen. Der Arzt gibt ihr ein paar Ohrfeigen. Sie schreit gleich wieder dieses »Nein«. Aber als sie hört, wer er ist, wird sie vernünftig.

Der Arzt misst ihren Blutdruck und so. Joe muss die Tablettenröhrchen wieder aus dem Müll holen. Mama hat wohl nur Valium, Kopfschmerzpillen und son Zeug geschluckt.

»Alkohol- und Tablettenabusus«, sagt der Notarzt und meint, dass keine akute Gefahr besteht. Es müsse aber absolut sichergestellt sein, dass immer jemand bei ihr ist, wegen möglichen Kreislaufversagens und nicht auszuschließender Suizidgefahr.

Das sei sichergestellt, sagt Joe. Als er weg ist, sieht sie das erste Mal auf die Uhr. Es ist gleich zwei. Jetzt ist Zorro am Brunnen. Guckt zum U-Bahn-Eingang. Weil er sie liebt.

Joe findet die Nummer von dem Betrieb, in dem Mamas beste Freundin arbeitet. Klar, sagt Mamas beste Freundin am Telefon, jederzeit, immer. Nur ausgerechnet heute nicht. Sie geht mit der Abteilung bowlen. Gleich nach der Arbeit. Wo sie doch sonst nie rauskommt. »Ist okay«, sagt Joe.

[8]

Zorro steht auf dem Alex am Brunnen. Er sieht zum U-Bahn-Aufgang. Hat die Brille auf. Wenn ein Mädchenkopf mit langen, dunklen Haaren auftaucht, glaubt er manchmal, dass es Joe ist.

Um zwanzig nach zwei ist er schon ziemlich fertig. Sie lässt ihn warten. Einfach so. Weil es ihr egal ist, wenn er wartet. Natürlich. Es hat ihr Spaß gemacht. Bestimmt. Aber es ist ihr egal, ob sie um zwei kommt oder um vier. Und dann sagt sie nur: »Ach, ist es schon so spät? Ich hab noch 'ne Freundin getroffen und gar nicht auf die Uhr geguckt.« Vielleicht muss er sich dran gewöhnen. Weil solche Frauen nun mal so sind. Sie ist eben eine Prinzessin.

Irgendwann setzt sich Zorro neben Opa Addi. Der fragt: »Wo ist denn die nette junge Dame?« Zorro muss ihm erzählen, dass Joe ihn warten lässt. »Kokett, kokett«, meint Opa Addi. »So sind sie nun mal. Vor allem, wenn sie hübsch sind und die Nase ein bisschen hoch tragen. Aber mach dir keine Gedanken. Die wollen nur nicht zeigen, wie verliebt sie sind. Sie lassen dich zappeln, damit du ihnen nachher aus der Hand frisst.«

Opa Addi beruhigt Zorro. Der setzt die Brille ab. Wenn sie jetzt kommt, wird er ganz cool sein. Sie wird sagen: »Tut mir Leid, ist etwas später geworden.« Und er: »Ach, ist es schon so spät? Ich bin auch gerade gekommen.«

Maria ist auch mies drauf. Mit seinem süßen Gymnasiasten ist es aus. Weil er bei dem zu Hause war. Die Eltern sind früher gekommen. Die wollen den Sohn jetzt zum Psychiater schicken, enterben und sonst was. Maria hat dem Typen noch mal auf dem Schulweg aufgelauert. Und der hat gemeint, Maria soll sich nicht wieder blicken lassen. Dass sei nur ein Kick für ihn gewesen. Ganz witzig. Bestimmt. Aber wegen seiner Eltern sei nun Schluss mit lustig. Klar. Der ist schon jetzt vor allem heiß auf das Erbe.

Es deprimiert Zorro, als Maria die Geschichte noch mal ausführlich erzählt. Maria meint, es rentiert sich nicht, jemanden zu haben, der süß ist, aber sonst nicht zu einem passt.

Asi kommt natürlich irgendwann auch an. Fragt, wo Zorro in Cottbus geblieben ist.

»Irgendwo in dem Kaff«, sagt Zorro.

»Und deine Tusse?« Sie setzt sich neben ihn.

»Was denn? Die hat bei mir gepennt. Weil sie nichts zum Pennen hatte. Ich habe ihr gesagt, du gehst besser wieder nach Hause. Da ist sie nach Hause gegangen.«

Asi legt ihm eine Hand auf die Schulter. Es tut ihm gut, wenn er ehrlich ist. Im Moment. Er holt Django raus. Fährt mit der Nasenspitze durch das Fell. Setzt ihn auf seine Schulter. Asi streichelt Django. Zorro mag das nicht besonders. Steckt Django wieder in die Tasche.

»Ich steh immer noch auf dich«, sagt Asi. »Es gibt keinen Typen weit und breit, der so cool ist.« Asi berührt mit der Hand seinen Nacken. »Soll ich uns was zum Saufen besorgen?«

»Keine schlechte Idee.«

Asi zieht los. Zorro sagt sich mal wieder, dass grübeln nur depressiv macht. Aber er kann das Grübeln nicht abstellen. Es kann nicht wahr sein, dass Joe ihn gleich vergisst. Weil ihr die Mutter gesagt hat: »Schämst du dich nicht. Mit so einem.« Vielleicht ist sie auch vors Auto gelaufen. Oder sie hat diese Arschlöcher von Skins wiedergetroffen. Und die haben sie irgendwo eingesperrt. Der Gedanke frisst sich rein in ihn. Dass die Nazis Joe was tun. Während er sich von Asi den Nacken kraulen lässt.

Asi kommt mit einer Flasche Strohrum zurück. Sie hat immer Kohle. Kriegt sie von zu Hause.

Zorro sagt, er will keine Müllermilch. Er kippt sich den Strohrum so rein. Es brennt ihm die Zunge und die Speiseröhre weg. Und es glüht im Magen wie zehn Briketts. Es ist gut. Zorro nimmt noch einen größeren Schluck. Das ist ein Gefühl wie Selbstmord. Gut.

Asi guckt ihn bewundernd an. »Dass du das kannst.«

Zorro steht plötzlich auf. Sagt, dass er noch was zu erledigen hat. »Ich bin nachher wieder da.«

Zorro weiß, dass Joe in Friedrichshain wohnt. Sie hat auch die Straße gesagt. Dass in der Nähe ein cooler Friedhof ist. Er hat sich den Straßennamen erst gar nicht gemerkt. Weil er sich sowieso nichts merkt.

Er kommt irgendwo in Friedrichshain aus dem U-Bahnhof. Er fragt gleich nach dem Friedhof. Welchen Friedhof, wollen die Leute wissen. Egal. Egal gibt es nicht, sagt eine Frau. Dann zeigt sie doch in eine Richtung.

Zorro rennt los. Der Strohrum ist direkt in die Adern geschossen. Flashmäßig. Zorro rennt durch diese Straßen, die alle gleich aussehen. Grau und braun und ein bisschen gelb. In denen es außer Videotheken keine Läden gibt. Jede Menge Hundescheiße. Und Glatzen, die Zorro blöde nachglotzen. Wahrscheinlich haben die noch nie einen Punk gesehen. Auch keine Berge oder auch nur eine echte Kuh.

Zorro geht irgendwann direkt auf eine Gruppe Skins zu und fragt: »Ey, kennt ihr Joe?«

Die gucken ihn an, gucken sich an. Und der Schwachsinn trieft ihnen nur so aus den Augen. Sprechen können sie offenbar auch nicht.

»Joe«, sagt Zorro. »'ne Frau. Langes Haar. Heißt eigentlich Johanna. Müsst ihr kennen. So gut sieht keine andere Frau hier aus.«

Die Nazis glotzen nur. Bis einer, der die fetteste Wampe hat und deshalb wahrscheinlich der Anführer ist, meint: »Was soll denn die Scheiße?«

»Immer easy«, sagt Zorro. Ihm ist eigentlich alles egal. Trotzdem ist ihm nicht danach, zehn Skins auf sich rumspringen zu lassen. »Scheiße für euch, dass ihr Joe nicht kennt.«

»Ey, sag mal, was soll diese Scheiße?«, wiederholt der Fettwanst.

»Ich soll euch was von Joe bestellen.«

»Ey, sag mal, spinn ich hier?«, fragt der Dicke.

»Dein Problem. Ich würde an eurer Stelle mal die Ärsche bewegen. Ich soll euch nämlich von Joe bestellen: ›Da hinten kommt eine ganze Armee Zecken und will hier alles platt machen.‹« Der Anführer kriegt sein Maul gar nicht mehr zu.

»Ich sag doch, ihr bewegt besser eure Ärsche«, sagt Zorro noch schnell und geht weiter.

Nazis sind wie Hunde, die zu viele Tritte bekommen haben. Sie ziehen den Schwanz ein, wenn du ihnen in die Augen siehst. Oder sie sind so besoffen, dass sie nicht mehr merken, dass du ihnen in die Augen guckst.

Zorro rennt noch mindestens eine Stunde durch Friedrichshain. Erst zu einem Friedhof. Dann zum nächsten. Joe hat ihm erzählt, dass sie die Frau getroffen hat auf dem Friedhof. Er denkt, vielleicht sitzt sie wieder auf irgendeiner Bank. Bescheuerte Idee.

Der Strohrum in den Adern ist verdampft. Zorro geht zur U-Bahn. Auf dem Alex schleicht er erst zu Opa Addi. Er fragt nur: »War sie hier?«

Opa Addi schüttelt den Kopf. »So sind sie nun mal«, sagt er. »Hat dir aber ganz schön den Kopf verdreht.«

»Die doch nicht«, sagt Zorro und geht zu Asi. »Hast du noch 'n Schluck über?«

Asi strahlt ihn an und gibt ihm den Strohrum. »Alles erledigt?«

»Musste nur noch 'n Kumpel treffen.« Zorro trinkt den ersten Schluck wieder aus der Flasche. Dann mixt Asi ihm den Rum mit Erdbeermilch. Er schluckt das Zeug weg. Und Asi macht ihm den Becher wieder voll.

»Ich tu alles für dich«, meint sie.

»Auch auf 'n Strich gehen?«

»Wenn du es willst.«

Zorro nimmt Asi zum ersten Mal in den Arm. Sie steigt auf seinen Schoß. Spasti kommt vorbei und fragt: »Verspricht er dir gerade die Hochzeitsreise in die Berge?«

»Neidisch?«, fragt Asi.

»Nee. Ist doch in Ordnung. Wenn's der Kinderschutzbund nicht erfährt.«

Stinki und Mücke tauchen noch auf. Stinki ist wieder total zu. Er versucht, Geld von den anderen zu schnorren. Zorro brüllt los: »Keinen Groschen für den Junkie.« Dann sagt er zu Mücke:

»Bring ihn zum Bahnhof, wo er hingehört. Und du kannst sowieso gleich auf die K. gehen, anschaffen.«

»Du bist gemein und brutal«, sagt Mücke. »Guck dich doch mal an.«

Zorro ist ziemlich besoffen. Er lässt sich von Asi küssen.

[9]

Joe sieht nur zum Wecker, der auf dem Nachttisch steht. Es ist ein altes Teil. Groß und rot. Oben mit einer Glocke. Weil Mama so schwer aufwacht. Er tickt laut. Der Zeiger springt nach jeder Minute einen Strich weiter. Man hört es, wenn er springt. Mamas Atmen ist so gleichmäßig wie das Ticken des Weckers. Es ist sechs Uhr abends. Sie schläft immer noch.

Während Joe auf den Wecker guckt, denkt sie sich Geschichten aus, was Zorro jetzt wohl macht. Sie stellt sich vor, dass Asi an ihm rumklettert. Oder dass es klingelt und er es ist. Sie hat ihm ja die Straße gesagt. Aber er hat wahrscheinlich gar nicht richtig hingehört.

Manchmal sagt Joe ziemlich laut: »Mama?« Aber die murmelt nur was und schläft weiter. Es würde nur 'ne halbe Stunde dauern, schnell zum Alex zu fahren. Wenn Mama wach wird, ist sie vielleicht okay. Joe stellt den Wecker auf halb sieben. Sie erschrickt selber, als er losgeht. Mama macht tatsächlich die Augen auf und sagt: »Was ist los?«

Joe erklärt ihr alles ganz ruhig. Dass sie sich aufgeregt hat wegen Mike. Dass der Arzt ihr eine Spritze gegeben hat. Dass jetzt wieder alles in Ordnung ist.

Mama greift nach Joes Hand und ist ganz vernünftig. Sie bedankt sich und meint, es tut ihr Leid, dass sie so die Kontrolle verloren hat.

Joe sagt schließlich: »Mama, ich habe mich verknallt.«

»Das gibt sich wieder«, sagt die Mutter. Sie weiß wahrscheinlich gar nicht, was sie sagt. Weil sie sowieso nicht richtig zuhört.

Joe sagt: »Mama, ich müsste noch mal 'ne halbe Stunde los. Es ist irre wichtig. Weil ich mich echt verknallt habe.«

Die Mutter sitzt aufrecht im Bett. Sie hat wieder die irren Augen. Das Röcheln fängt auch wieder an. Sie flüstert: »Du willst mich wieder allein lassen? Das darfst du nicht.« Sie heult los, dass es sie schüttelt. Sie schreit: »Dann geh doch.«

Joe nimmt ihre Hand. »Ich bleib ja, Mama. Es ist nur irre wichtig. Aber ich bleib bei dir.«

Nach etwa einer halben Stunde hat sich Mama beruhigt. Sie fragt nur noch ab und zu, ob Joe sie auch wirklich nicht allein lässt. Joe macht ihr einen Tee. Versucht, vernünftig mit ihr zu reden. »Das war kein Mann für dich, Mama.«

»Vielleicht hast du ja Recht.«

»Du solltest wirklich mal versuchen, allein zu schlafen. Bis du dich richtig verknallst. In den Richtigen.«

»Ich kann alleine leben.«

»Dann versprich mir, dass du ihn rausschmeißt, wenn er wieder angeschleimt kommt.«

»Er hat mir so gemein wehgetan. Ich will ihn nicht mehr sehen.« Irgendwann fängt die Mutter sogar an, sich für Joe zu interessieren. »Was ist das für ein Junge, mit dem du die Verabredung hattest?«

»Kann ich nicht beschreiben. Unheimlich süß.«

»Bist du seinetwegen abgehauen? Es war ziemlich rücksichtslos von dir.«

»Du weißt genau, dass es wegen Mike war. Weil du dich mit ihm verbündet hast gegen deine Tochter.«

»So ein Unsinn. Jedenfalls scheint dir eine Verabredung mit dem Jungen wichtiger zu sein als deine Mutter.«

»Ich kann dir das nicht erklären.«

»Geht er noch zur Schule?«

»Er sucht 'ne Lehrstelle und hat bald eine eigene Wohnung. Kann ich jetzt noch mal kurz weg, Mama?«

»Du hast versprochen, mich nicht allein zu lassen. Bitte schlaf bei mir. Morgen kann ich auch bestimmt wieder allein sein.«

Es ist sowieso schon nach elf. Joe wüsste nicht, wo sie Zorro suchen soll. Sie kann ihm doch alles morgen erklären. Er wird sie in den Arm nehmen. Ihr einen unendlich langen Kuss geben.

[10]

»Lass uns abhauen«, sagt Asi irgendwann zu Zorro. Weil die anderen blöde Bemerkungen machen. Sie hat Zorro auch noch eine Pille in den Mund geschoben.

Zorro will alles, was dicht macht. Nur nicht über Joe grübeln. Auch nicht über Asi. Nicht darüber, dass er eine Nullnummer ist, die es braucht, dass ein Kindskopf wie Asi ihn cool findet. Zorro kriegt die Leitungen zwischen seinen Hirnzellen sowieso nicht mehr richtig gestöpselt. »Diese Pillenscheiße ist doch Kinderkram«, sagt er.

»Ich will alles machen, was du machst«, sagt Asi.

Zorro fragt, ob sie noch genug Kohle hat. Sie fahren zum Kottbusser Tor. Zorro kennt da Leute. Er sagt: »Ich mix uns einen Cocktail vom Feinsten.«

Irgendwann sitzt er vorm Blech und zieht sich das Zeug rein. Weiß nicht wirklich, dass er sich wieder das Gift reinzieht. Eine Sekunde ist er klar im Kopf. Als Asi auch vom Gift will. Er brüllt: »Lass diese Scheiße. Mach das nie.«

Asi fragt, wo er jetzt pennt. Zorro sagt, dass er zurzeit nichts Festes zum Pennen hat. Er denkt plötzlich, dass Joe vielleicht in der Laube wartet. Ist ihm aber auch egal. Joe ist ihm sowieso egal. Alles ist scheißegal. Das Gift ist geil. Asi ist okay. Weil sie ihn küsst und cool findet.

Asi sagt, er soll mal stehen bleiben. Sich vor sie stellen. Sie hebt ihren Pullover hoch und zeigt ihm ihre Brüste. »Siehst du, dass ich kein kleines Mädchen mehr bin?«

»Hab keine Brille auf.«

Sie fahren mit dem Bus. Dann gehen sie in ein Haus. Asi meint, er soll leise sein. Obwohl ihre Mutter bestimmt nichts dagegen hat.

Zorro sieht nur Pokémons. Auf dem Bett, auf einem Regal. Nur Pokémons. Ist auch egal.

Asi räumt die Pokémons vom Bett. Zorro liegt in diesem Bett. Es ist egal. Auch dass Asi auf ihm liegt. Ihn küsst.

Es ist jedenfalls nichts Besonderes. Es geht Zorro nicht schlecht und nicht gut mit dem Gift im Kopf. Das Gift macht eben, dass du nichts mehr fühlst. Und genau das willst du ja, wenn du eine Nullnummer bist.

Asi flüstert irgendwann. »War es gut für dich?«

»War sehr gut.«

»Ich habe es zum ersten Mal gemacht. Ich meine richtig.«

»Wirklich?«

»Echt! Nur für dich. Damit du nicht mehr sagst, ich bin noch ein Kind.« Asi hat plötzlich einen Ring in der Hand. Ein silbernes Ding mit spitzen Zacken. Sie schiebt Zorro den Ring über einen Finger. »Wenn du willst, kannst du mir den gleichen schenken.«

»Wir sind jetzt aber nicht gleich verlobt«, meint Zorro.

»Du hast gesagt, es war gut.«

»War es auch.«

[11]

Joe kann erst nicht einschlafen, weil Mama ihre Hand festhält. Weil sie an Engel denken muss. Ohne Ende. Wie er auf sie gewartet hat. Wahrscheinlich irgendwann sauer geworden ist. Vielleicht aus Wut mit einer anderen um die Häuser zieht. Weil er auch alles gar nicht so ernst gemeint hat. Sie nur eine Abwechslung für ihn war. Weil die Mädchen hinter ihm her sind. Er sowieso jede Woche eine Neue hat. Die Mädchen auf dem Alex sehen das ja auch nicht eng. Liebe ist für die Leute bestimmt was Spießiges.

Joe ist tierisch eifersüchtig. Sie steigert sich immer mehr rein in die Idee, dass einer wie Engel gar nicht treu sein kann. Bis sie wirklich müde ist. Sich vorstellt, dass Engel unheimlich lieb auf sie gewartet hat. Endlos. Zur U-Bahn gestarrt hat. Mit der kaputten Brille auf der Nase. Und morgen dann erkennt er sie erst, wenn sie ganz dicht vor ihm steht. Und er sieht sie an mit diesem unheimlich süßen verlegenen Grinsen. Nimmt sie in den Arm. Sie erzählt ihm alles. Und er drückt sie an sich.

Joe wacht auf. Weil Mama ihre Hand loslässt. Mitten im Schlafzimmer steht dieser Mike. Mama sitzt aufrecht im Bett. Dieser Mike lallt was von »Verzeih mir, es wird alles wieder gut«.

Joe weiß nicht, ob sie träumt. Sie sagt: »Mama, schick ihn weg. Du hast es versprochen. Er ist besoffen.«

Mama hat schon einen Arm ausgestreckt nach diesem Mike. Der lässt sich aufs Bett fallen. Und Mama schluchzt: »Bitte tu das nie wieder. Bitte.«

Joe geht in ihr Zimmer. Sie ist so fertig, dass es dauert, bis sie weinen kann. Sie möchte nur noch in Engels Armen liegen.

[12]

Zorro wacht auf. Friert. Es wird schon hell draußen. Er will raus aus diesem Kinderzimmer. Vom gelben Teppichboden grinsen ihn diese Pokémons an. Auf dem blauen Schrank mit dem gelben Halbmond hocken sie auch. Asi schläft fest. Ihr Atem riecht nach Strohrum. Zorro will Asi nicht ansehen. Er weiß nicht, ob er wirklich mit ihr geschlafen hat. Breit, wie er war. Es kann gar nicht sein.

Zorro muss an Joe denken. Was für eine Nullnummer er ist. Sich wieder das Scheißgift reinziehen. In einem Kinderzimmer aufwachen. Die Pokémons lachen sich schlapp über einen wie ihn.

Zorro zieht sich an. Er zittert. Er kann immer noch nicht geradeaus gehen. Die Knie knicken ihm ein. Er findet die verdammte Haustür nicht.

Dann ist er in einem Garten. Asis Eltern müssen tierisch Kohle haben. Sie arbeiten beide in der Musikbranche, hat sie gesagt. Und sie kann ziemlich alles tun, worauf sie Bock hat. Also auch mit einem Penner ins Bett gehen.

Zorro will weg, weg, weg. Er schleicht eine Straße runter. Die Knie knicken ein. Zorro sieht sich selber mit diesen verfickten Junkie-Gummibeinen die Straße runterschleichen. Er denkt, dass die Leute aus ihren Schlafzimmern gaffen. Gleich an seinem Gang sehen, dass er ein verfickter Junkie ist. Er spürt Asis stacheligen Ring am Finger. Er steckt ihn in die Tasche.

Er weiß nicht, wo er ist. Es dauert mindestens zwei Stunden, bis er sich in der Laube aufs Bett schmeißt. Er will nicht wieder aufwachen.

[13]

Joe wartet, bis dieser Mike zur Arbeit ist. Sie überlegt, ob sie zur Laube fahren soll. Aber vielleicht ist Engel schon unterwegs. Oder mit einer anderen Frau in der Laube. Was kann er sich schon gedacht haben, dass sie nicht gekommen ist? Was hätte sie sich gedacht, wenn er nicht gekommen wäre? Dass er eben doch ein Arschloch ist.

Mama will mit ihr reden. Joe sagt, dass sie keinen Bock hat, über irgendwas zu reden. Warum sie nicht zur Schule ist? Seit wann interessiert es denn Mama überhaupt, was sie macht? Nein, sie ist nicht frech. Ob sie abends nach Hause kommt, kann sie noch nicht sagen. »Gute Besserung auch, Mama.«

Joe knallt die Wohnungstür zu. Sie fährt zum Alex. Als würde Engel da auf dem Brunnenrand sitzen und noch auf sie warten. Vormittags ist natürlich niemand da außer den Touristen. Joe geht in den »Kaufhof«.

Sie rennt so lange durch den »Kaufhof«, bis der Warenhausdetektiv ständig hinter ihr her ist. Ein besonders idiotischer Detektiv. Der tut wirklich immer so, als wolle er gerade etwas kaufen, wenn Joe sich umdreht. Es macht Joe ein bisschen Spaß, den dämlichen Detektiv von einem Stockwerk zum anderen zu scheuchen. Weil sie sich vorstellt, wie sie das Zorro erzählt und der sich totgrinst. Sie ist sich jetzt sicher, dass Zorro sie fast kaputtdrückt, wenn sie plötzlich vor ihm steht.

Als sie rauskommt aus dem »Kaufhof« sind tatsächlich schon ein paar von den Leuten am Brunnen. Aber kein Zorro. Joe geht so locker wie möglich zu den Leuten. Die beachten sie kaum. Scheinen komisch drauf. Sie hockt sich auf den Brunnenrand. Schließlich fragt sie: »Hat einer Zorro gesehen?« Die anderen gucken sie nur komisch an. Joe versucht, locker zu lächeln.

Das Mädchen, dass sie Micky nennen, sagt: »Ey, weißt du nicht, was los ist?«

Joe erschrickt. Denkt, es ist was mit Zorro.

»Stinki ist tot.«

Joe ist erst mal nur erleichtert, dass nichts mit Engel ist. Sie muss überlegen, bis sie drauf kommt. Stinki ist der Typ, der immer zugedröhnt war. Sie sagt: »Kann doch nicht sein.«

Jemand zeigt ihr die BILD-Zeitung. Es ist nur ein kleiner Artikel: »Drogensüchtiger geköpft.« Biene erzählt, dass man ihn an den S-Bahn-Schienen gefunden hat. »Es waren Faschos wahrscheinlich.«

Joe weiß nicht, was sie sagen soll. Niemand sagt was. Joe fragt dann doch noch mal: »War Zorro gestern hier?«

»Schien so, als hätte er auf dich gewartet«, meint diese Micky

Joe will nicht bleiben. Die akzeptieren sie sowieso nicht, denkt sie. Sie kann jetzt auch nicht groß Trauer schieben wegen Stinki. Weil sie ihn eigentlich gar nicht gekannt hat. Und weil sie an Mama denken muss und diese beschissenste Nacht aller Nächte. Und an Engel. Wie sie ihm alles erzählt. Er sie in den Arm nimmt. Sie will aber nicht, dass diese Leute dabei sind. Die sowieso nur mit Stinkis Tod beschäftigt sind.

Sie sagt, dass sie das mit Stinki gar nicht fassen kann so schnell. Dass sie noch mal wiederkommt. Falls Zorro auftaucht, sollen sie es ihm sagen. Sie ist nur kurz weg.

Joe geht runter in den U-Bahnhof. Engel kann eigentlich nur mit der U-Bahn kommen. Sie setzt sich auf eine Bank am Ausgang. Steht auf, wenn ein Zug kommt und die Leute aussteigen. Zwischendurch rennt sie die Treppen hoch. Guckt kurz übers Geländer, ob Engel nicht vielleicht schon am Brunnen ist.

Sie sieht sofort sein Gesicht hinter der Türscheibe, als der Zug einfährt. Er steigt aus, schlakst, wie nur er schlaksen kann. Ein bisschen nach vorn gebeugt. Lange Schritte. Die Arme, die im Takt der langen Schritte hin und her baumeln. Joe liebt wahrscheinlich so ungefähr alles an dem Typen. Er sieht vor sich auf den Boden. Rempelt einen Typen, der noch in den Zug will. Guckt nicht mal hoch.

Joe stellt sich ihm in den Weg. Sie streckt die Arme aus. Sonst hätte er sie umgerannt. Es ist gut, ihn zu berühren. Zorro starrt sie nur an. Er starrt sie endlos an. Joe sagt: »Ey, Engel. Ich bin's.«

»Wo warst du?«, fragt er. Und immer wieder: »Wo warst du?«

»Mann, jetzt bin ich hier. Hier.«

»Wo warst du, verdammte Scheiße?«

»Ey, bitte. Gib mir einen Kuss. Bitte.«

»Cool, dass ich dich hier zufällig treffe. Total cool.«

»Es ist kein Zufall, du Idiot.« Joes Stimme kippt weg. Das passiert immer kurz bevor sie losheult.

»Wo warst du?«

»Zu Hause.«

»Ach zu Hause. Echt cool.«

»Bitte nimm mich in den Arm.«

»Verpisst hast du dich. Einfach verpisst.«

»Ey, Engel. Ich muss dir was erzählen.« Joe will nicht losheulen.

»Erst mal erzähl vielleicht ich. Ich hab dich nämlich in halb Berlin gesucht. Dachte die Skins. Und du hockst easy zu Hause.«

»Stimmt doch nicht. Ich muss es dir erklären. Meine Alte ...«

»Meine Alte, meine Alte hat gesagt, lass die Finger von dem Stinker. Oder was?«

»Der Lover von meiner Alten ...«

»Ey, was geht mich der verfickte Lover von deiner Alten an? Ich bin kaputtgegangen. Verstehst du? Kaputt. Weil du dich verpisst hast.«

»Ey, Engel, was ist?« Joe laufen die Tränen nur so übers Gesicht. »Nimm mich in den Arm. Bitte, bitte, bitte.« Joe muss sich auf die Bank setzen, als er sie wieder nur anstarrt. Total fertig anstarrt.

»Was los ist? Ich hab mir wieder Gift reingedröhnt. Deinetwegen.«

Joe versteht nicht. Sie hört ihm auch eigentlich gar nicht mehr zu. Sie denkt, dass sie durchdreht, wenn er sie nicht gleich in den Arm nimmt. Sie erzählen lässt. Von Mama. Und diesem Mike. Wie dreckig es ihr geht. Dass sie nie wieder nach Hause will. Dann wird Joe plötzlich wütend. Schreit: »Kannst du mir mal eine Minute zuhören?«

Es sind nur wenige Menschen auf dem Bahnhof. Die drehen sich um. Grinsen blöde. Zorro hat sein Messer in der Hand. Er setzt sich auf das andere Ende der Bank. »Ey, ich wollte mich umbringen.«

»Ach so, du wolltest dich umbringen. Weil ich einmal nicht kommen konnte. Geil! Mann, da hätte ich mich hundertmal umbringen müssen letzte Nacht. Kann ich dir jetzt mal was sagen?«

»Du willst es nicht mal wissen, dass ich mich fast umgebracht habe. Weil, wieder das Gift ... Du hast dich verpisst.« Er zieht sich das Messer über die Pulsadern.

»Lass diesen Scheiß.« Joe nimmt ihm das Messer aus der Hand. Vielleicht will er sie jetzt in den Arm nehmen. Aber Joe will nur noch, dass er endlich zuhört. Rückt noch ein Stück weg. »Ich bin gestern nach Hause gekommen ...«

»Bist du? Ey, ich mach es wirklich. Ich bring mich um. Kein Joke.«

Joe springt auf. Sie wirft ihm das Messer vor die Füße. »Dann mach es doch endlich. Du Arschloch.«

Joe rennt die Treppe hoch. Sie weiß nicht, wohin. Was soll sie beim Brunnen? Was soll sie irgendwo? Sie tigert den Alex rauf und runter. Weil sie eigentlich hofft, dass er hinterherkommt. Aber er taucht auch am Brunnen nicht auf.

Joe bleibt vor dem Schaufenster des Juwelierladens stehen. Sie sieht auf die hundert Goldkettchen, die über einem Ständer hängen. Sie fragt sich tatsächlich in diesem Moment, wer so viele Goldkettchen kauft. Weil ihr Kopf absolut leer ist. Sie sieht ihr Gesicht im Schaufenster vor den Goldkettchen. Wirft die Haare vor das Gesicht. Streicht sie wieder zurück. Geht näher ran. Spuckt in ein Papiertaschentuch. Reibt sich die klebrigen Tränen aus dem Gesicht.

Sie setzt sich vor dem »Top Clean« auf die Treppen. Da, wo die Skater sind. Sie sieht den Skatern zu. Schielt gelegentlich zum Brunnen. Der Typ, der ihr am ersten Tag auf dem Alex ein bisschen hinterhergegeiert hat, ist auch da. Er tut so, als kenne er Joe nicht mehr. Aber er hüpft auf seinem Board rum wie ein Besessener. Guckt dabei immer wieder kurz zu Joe.

Was war eigentlich los? Das kann doch mal wieder alles nicht wahr sein. Oder? Eigentlich weiß sie doch nun, dass Engel wirklich verknallt war. Wieso also das jetzt? Wegen Mama. Wegen dieses Arschgesichts von Mike. Weil du es irgendjemandem erzählen musst, damit dir das Hirn nicht wegfliegt. Und dann kannst du es nicht mal dem erzählen, der wahrscheinlich in dich verknallt ist, den du liebst. Weil jeder sich nur für die eigene Scheiße interessiert. Weil du sowieso immer allein bist und Liebe Einbildung ist.

Aus der Traum. Er hasst sie jetzt sowieso. Denn das ist so ungefähr das Schlimmste, was man jemandem an den Kopf werfen kann: »Bring dich doch um.« Sie wollte das nicht sagen. Wenn die Wut kommt, rastet sie aus. War schließlich nicht das erste Mal. Kann man nicht ändern.

Sie ist im Moment nicht mal richtig depressiv. Bevor sie endgültig durchknallt, kann sie die Beenden-Taste drücken. Sie hat Zorro weggeklickt. Abgelegt. Erst mal. Im Ordner Unerledigtes. Sie sieht den Skatern zu. Denkt, dass es eigentlich eine ziemlich dämliche Beschäftigung ist. Auf diesen Brettern rumzuhüpfen wie besessen. Der Typ, der sich manchmal nach ihr umdreht, nervt. Er hüpft mit seinem Board ständig neben ihr auf die Treppe. Dann fliegt ihm das Brett auch noch weg und trifft sie beinah.

Er baut sich vor ihr auf und meint: »Sorry. Ist passiert, weil ich dich angeguckt habe.« Und bringt auch noch den Spruch: »Haben wir uns nicht schon mal gesehen?«

»Möglich«, sagt Joe.

»Ich dachte, du hängst mit den Punkies ab.«

»Ich häng hier ab.«

»Klar. Ich meine, und was machst du hier so?«

»Siehst du doch.«

Der Typ sagt lange nichts mehr. Dann meint er, dass er gerade was essen gehen wollte. Wenn sie Lust hat, lädt er sie ein. Zu »Burger King«. Oder auch woanders.

Kann sein, dass Joe hungrig ist. Aber beim Gedanken an einen fettigen Hamburger wird ihr schlecht. Nee, klar. Sie hat Schmacht auf was Süßes. Hat sie immer bei Stress. Sie sagt, ohne groß zu überlegen: »Stück Marzipantorte wäre nicht schlecht.« Erst dann fällt ihr ein, dass sie eigentlich wenig Bock hat auf den Typen.

»Klar«, meint der. Sie bleibt immer einen halben Meter hinter ihm. Weil sie nicht mit ihm reden will. Sie gehen ins »Kaffeehaus am Alex«. Wo sich die Tanten die Sahnestücke reinhauen. Die Schwulen im Fruchtsalat rumstochern. Die Albaner oder Kurden oder so in schwarzen Anzügen und mit glatt gegelten Haaren in silberne Handys quatschen. Dabei Joe angieren.

Der Kuchen ist tierisch teuer. Dass der Typ auch für sich Marzipantorte bestellt, macht Joe fertig. Plötzlich ist Engel wieder auf dem Bildschirm. Wegklicken.

Der Typ heißt Alex. Muss auch noch den reichlich müden Scherz machen, dass sie den Alexanderplatz nach ihm benannt haben. Aber man kann nicht sagen, dass er schlecht aussieht. Er ist wirklich ziemlich groß. Trägt ein blaues Tuch um den Kopf. Ein paar Sommersprossen hat er und niedliche Grübchen. Die skatermäßigen Klamotten sind vom Feinsten. Die Mädchen aus ihrer Klasse würden Neid schieben, dass so einer sie anbaggert. Vielleicht ist das im Moment gar nicht verkehrt.

Noch bevor die Torte kommt, kriegt der Typ allerdings den Laberflash. Erzählt, er will Profi-Skater werden. Die Schule stinkt ihm. Er steht auf Punkmusik. Weniger auf Hip-Hop. Seine Eltern wollen, dass er die Firma übernimmt. Doch Freiheit ist für ihn das Wichtigste. Und, und, und.

Er fragt nur einmal, was Joe macht. Zum Glück. Sie sagt: »Frei sein.« Stimmt ja auch irgendwie.

Alex meint, dass er sie beneidet. Wie sie da easy mit den Punks abgehangen hat, ohne selber Punk zu sein. Er hat ja auch Kontakt zu denen. Kennt Spasti aus der Schule. Und wenn es gegen die Glatzen geht, halten Skater und Punks sowieso zusammen.

Er ist nicht direkt ein Angeber. Eher ein bisschen jung. Und verwöhnt wahrscheinlich. Einer, der in Designer-Strampelhosen das Krabbeln gelernt hat. Natürlich fragt er schließlich, ob Joe nicht abends mit ihm ins Kino will oder richtig gut essen und quatschen. Er schreibt zwar morgen 'ne Mathearbeit. Aber Scheiß drauf.

Joe sagt, dass sie schon was vorhat. Vielleicht ein anderes Mal.

[14]

Zorro hat lange auf dieser Bank im U-Bahnhof gesessen. Er hebt das Messer auf. Es war eine miese Show, die er abgezogen hat. Oder? Aber wieso steht diese Frau auch plötzlich ganz locker auf dem Bahnsteig? Als wär nichts passiert. »Gib mir mal 'n Kuss, Schatz.« Echt. Will nur was von Mama und dem Lover erzählen. Interessiert sich null dafür, was bei ihm abgegangen ist.

Es hat ihn ausgeknockt, dass sie so plötzlich vor ihm stand. Vielleicht hatte sie ja auf ihn gewartet. Auf die Idee ist er aber nicht gekommen. Nee, er dachte, sie hat ihn zufällig auf dem Bahnhof entdeckt. »Hallöchen, gib mir doch mal 'n Kuss.«

Seine Show war in jedem Fall daneben. Die Scheiße ist nur, dass er sich in so einem Augenblick tatsächlich umbringen könnte. Aber sie hat ja Recht. Dann soll er es tun. Nicht auf dem Bahnsteig rumtönen. Ihm ist wirklich dass Hirn verrutscht. Weil sie plötzlich so vor ihm stand.

Zorro steigt in die Bahn und fährt Richtung Laube. Was wollte er ihr überhaupt erzählen? Dass er eigentlich ein Junkie ist. Dass er mit Asi ... Wäre doch sowieso das Ende gewesen. Er hätte natürlich gelogen. So oder so eine miese Show abgezogen. Obwohl er mit Asi nicht gefickt hat. Er war doch fast besinnungslos. Die weiß wahrscheinlich noch gar nicht, was Ficken ist. Auch egal. Von Joe kann er jetzt sowieso nur noch träumen. Wird er leider auch. So eine Frau kannst du nicht einfach löschen im Kopf. Gute Frauen machen dich irgendwann immer depressiv.

In der Bude raucht Zorro ungefähr hundert Joints. Asi hatte noch gut eingekauft. Er raucht alles weg. Merkt gerade vorm endgültigen Wegnicken noch, dass er seine Matratze angekokelt hat. Hätte er sich beinah mitsamt der Hütte abgefackelt. Na und? Es hätte nur jemand Django retten müssen.

Nach der Nacht und einem halben Tag wacht er auf. Die Träume waren Horror. Vor allem der letzte. Joe ist nackt. Galaktisch schön. In einem Park. Sie flötet: »Hallo, Engel.« Tanzt über eine Wiese. Es ist erst mal der absolute Kitschfilm. Zorro rennt ihr hinterher. Er ist bei ihr. Sie tänzelt einen Schritt zur Seite. Zorro fällt auf die Schnauze. Sie säuselt: »Nimm mich in den Arm, bitte.« Sie spielt mit ihren galaktisch schönen Brüsten. Zorro rennt mit ausgebreiteten Armen auf sie zu. Sie taucht unter einem Arm durch. Lacht. Nicht hämisch. Unheimlich freundlich. Sie zirpt: »Gib mir einen Kuss, bitte.« Ihm hängt die Zunge aus dem Hals wie einem abgeschnittenen Kalbskopf. Er kriegt die verdammte Zunge nicht mehr in den Hals zurück. Und Joe ruft richtig fordernd: »Fick mich doch, bitte fick mich«, und zeigt ihm alles. Ihm hängt die Zunge aus dem Hals. Die Beine knicken weg. Er kommt auf diesen Gummibeinen niemals zu Joe. Er denkt, es ist das Gift, das Drecksgift. Und Joe schreit: »Dann fick dich doch selber.« Sie tanzt in ein Schloss. Die großen Türen gehen hinter ihr zu. Zorro setzt sich auf den Rand eines Brunnens. Der sieht so aus wie der Brunnen auf dem Alex. Aus dem Schloss kommt ein Diener. Der stellt eine Marzipantorte neben Zorro auf die Steine. Zorro greift in die Torte. Schiebt sich ein Riesenteil in den Mund. Asi sitzt auf seinem Schoß. Asi sagt, dass er es unheimlich gut macht, dass sie schon zum dritten Mal gekommen ist. Und Zorro schiebt diese Torte in sich rein. Bis zum letzten Krümel. Das Marzipan verklebt seine Kehle wie Patex. Er will nach Joe schreien. Kann aber nicht. Die Torte bläht seinen Bauch zum tonnenschweren Ballon. Er verliert das Gleichgewicht. Fällt wie der böse Wolf in den Brunnen. Alle lachen sich den Arsch ab.

Von dem Lachen ist Zorro aufgewacht. Ihm ist mörderisch schlecht.

Nachmittags fährt er zum Alex. Er hofft, dass Joe da ist. Hat nur Angst davor, dass sie da ist. Asi hat er so gut wie vergessen. Zorro kann Peinliches sehr schnell verdrängen. Jedenfalls für den Moment. Bis es wieder hochkommt.

Asi ist am Brunnen. Kommt natürlich gleich auf ihn zu. »Wo warst du?«

»Wo soll ich gewesen sein.«

»Ey, ich hab gestern stundenlang auf dich gewartet.«

»Verlangt keiner von dir.«

»Spinnst du jetzt? Abspritzen und tschüss? Oder was?«

»Ey, ich hab dir doch gesagt, dass wir jetzt nicht gleich verlobt sind oder so. Bloß weil ich mal bei dir gepennt habe.«

»Du hast noch gesagt, es war gut.« Asi krümmt sich zusammen. Hält die Hände vors Gesicht.

Zorro registriert es nicht. »Ich habe nicht mit dir gepoppt. Wenn du das meinst.«

»Wer war es denn dann? Der Osterhase?«

»Mann, ich war so breit und platt wie halb Ostfriesland. Guck mal genau nach. Du bist noch Jungfrau. Wenn du jetzt rumläufst und überall erzählst, ich hab dich gefickt, dann garantiere ich für nichts.«

Asi sieht ihn aus verheulten Augen an. Zorro dreht sich weg. Asi springt ihm von hinten auf den Rücken. Sie zischt in sein linkes Ohr: »Du bist das dreckigste, fieseste Schwein überhaupt. Du wirst noch sehen, was du davon hast.« Sie beißt ihm ins linke Ohr. Lässt ihn los. Spuckt ein kleines Stück Ohr aus. Rennt.

Die anderen können auch nicht richtig drüber lachen. Aber jeder gibt seinen Kommentar. Vor allem die Frauen tönen. »Mike Tysons unheimliche Töchter sind überall.« Und so weiter.

Zorro hat noch 'n Schock. Er sagt nur: »Mann, die kleine Hexe spinnt doch total. Sieht man doch.« Er hält sich die Hand ans Ohr. Blut läuft über die Hand. Er tastet mit dem Zeigefinger. Er fühlt die kleine Kerbe über dem Ohrläppchen. Kippt beinah weg.

Spasti geht mit ihm zu Apotheke und verarztet ihn. Zorro will niemanden mehr sehen. Nie mehr. Vor allem keine Frauen. Er fährt zu seinem Schrebergarten. Er hasst die Leute in der U-Bahn, die von der Arbeit kommen. Wie die wandelnden Leichen. Stieren vor sich hin. Kaputt. Tot.

Das Ohr brennt. Vielleicht ist er wirklich eines der miesesten Schweine. Er hat Hass gehabt auf die kleine Hexe. Sie hat ihn in die ganze Scheiße reingezogen. Schließlich auch in ihr Kinderbett. Oder? Und er lässt sich von einem kleinen Mädchen in die Scheiße ziehen, statt zu fighten. Er ist eben der letzte Flachwichser.

In der Bude ist weder Alk noch was zu rauchen. Erst denkt Zorro, er dreht durch, ohne was zu törnen. Er klettert auf den Balkon. Die Amsel singt. »Engel, du Flachwichser«, sagt er zu sich. »Es wird irgendwo Zeit, dass du fightest. Warst doch mal ein Fighter.« Er legt die Beine auf das Balkongeländer. Er hört der Amsel zu. Er pfeift das Amsel-Lied, wenn der schwarze Vogel verstummt. Er vergisst das Grübeln. Sieht nur zu, wie es dunkel wird. Hört der Amsel zu. Denkt an Joe. Wie sie neben ihm auf dem Balkon gesessen hat. Denkt, dass so eine Amsel-Melodie verdammt gut törnt.

[15]

Joe hat die Oma angerufen. Die vom Friedhof. Die alte Frau war unheimlich freundlich. Hat Joe eingeladen, gleich vorbeizukommen.

Joe hat ihr ein bisschen erzählt. Nicht alles, aber dass sie nicht nach Hause kann. Sich verknallt hat. Aber alles schon wieder aus ist.

Die Oma heißt Frau Schmidt. Sie telefoniert mit Joes Mutter. Schwindelt, Joe sei eine Freundin ihrer Enkelin. Es sei überhaupt kein Problem, wenn Joe ein paar Tage bleibt.

Joe gefällt die Vorstellung, dass Mama der Anruf unheimlich peinlich ist.

Das Wohnzimmer von Frau Schmidt ist voll gestellt mit Krimskrams. Komische Holzfiguren und seltsame Stachelgewächse. Überall hängen und stehen Fotos. Graugelbe Fotos von früher. Wahrscheinlich ihr Mann, am Strand und vor einem Uralt-Auto. Und Farbfotos mit kleinen Kindern und größeren Kindern, am Strand und vorm Tannenbaum. Eine gerahmte Speisekarte hängt auch an der Wand. Daneben eine verschrumpelte Lederflasche.

Als Frau Schmidt sieht, dass Joe sich die Sachen ansieht, erklärt sie: Das ist auf der Hochzeitsreise. Das ist ihre jüngste Enkelin. Die lederne Weinflasche hat sie von ihrer ersten Spanienreise mitgebracht.

Joe denkt, dass ein ganzes Leben als Krimskrams in so einem Zimmer steckt. Dass ein Leben auch easy in so ein Zimmer reinpasst. Weil wahrscheinlich irgendwann nicht mehr viel passiert.

Es ist wie Gedankenübertragung. Frau Schmidt sagt: »Und du gehst also deine eigenen Wege?«

»Sieht so aus«, sagt Joe.

»Genieße es. Es ist ja heute nicht leicht für junge Leute. Wo man mit achtzehn schon ausrechnen soll, wie hoch die Rente mit zweiundsechzig ist. Ich wollte mit achtzehn überhaupt nicht zweiundsechzig werden.«

Frau Schmidt ist wirklich in Ordnung. Vielleicht kann sie tatsächlich Gedanken lesen. Joe sagt: »Ich will keine dreißig werden.«

»Kann ich auch verstehen«, meint Frau Schmidt. »Aber du wirst sehen, man verlängert dann um zehn Jahre. Dann noch mal um zehn. Und so weiter.«

Joe ist ein paar Tage bei Frau Schmidt. Es ist wirklich komisch, dass man sich oft mit den ganz Alten besser versteht als mit diesen vergreisten 40-Jährigen. Wie Engel mit seiner Oma.

Joe geht morgens zur Schule. Telefoniert nachmittags mit Mama. Weil Frau Schmidt das will. Denkt nur an Engel.

Einmal geht sie auf den Alex. So, als wenn sie zufällig vorbeikommt. Engel ist nicht da. Sie fragt auch nicht nach ihm. Die Leute am Brunnen sind nett zu ihr. Wollen wissen, wo sie denn immer steckt. Erzählen, dass alle am nächsten Tag zu Stinkis Beerdigung gehen. Klar, Joe will auch zum Krematorium kommen.

Sie fährt am nächsten Vormittag nicht wegen Stinki zum Krematorium. Den hat sie ja eigentlich gar nicht gekannt. Sie denkt sowieso nur an Engel. Aber wahrscheinlich kommt er nicht. Er hat ja einen Horror vor Beerdigungen.

Das Krematorium ist ein grottenhässlicher Bau mit Buckel. Und einem Schornstein natürlich. Aus dem es schon qualmt. Drinnen ist es ungefähr so feierlich wie im Kinoraum von Joes Schule. Ein paar Stuhlreihen, die schief und krumm stehen. Neonlicht. Weil der Saal nicht mal Fenster hat. Vorne steht der Sarg. Einfach so. Zwei Kränze lehnen dagegen. Einer ist von den Kollegen. Viel Grün und wenig Blumen. Auf der schwarzen Schleife steht: »Bis die Tage. Deine Freunde.« Der andere Kranz ist üppiger. Auf der Schleife steht golden: »Wir werden dich vermissen. Deine Eltern.«

Joe denkt, dass sie nie sterben möchte. Nie in so einer Halle vor sich hin modern. Dir in Goldlettern vorsülzen lassen müssen, dass dich irgendwer vermisst. Wo jeder sowieso nur an sich denkt.

Joe denkt an Engel. Der ist natürlich nicht da. In der ersten Reihe sitzen die Eltern und irgendwelche Verwandten. Finsterschwarz angezogen. Hinten sind die Leute vom Alex. Dazwischen stehen die leeren grauen Stühle mit verkratzten Plastepolstern. Manchmal dreht sich einer dieser Verwandten ganz kurz zu den Leuten vom Alex um. Mit einem Blick wie: Bin hier wohl im falschen Film.

Irgendwann trompetet aus dem Lautsprecher »Spiel mir das Lied vom Tod«. Die Schnulze haben bestimmt Stinkis Eltern ausgesucht. Weil sie denken, das passt zu ihrem Sohn.

Ein Typ im schwarzen Anzug kommt aus einer Seitentür. Geht zu den Verwandten. Der Typ hat ein gelbgraues Gesicht wie gammeliger Weichkäse, strohige, gelbgraue Haare. Er hat garantiert jede Menge Schuppen auf dem schwarzen Anzug. Aber das ist aus der Entfernung nicht zu sehen.

Der Trauerredner nimmt die Hand der Mutter. Guckt sie triefig an. Man muss sich automatisch vorstellen, wie schwitzig diese Pfote ist. Der Typ schleimt sich durch die ganze Verwandtschaft, bevor er zum Rednerpult geht und anfängt zu salbadern: »Liebe Eltern, liebe Trauergäste. Wer kann ermessen, wie tief der Schmerz ist.« Der Typ sieht dabei aus, als hätte er einen vereiterten Weisheitszahn. Er breitet die Arme aus. »Warum, fragen wir uns, warum?« Er macht eine Pause, damit die Mutter abweinen kann. Die Tür am Eingang knarrt. Schlägt laut wieder zu. Fast alle drehen sich um. Auch Joe. Zorro ist gekommen. Er geht ein paar Schritte auf dem Mittelgang nach vorn. Starrt auf den Sarg. Der Trauerredner ist irritiert. Macht ungeduldige Handbewegungen, damit Zorro sich hinsetzt. Zorro starrt nur auf den Sarg.

Der Typ sülzt weiter: »Er war noch so jung. Er hatte sein Leben kaum angefangen zu leben. Er hatte noch so viel vor.«

Zorro guckt ein bisschen irre zum Trauerredner.

Der käsige Kerl sieht wieder triefig zu den Verwandten: »Aber euch, liebe trauernde Eltern, euch wird die Erinnerung trösten.

Ihr seht vor eurem geistigen Auge, wie Kai-Uwe als Dreikäsehoch fröhlich durch den Garten der Großeltern tollte.«

Er macht wieder eine Pause. Zum Abweinen. Sülzt weiter: »Sicher, manchmal hatte er seinen kleinen eigenwilligen Kopf. Es war nicht immer einfach für euch, liebe trauernde Eltern. Aber eure unzerstörbare Liebe zum einzigen Sohn ...«

»Mann, hör auf zu labern«, brüllt Zorro, »sonst kotz ich ab.« Zorro rennt zu einer kleinen Tür. Reißt sie auf. Knallt sie hinter sich zu.

Stinkis Mutter hört auf zu schluchzen. Der Typ fährt sich durch die strohigen Haare, dass es wahrscheinlich Schuppen schneit. Joe steht auf. Stolpert durch die Sitzreihe über viele Füße. Rennt zu der Tür.

Es ist düster hinter der Tür. Von unten flackert Licht. Sie erkennt eine Treppe, die nach unten führt. Das Licht kommt vom Feuer des Leichenofens. Dringt durch Ritzen und Spalten.

Zorro steht an der Treppe. Der Feuerschein fällt auf sein Gesicht und seine Tränen. Er sagt: »Du?«

Joe steht vor ihm. Sie küsst seine Tränen. Sagt: »Ganz schön salzig.«

»Ich flenn nur, wenn ich wütend bin.« Zorro legt die Arme um Joe. Schraubstockfest. So, wie Joe sich vorgestellt hat, dass er sie in den Arm nimmt. Von weit her hören sie das Gebrabbel des Trauerredners.

Joe sagt: »Engel, Spinner. Ey, Mann. Du sagst einfach, dass Scheiße Scheiße ist. Ich liebe dich.«

»Wo warst du nur die ganze Zeit, Prinzessin?«

»Lass mich nicht los. Nie wieder.«

»Ich bin der letzte Idiot.«

»Bist du nicht. Nur ein Spinner, der sonst den vollen Durchblick hat. Aber nicht merkt, dass ich ihn liebe.«

»Wenn man so verknallt ist, dreht man ab.«

»Es passiert nie wieder. Weil ich dich verstehe. Ich kenn dich jetzt wirklich mindestens 100 Jahre. Du bist der edelste Spinner auf dieser Welt.«

»Glaub das nicht, dass ich edel bin.«

»Doch. Weil du sagst, was du denkst. Weil du machst, was du machen willst. Keinen Schiss hast vor irgendwas. Es war so was von verblödet, dass ich abgehauen bin in der U-Bahn.«

»Ich hab gedacht, dass du eben die Prinzessin bist und ich der Schweinehirt.«

»Du bist mein königlicher Hofspinner. Und ich hab die versauteste Affäre mit dir. Und geb dafür mein Königreich auf.«

Zorro führt Joe ein paar Stufen die Treppe runter. Streichelt sie überall. »Ich muss sofort mit dir schlafen«, sagt er.

Joe lässt sich streicheln. Als sie die Augen einen Moment aufmacht, ist der Feuerschein heller geworden. Vor ihnen liegt ein Keller mit Urnen, Asche, verkokelten Knochen. Joe flüstert: »Lass uns hier raus. Schnell.«

Erst knarrt und quietscht es. Sie sehen, wie sich oben eine Klappe öffnet. Hinter einem Gitterschacht schwebt der Sarg runter. Unten geht kreischend eine Klappe auf. Sie sehen in die Flammen, die dem Sarg entgegengieren. Der Sarg taucht ein in die Flammen. Die Klappe schließt sich wieder.

Zorro hält Joe fest. »Ey Mann, das ist zu heftig«, sagt er. »Mach's gut, Alter.«

»Scheiße«, sagt Joe.

»Er war mein Kumpel. Jetzt wird er Asche. Das Gift macht dich zu Asche.« Zorro umklammert Joe wieder schraubstockmäßig. »Ich will nur noch happy sein mit dir, Prinzessin. Für immer. Und wenn ich noch mal Scheiße baue, ey, dann mietest du von meinem Erbe diesen Schleimkopf und lässt ihn sagen: ›Hiermit übergeben wir den größten Flachwichser aller Zeiten den Flammen.‹«

»Spinner. Lass uns hier raus. Ich brauch Sonne.«

Sie finden eine zweite Tür. Kommen auf der Rückseite des Krematoriums raus. Da stehen jede Menge Aschecontainer. Auf einem Haufen gammeln Blumen. »Weißt du, was das Ziel im Leben ist?«, fragt Zorro.

»Musst du gleich mit der Millionen-Frage anfangen?«

»Ich sag's dir: Von der Müllabfuhr abgeholt zu werden.«

»Hör auf jetzt! Was ich noch fragen wollte: Ans Ficken denkst du nicht nur, wenn du gerade auf einem Berg stehst, oder?«

»Wieso?«

»Weil du auch nur das eine denkst, wenn dein Kumpel gerade ins Feuer geschoben wird.«

»Wieso denn das?«

»Wolltest du nicht gerade einen Quicki machen? Auf der Treppe. Gleich neben dem Menschenofen.«

»Ach so! Schlimm?«

»Schön pervers.«

»Mann, Stinki hätte sich den Arsch weggelacht. Er fährt in die Hölle und wir vögeln dazu. Das war die Art von Jokes, auf die er stand, bevor er sich das Hirn weggedröhnt hat.«

»Ey Engel, immer wenn es einigermaßen dunkel ist, denke ich, dass du wie ein Engel aussiehst. Echt.«

»Lass uns in meine Hütte fahren.«

»Nur, wenn du die Vorhänge zuziehst und engelmäßig aussiehst.«

Sie bleiben stundenlang auf dem Bett in der Laube. Bis Joe irgendwann sagt: »Bringst du mich noch?«

Zorro erschrickt. »Wieso? Willst du weg?«

»Hast du vergessen, dass ich zur Schule geh. Du suchst eine Lehrstelle. Wir kriegen eine Wohnung. Dann machst du mir ein Kind.«

»Willst du das echt?« Zorro legt sich wieder auf Joe. Küsst sie.

»Und nach der Schule komme ich in die Laube.«

»Ich such mir was in deiner Nähe. Dann bring ich dich zur Schule. Hol dich wieder ab.«

»Engel, Spinner.«

»Ich will nicht, dass du so weit weg bist. Du könntest doch hier leben.«

»Und wo bitte mach ich meine Schularbeiten? Außerdem hast du selber gesagt, dass ich wieder zu Hause wohnen und zur Schule gehen soll. Fand ich scheiße. Und supervernünftig.«

»Ich will jetzt aber nicht nur noch vernünftig sein.«

»Ey, du musst. Weil ich nämlich durchgeknallt bin. Vor Liebe. Ich geh auf den Fernsehturm und spring runter. Denke, ich kann fliegen. Wenn du mir nicht sagst, ey, du kannst gar nicht fliegen.«

Zorro zieht Joe an sich. »Ich pass auf dich auf, Prinzessin. Immer.«

Sie fahren zusammen nach Friedrichshain. Zorro hat seinen Schlafsack dabei, ein Buch, Kerzen und Django. Falls er in der Nähe was zum Pennen findet, hat er gemeint. Sie gehen durch die Straßen mit den braunen und hellbraunen Mietshäusern, den bröckligen Balkons, die man nicht mehr betreten darf. Es sind nicht mal Graffiti an den öden Wänden. Zwischen der Hundescheiße liegen zerbeulte Bierdosen. Nur die Autos am Straßenrand sind clean.

Sie kommen in Joes Straße, wo es sogar noch ein paar kleine Läden gibt. Ein Schnapsladen mit Lotto-Annahme, Gabys Blumenshop, Freddies Fitnessstudio.

Die Leute drehen sich nach Zorro um. Ein kleiner Hund springt aus Gabys Blumenshop. Kläfft Zorro an.

»Sogar die Hunde sind nicht nett in deinem Viertel«, meint Zorro.

»Hab ich dir doch gesagt. Es ist ein Scheißviertel. Ey, wenn ich die schon sehe, wie sie aus den Fenstern glotzen und warten, dass in dieser Straße mal irgendwas abgeht. Aber in dieser Straße geht nichts ab. Nicht mal Handtaschenraub. Oder 'ne kleine Vergewaltigung.«

»Jetzt jaul nicht. Du gehst zu Mama. Morgen früh in die Schule.« Zorro bleibt stehen. Er hält Joes Kopf. Presst seinen Mund auf ihre Lippen. Drückt ihren Bauch gegen seinen. Küsst sie. Bis Joe kaum noch Luft kriegt.

Joe sagt: »Ey Engel. Sexmonster. Ich liebe dich.«

Eine traurige ältere Frau guckt den beiden entgeistert zu. Zorro grinst. »Ey, nicht spannen, Oma, selber machen. Ist echt 'n geiles Feeling.«

»Rotzbengel«, sagt die Frau.

»Was denn? Ist doch endlich mal Action in eurer Straße.«

Es sind noch mehr Leute stehen geblieben. Zorro hat sein fröhlichstes Grinsen aufgesetzt: »Was glotzt ihr denn, Kollegen? Ihr solltet mal wieder ficken. Einen ganzen Tag nur ficken zum Beispiel. Das hilft gegen Depressionen. Echt.«

Joe ist alles irre peinlich. Sie flüstert: »Hör jetzt auf. Die kennen mich doch.«

»Das hätte es früher nicht gegeben«, sagt ein trauriger Mann.

Die Frau: »Aber bestimmt nicht.«

Die Leute gehen weiter. »Spinner«, sagt Joe, und muss lachen. »Und ich kann mich hier nicht mehr sehen lassen. Ey, musst du denn immer gleich sagen, was wir denken?«

»Wenn du willst, gewöhn ich es mir ab.«

»Will ich aber nicht.« Joe zeigt auf ein dunkelbraunes Haus, bei dem die Balkons schon abgeschlagen sind. »Da wohne ich.«

»Kann ich nicht doch mitkommen?«

»Jetzt mach keinen Stress. Wenn der schmierige Typ dich sieht, flippt er aus.«

»Ich würde ihn wegklatschen.«

»Eben. Sei supervernünftig.«

»Welches ist dein Fenster?«

»Das zweite da, im ersten Stock. Ich geh jetzt. Es ist Scheiße. Aber ich geh jetzt einfach. Bis morgen, Engel.«

Zorro sieht Joe nach. »Ey, warte mal, Prinzessin. Django will sich noch verabschieden.«

Joe bleibt stehen. Lacht. Zorro hält ihr die Ratte entgegen. Sie nimmt Django. Küsst ihn. Zorro will sie an sich ziehen. »Und ich?«

»Du hast wohl heute genug gekriegt.«

Joe windet sich aus seinem Griff. Rennt los.

[16]

Zorro ist auf den Friedhof gegangen. Er sitzt auf der Bank. Es ist bestimmt die Bank, auf der Joe gesessen hat. Bevor sie sich das erste Mal getroffen haben. Er blättert in seinem Lieblingsbuch. »Der Fänger im Roggen«. Eine ziemlich alte Geschichte eigentlich. Die spielt zu einer Zeit, in der es scheinbar noch keine Drogen gab. Außer Whisky. Der Typ in der Geschichte heißt Holden. Der hängt in New York ab. Weil er aus der Schule geflogen ist. Keinen Bock hat auf den Stress mit seinem Vater. Dieser Holden ist ziemlich cool. Findet die Welt Scheiße. Aber jammert nicht groß rum. Ist nie wirklich deprimiert.

Zorro sucht die Stelle, bei der er fast losgeflennt hätte. Als er das Buch mit fünfzehn oder so das erste Mal gelesen hat. Da besucht dieser Holden heimlich seine kleine Schwester. Erzählt ihr, dass die Schule und fast alles zum Abkotzen ist. Da fragt die Schwester, ob er überhaupt etwas gut findet. Er soll mal aufzählen, was er wirklich gern hat. Dieser Holden stottert seitenlang rum. Weil ihm nichts einfällt. Die Kleine macht ihren Bruder total fertig.

Zorro hat immer gegrübelt, was er geantwortet hätte. Jetzt weiß er es. Deshalb liest er die Stelle noch mal. Und ist stolz. Dieser Holden war wirklich arm dran. Weil er niemanden liebte. Außer seiner kleinen Schwester vielleicht.

Zorro latscht über den Friedhof. Früher müssen hier Leute mit reichlich Kohle begraben worden sein. Die haben sich viel bunten Marmor über ihre Leichen bauen lassen. Rote und schwarze Säulen aus Marmor. Darunter hocken weiße, alte Römer mit abgeschlagener Nase. Oder Engel, denen das Nachthemd über die Titten rutscht. Und die können nichts dagegen machen, dass ihnen das Nachthemd über die Titten rutscht. Weil sie die Hände falten müssen.

Zorro hat sich noch nie einen Friedhof angeguckt. Hatte immer Horror davor. Aber Joe hat gesagt, dass es ein schöner Friedhof ist. Stimmt auch. Gruselig komisch ist er mit diesen Marmortempeln über ein paar elenden Knochen. Diesen scheinheilig guckenden Engeln, die doch genau wissen, dass jeder auf ihre Titten guckt. Normaler ist es da schon, wenn man wie Stinki mit dem Lastenaufzug direkt in die Hölle fährt.

Auf der anderen Seite des Friedhofs ist eine Reihe aus weißen Steinen. Auf denen stehen nur Vornamen, Paul-Felix oder Susanne-Katharina. Und nur eine Jahreszahl. Über den Namen sind schwarze Teddybären in den weißen Stein gemeißelt. Es gibt zwei Sorten von Teddys. Mit und ohne Höschen.

Was die Eltern von den toten Babys wohl denken, wenn der Grabsteinverkäufer fragt: »Darf es mit oder ohne Höschen sein?« Und wieso überhaupt Teddybären? Was haben Babys, die nicht mal einen einzigen Geburtstag erlebt haben, mit Teddys am Hut? Schnuller hätte man noch verstehen können. Und warum sterben so viele Babys mit Doppelnamen? Die einzige Frage, die Zorro sich beantworten kann: Weil die tot sind, bevor sich die Eltern auf einen Namen geeinigt haben.

Zorro kann stundenlang über so einen Scheiß grübeln. Jedenfalls wenn er einigermaßen gut drauf ist und es nicht sein eigener Scheiß ist.

Wenn er schlecht drauf wäre, hätte er garantiert gedacht: Warum haben sie dich nicht gleich unter einem weißen Stein verbuddelt? Es ist auszuhalten auf dem Friedhof. Allerdings, dieser Holden aus dem Buch, der hätte doch noch richtige Depressionen gekriegt hier. Weil man wissen muss, wen man gern hat, wenn man sich auf dem Friedhof einen Platz zum Pennen sucht.

Es ist schon fast dunkel. An einer Ecke buddelt noch der Grabschaufler. »Längst Feierabend«, ruft Zorro, als er an ihm vorbeikommt. Dem Schaufler fällt vor Schreck der Spaten aus der Hand. Er guckt Zorro an wie ein Gespenst, das aus dem Sarg gesprungen ist.

Zorro weiß längst, wo er pennen will. Im »Erbbegräbnis der Familie von Potthas«. Das ist ein besonders hässlicher Tempel. Aber praktisch zum Pennen. Der Marmorboden ist blank gescheuert. Durch die Marmorsäulen sieht man etwas Mond hinter den Bäumen. Zorro legt sich auf den Schlafsack. Er holt Django aus dem Reisekäfig. Hält ihn hoch. Sieht ihm in die Augen. Sagt: »Hab dich nicht vergessen. Glotz nicht so traurig. Mann, Django, bist doch nicht etwa eifersüchtig? Glaubst du, dass sie mich wirklich liebt? Ich meine, sie könnte ganz andere haben. Aber sie liebt mich und ich sie. Ey Alter, das ist ein echt gutes Gefühl. Nun glotz doch nicht so deprimiert. Ey, ich besorg dir auch 'ne Frau. Versprochen.«

Ein Kopf taucht zwischen den Säulen auf. Der Grabschaufler. Dessen Stimme zittert, als er sagt: »Was ist denn hier los?«

»Guten Abend. Wir kennen uns doch«, sagt Zorro.

»Mit wem reden Sie denn da?«

»Ich halte Zwiesprache.«

»Das geht aber nicht. Haben Sie denn nicht gelesen, dass der Friedhof ab Sonnenuntergang geschlossen ist?«

»Wissen Sie denn nicht, wer hier verbuddelt ist?«

»Nee, wieso denn?«

»Na, dann lesen Sie mal. Steht da oben.«

»Ja und?«

»Mein Uropa, mein Opa, mein Dad.«

»Ich muss Sie trotzdem auffordern, das Friedhofsgelände zu verlassen.«

»Mann, mein Dad liegt unter diesen Steinen. Mein berühmter Dad. Ich bin nach seinem Tod auf die schiefe Bahn gekommen.«

»Das mag ja sein, aber trotzdem.«

»Ich muss mit meinem Alten reden. Zwiesprache. Verstehen Sie?«

»Wie lange denn?«

»Die ganze Nacht.«

»Das geht unter keinen Umständen.«

»Ich brauch seinen Rat.«

»Das ist nachts gegen die Friedhofsordnung.«

Zorro tut so, als werde er immer erregter. »Mann, ich will vernünftig werden wie mein Vater.« Zorros Stimme klingt leicht irre. »Bevor ich wieder jemanden totschlage.«

Das Gesicht des Grabschauflers verschwindet im dämmrigen Dunkel. Er sagt nur noch: »Äh ja, aber fassen Sie sich trotzdem kurz. Weil, nachts ist der Aufenthalt verboten.«

Zorro macht sich lang. Er beobachtet, wie der Mond hinter den Bäumen immer heller wird.

Er wacht früh wieder auf. Weil die Amseln zu laut singen. Zwischen den Säulen sitzen Tauben und beäugen ihn. Er wartet bis halb acht. Sammelt ein paar kleine Kiesel von einem Grab. Geht los.

Er wirft die Kiesel gegen das Fenster von Joes Zimmer. Sieht sie hinter der Scheibe. Sie lacht. Macht das Fenster einen Spalt auf. Flüstert etwas. Rudert mit den Armen rum. Fünf Minuten später kommt sie angerannt. Lässt die Tasche fallen. Hängt sich an seinen Hals. »Wo kommst du denn jetzt her?«

»Bring dich zur Schule. Hab ich doch gesagt.«

»Engel, Spinner. Dass du das wirklich machst.«

Sie umarmen sich wieder. Joe muss sogar ein bisschen weinen.

Zorro fragt: »Wie war's, Prinzessin?«

»Beschissen ... ›Wir haben uns schon wieder solche Sorgen gemacht.‹ Die ganzen Sprüche rauf und runter. Ach, eigentlich ging's.«

»Hat der Typ gegeiert?«

»Quatsch. Er will mir doch auch nicht wirklich an die Wäsche.«

»Ich mach ihn sonst auch tot.«

»Musst du nicht. Der geht mir so was von am Arsch vorbei. Seit ich dich habe.«

»Der Mensch braucht etwas, was er echt mag.«

»Ey? Ja, logisch. Ich habe dich irre vermisst.«

»Ich war ziemlich dicht bei dir.«

»Wieso?«

»Auf dem Friedhof. Weil ich nie wieder so weit weg sein will von dir.«

»Engel, Spinner. Du bist gigantisch süß.«

Sie gehen den Weg zur Schule. Zorro trägt die Tasche. Joe bleibt plötzlich stehen. »Weißt du, was? Ich rasier mir die Haare bis hier ab.« Sie zeigt mit dem Finger eine Handbreit über dem Ohr auf den Kopf. »Oben mach ich sie blau. Oder grün. Jedenfalls nicht rot wie Asi.«

Zorro guckt sie an. »Wieso denn das auf einmal?«

»Weil es mir egal ist, was Mama oder ihr Typ sagen.«

»Nee.«

»Wieso nee?«

»Weil du die Haare dranlässt.«

»Ey, warum denn das?«

»Weil deine Haare schön sind.«

»Keine bei euch läuft mit so einer Spießerfrisur rum. Ich meine, so akzeptieren die mich doch nie.«

»Lass stecken. Du bist nicht wie die anderen.« Zorro streichelt Joe übers Haar: »Ich will, dass du sie wachsen lässt. Bis zum Arsch.«

»Ich dachte, du findest es cool, wenn ich das mache.«

»Ich finde dich megacool, wie du bist.«

»Da ist die Schule.«

»Ich hol dich ab.«

[17]

Joe versucht immer wieder, ihn zu zeichnen. Während der Physikstunde. Sie kann ganz gut zeichnen. Aber sie kriegt sein Gesicht nicht hin. Sie malt ihn mit Flügeln. Hätte gern ein Foto von ihm.

Er steht nach der sechsten Stunde vorm Eingang. Sie fragt: »Fahren wir nachher zum Alex?«

»Keinen Bock. Ich zeig dir meinen Marmorpalast.«

Joe will erst nach Hause. Brav Mittag essen. Stress vermeiden. Zorro findet das okay. Sie verabreden sich auf dem Friedhof.

Joes Mutter hat Ente chinesisch gemacht. Joes Lieblingsessen. Mama ist richtig nett. Nervt auch nicht weiter. Joe weiß gar nicht mehr, wo das Problem mit Mama eigentlich lag. Wenn sie so einen Schmierenheini braucht, um nicht allein zu sein, ihr Pech. Alles ist easy geworden, seit sie weiß, dass sie zu Engel gehört und er zu ihr.

Sie geht zum Friedhof. Immer schneller. Je näher sie kommt, umso deutlicher hört sie sein Amsel-Gepfeife. Er steht nackt in einem Betonbrunnen. Hat eine grüne Gießkanne in der Hand. Schüttet sich Wasser über den Kopf. Hinter ihm hängt ein steinerner Jesus am Kreuz. Den angenagten Kopf zur Seite geneigt. Taubendreck im Gesicht. Wie Tränen.

»Engel, du Spinner«, denkt Joe. Liebt ihn schon wieder dafür, dass er nackt im Friedhofsbrunnen steht und sich mit einer Gießkanne duscht.

Als Joe bei ihm ist, kommt eine Oma um die Ecke. Zorro greift das Handtuch. Schlingt es sich um die Hüften. Breitet die Arme aus. Legt den Kopf zur Seite.

Als die Oma kurz hochguckt, sieht sie Jesus gleich zweimal. Sie dreht sich auf der Stelle um. Schlurft den Weg zurück.

Joe kniet nieder. Streckt ihm die gefalteten Hände entgegen. Zorro nimmt das Handtuch von der Hüfte. Joe sagt: »Gefällt dir wohl, dass ich deinen nackten Body anbete.«

»Find ich korrekt.«

Sie gehen zu dem kleinen Marmortempel. Kriechen zusammen in den Schlafsack. »Und wenn jemand kommt?«

»Soll er kommen.«

Die Tauben äugen zwischen den Säulen hindurch. Zorro sagt viel später: »Weißt du, wie das ist ... Ich meine, mit dir zu schlafen?«

»Nee, sag mal.«

»Wie die Mondlandung.«

»Wieso das?«

»Wie, wenn es keine Nazis mehr auf der Welt gibt.«

»Sag was Romantisches.«

»Okay, wie wenn St. Pauli die Bayern 6:1 schlägt.«

»Spinner, Engel.«

»Ich meine, weil es einzigartig ist mit dir. Wie die Mondlandung eben. Stell dir mal vor, wie viele Menschen jetzt gerade vögeln. 'ne Million? Mehr bestimmt. Wo es fünf Milliarden Menschen auf der Welt gibt.«

»So viele?«

»Klar. Wenn von den fünf Milliarden nur jeder Tausendste jetzt vögelt. Wie viele sind das dann?«

»Weiß nicht.«

»Kann ich auch nicht so schnell rechnen mit den Nullen. Jedenfalls sind wir zwei von Millionen, die jetzt gerade vögeln. Und mit uns ist es sensationell. Ein ungeheures Ereignis. Exzeptionell. Eben einmalig.«

»Auf dem Mond sind sie ziemlich oft gelandet. Aber du bist einmalig süß.«

»Weißt du, was wir machen?«

»Nee.«

»Wir fahren zu meinen Eltern.«

»Wann?«

»Morgen. Morgen ist doch Sonnabend. Ich hab noch genügend von der Stütze. Fürs Wochenendticket.«

»Meinst du echt?«

»Ich will dich ja nicht verstecken wie du mich.«

»Mamas Beischläfer muss man nun auch nicht wirklich kennen lernen.«

»So hab ich das auch nicht gemeint. Ey, ich will meinen Alten zeigen, dass ich happy bin. Die wissen doch gar nicht mehr, was das ist.«

Joe hört am nächsten Morgen schon um sechs die Kiesel gegen die Scheibe scheppern. Sie kriegt immer noch dieses Krisseln im Bauch, sobald sie an Engel denkt. Sie hat Mama gesagt, dass sie das Wochenende mit ihrem Freund unterwegs ist. Mama hat nur gesagt, sie soll um Gottes willen verhüten. Dem Mike will sie sagen, dass Joe bei einer Freundin ist.

Joe und Zorro fahren mit der U-Bahn zum Zoo. Von da mit dem Regionalexpress nach Ludwigslust. Joe schläft die meiste Zeit. Den Kopf in Zorros Schoß. Zorro nickt schließlich auch weg.

In Ludwigslust sucht Zorro den Zug nach Dömitz, bis ihm jemand sagt, dass nach Dömitz kein Zug mehr fährt. Seit einem halben Jahr schon nicht mehr. »Alles wird immer beschissener«, meint Zorro.

Sie fahren mit dem Bus. Es sind nur vier Leute in dem Bus. »Die ganze Gegend stirbt aus«, sagt Zorro. Sie fahren durch Wälder, Alleen und endlose Wiesen mit vielen Kühen.

Joe ist ein bisschen aufgeregt. Sie hat bisher nirgendwo so viele Kühe gesehen und Wiesen und so wenige Menschen. Es ist, als wäre sie unendlich weit weg von Berlin. Sie kann sich Engels Eltern nicht vorstellen. Er hat nur gesagt, dass sein Vater eine Firma hat. Kältetechnik oder so was. Und dass Engel das auch lernen sollte. Aber der ist gleich aus der Lehre rausgeflogen. »Ist das 'ne große Firma, die dein Alter hat?«, fragt Joe.

»Eher mittel.«

»Hättest du also übernehmen können. Wieso bist du eigentlich aus der Lehre geflogen?«

»Hab mal als Punk in diesem Kaff 'ne Lehrstelle. Der Chef hat zwar gemeint, bei ihm kann jeder rumlaufen, wie er will, solange die Leistung stimmt. Aber eines Tages sagt der dann zu mir:

›Weißt du, wie du aussiehst? Wie ein Kakadu.‹ Ich hatte damals meine Haare noch irokesenmäßiger. Die Kollegen sind dann echt auf dem Spruch rumgeritten: ›Ey Kakadu, mach mal dies, mach mal das.‹ Schweißen, fegen, schweißen, fegen. Einer von denen, wirklich, mit 'ner Fresse wie ein alter Männerarsch, quatscht mich von der Seite an: ›Ey Kakadu, kannst du mir deinen Kopp als Staubwedel ausborgen?‹ Ich sag ihm, er soll sich verpissen. Und er: ›Weißt du, was man mit einem wie dir unter Adolf gemacht hätte? Schmierseife.‹ Ich habe ihm eine geknallt, dass er in die Bleche geflogen ist. Das hat gedonnert wie Weltuntergang. Dann habe ich nur noch meine Faust unter den kalten Wasserhahn gehalten. Und das war's.«

»Bist doch im Recht gewesen.«

»Eben. Recht schaffst du nur mit der Faust.«

»Kommst aber nicht weit damit.«

»Ich krepier lieber, bevor ich mich krummbiegen lasse.«

Dömitz wirkt ausgestorben wie nach der Pest. Graue Häuser. Läden mit gelb gewordenem Zeitungspapier zugekleistert und dem schief hängenden Schild »Zu vermieten« im Fenster. Menschen scheint es nicht zu geben.

»Wenn's dunkel wird, kommen die Nazi-Ratten aus ihren Löchern«, sagt Zorro. »War das letzte DDR-Kaff vor der Grenze. Dahinter ist die Elbe. Da fängt Westdeutschland an.«

»Und da ist es besser? Oder was?«

»Auch nicht viel.«

Eine dicke junge Frau watschelt auf der anderen Straßenseite. Zorro will sie fragen, wie man aus diesem Nest nach Dannenberg kommt. Als er sie anspricht, dreht sie sich weg. Rennt los. Jedenfalls glaubt man nicht, wie schnell die dicke Frau watscheln kann.

»Die sind schwer geschädigt hier«, sagt Zorro. »Ich hab 'ne coole Idee. Wir nehmen ein Taxi.«

»Spinner. Was soll denn das kosten?«

»Hab noch genug. Ich finde es cool, bei meinen Alten mit dem Taxi vorzufahren.«

»Wenn du meinst.«

Sie fahren mit dem Taxi über die Elbe. Das Wasser des Flusses schiebt sich wellenlos glatt und trübe unter der Brücke durch. Weiter weg ist ein Lastkahn. Zorro meint: »Kapitän von so einem Schiff. Das wär es. Keine Hektik. Immer unterwegs. Die Scheiße, die an Land passiert, geht dich nichts an. Weil das Wasser um dich rum ist. Niemand dir blöd von der Seite kommen kann, außer den Möwen.«

»Ich will lieber in die Berge mit dir.«

Sie fahren durch einen Wald. Dann sind sie in Dannenberg. Zorro dirigiert den Fahrer zum Develang. Das ist ein Viertel mit Bungalows. Einer neben dem anderen. Alle irgendwie gleich. Gelblich oder rötlich. Mit flachem oder spitzem Dach. Trotzdem fast gleich. Auch, weil ein Vorgarten wie der andere ist. Und in fast jedem wuselt eine Mutti. Sprengt die paar Quadratmeter Gras. Häckselt das Gras auf eineinhalb Zentimeter Höhe. Schnippelt angewelkte Blüten und Blätter.

Joe erschreckt der Develang. Sie könnte nicht mal sagen, warum. Für jemanden aus Friedrichshain ist es hier wie Ausland, wie hinterm Südpol.

Die Muttis in den Vorgärten richten sich auf, als das Taxi vorbeifährt. Gehen zur Straße, um ihm nachzusehen. Vielleicht haben sie Zorro an den Haaren erkannt. Das Taxi hält vor einem weißlich gelben Bungalow, der etwas größer ist als die meisten anderen. Im Vorgarten dreht sich der Wassersprenger. Die Frau im Garten kommt sofort zur Straße. Als Zorro aussteigt, sagt sie: »Du? Mit dem Taxi?«

»Pferdekutschen gibt es nicht mehr«, sagt Zorro. »Tag, Mutti.«

»Du und deine Witze. Ich hab euch gar nicht so früh erwartet.«

Zorro zahlt. Die Mutter beobachtet Joe aus kleinen Augen. Joe kommt ums Taxi herum. Sie weiß nicht, ob sie der Mutter die Hand geben soll. »Ich bin Joe«, sagt sie.

»Joe?«, fragt die Mutter.

»Joe. Einfach Joe.« sagt Zorro.

»Das ist aber nicht ihr richtiger Name«, meint die Mutter. »Ist doch ein Jungenname.«

»Lass gut sein, Mutti.«

»Dann kommt doch rein. Kommt rein. Kommt rein.« Die Mutter klingt leicht überdreht. Sie gehen mit ihr ins Haus.

Am Ende des Flurs steht ein Mann. Ziemlich groß. Weißes Hemd ohne Krawatte, zugeknöpft bis zum Hals. »Welch seltene Ehre«, sagt er.

Zorro sagt: »Tag, Vati.«

Die Mutter wiederholt immer noch: »Kommt rein. Kommt rein in die gute Stube.«

Zorro geht zum Vater. Der tippt ihm kurz mit der Hand auf die Schulter. »Viel manierlicher siehst du ja immer noch nicht aus.«

Zorro zieht hörbar Luft in die Nase: »Und hier mieft es auch noch immer genauso.«

»Kannst auch gleich wieder gehen«, meint der Vater.

Die Mutter wird noch hektischer. »Nicht doch, Vati. Nun geht doch erst mal ins Wohnzimmer. Und dir geht es gut?«

»Kann nicht klagen.«

Joe steht immer noch im Eingang. Wie überflüssig. Die Mutter meint: »Hättest ja mal ein bisschen eher vorbeikommen können. Mensch, was machst du? Hast ja nie was gesagt.«

»Arbeiten«, meint Zorro.

Joe fragt sich, was das für eine Oper ist, die da nun abgehen soll. Was sie eigentlich darin zu suchen hat. Die sind schon im Wohnzimmer. Joe schleicht hinterher. Bleibt in der Tür stehen.

»Keine Schüchternheit vortäuschen. Nur hereinspaziert«, sagt die Mutter.

Zorro stottert los: »Ach so, ja, übrigens ... ey, das ist Joe, Vati.« Zorro ist manchmal doch ein unmögliches Arschloch.

»Aha«, sagt der Vater. Glotzt sie an. Geht dann mit ausgestreckter Hand auf sie zu. »Freut mich. Sie begleiten meinen Sohn, sozusagen.«

»Also wirklich, mit dem Taxi vorzufahren. Davon hätte ich in deinem Alter nicht mal geträumt«, meint die Mutter.

»Man gönnt sich ja sonst nichts«, sagt Zorro.

»Was arbeitest du denn?«, fragt der Vater.

»Fürs Fernsehen«, sagt Zorro.

»Fürs Fernsehen?«, wiederholt die Mutter.

»Na ja, ich schreib Gags und Jokes und so.«

»Du schreibst?«, wiederholt die Mutter. »Warst ja auch immer eine Leseratte.«

»Was für Gags denn?«, fragt der Vater.

»Zum Beispiel für Harald Schmidt und so.«

Die Mutter kriegt den Mund nicht mehr zu. »Für den doch nicht, sag mal.«

»Logo. Wenn der einen Witz reißt, glaubt ihr, dass der ihm gerade so eingefallen ist? Nee, der ist meistens von seinen Gagschreibern.«

»Wir mögen den nicht so«, meint die Mutter.

»Jedenfalls schreiben Leute wie ich die Gags für den.«

»Aber der ist so arrogant irgendwie.«

»Negativ. Aber das passt ja zu unserem Sohnemann«, meint der Vater.

»Genau«, sagt Zorro.

»Und dafür gibt es auch noch Geld?«

»Also für das Taxi reicht's.«

Zorro hat ja vorher angekündigt, dass er ein bisschen den großen Maxen machen will bei seinen Eltern. Aber das ist schon ziemlich fett, was er da ablässt. Joe tritt von einem Fuß auf den anderen, ohne dass man es sieht. Die Mutter bietet ihr endlich einen Platz an.

Zorro lässt sich in einen Büffelledersessel fallen. »Aber euch scheint es ja auch nicht schlecht zu gehen. Alles neu in der guten Stube.«

Die Mutter erklärt: »Wir konnten die alten Möbel nicht mehr sehen. Die waren irgendwie doch zu bombastisch und zu düster.«

»Mutti konnte sie nicht mehr sehen. Hat zu viel ›Schöner Wohnen‹ gelesen«, unterbricht der Vater.

»Nun komm. Du warst auch dafür. Ist doch jetzt viel heller und freundlicher. Skandinavisch.«

»IKEA für Besserverdienende«, meint Zorro.

Joe sieht sich erst jetzt im Zimmer um. Weiß bezogene Stühle stehen genau im gleichen Abstand um den Naturholztisch. Haargenau in der Mitte des Tisches eine Vase mit weißen Rosen.

»Ich fand es früher gemütlicher. Am liebsten hätte Mutti auch noch den schönen Perser rausgeschmissen«, sagt der Vater.

Joe guckt auf den Teppich. Eine Franse liegt gerade neben der andern.

»Was habe ich kämpfen müssen, bis ich Vatis ollen, durchgesessenen Sessel auf dem Sperrmüll hatte.«

Joe denkt, das Zimmer sieht irgendwie aus wie das Schaufenster von einem Möbelladen. Jedenfalls kann man sich nur schwer vorstellen, dass jemand darin lebt.

»Und wie hast du dich eingerichtet?«, fragt die Mutter.

»Provisorisch.«

»Apfelsinenkisten«, meint der Vater.

»Nun lass ihn doch mal«, sagt die Mutter. »Ach, komm doch mal mit. Ich muss dir was zeigen.«

Zorro geht mit ihr aus dem Zimmer. Der Vater guckt einige Male kurz zu Joe rüber, dann wieder an die Decke. Joe merkt, dass sie kerzengerade auf dem Rand vom Sessel sitzt. Albern. Sie lehnt sich zurück. Schlägt die Beine übereinander. Sieht zum großen Fenster, aus dem man nicht raussehen kann. Weil ein Urwald aus Topfpflanzen auf der Fensterbank steht. Sie muss sich dringend eine Kippe anstecken, traut sich aber nicht. Auch weil nirgends ein Ascher steht. Sie sieht nicht zum Vater, spürt aber, dass er sie anstarrt.

»Und was machen Sie so?«, fragt er plötzlich.

»Schule.«

»Ah ja. Darf man fragen, wie alt Sie sind?«

»Sechzehn«, lügt Joe. »Ich werd bald siebzehn.«

»Darf man da noch du sagen?«

»Ja, klar.«

»Bin ich beruhigt, dass du sechzehn bist, wo du hier auch übernachten willst. Ich meine, wir wollen uns ja nicht strafbar machen. Kuppelei mit einer Minderjährigen. Verstehst du sicher.«

»Nein«, sagt Joe. Sie wird langsam sauer.

Zorro kommt zurück ins Zimmer. Joe steht auf. »Zeigst du mir mal den Garten?« Zorro macht die Tür zur Terrasse auf. Sie gehen raus. Joe flüstert: »Ich möchte mit dir allein sein und eine rauchen.«

Sie müssen noch Kaffee trinken und Kuchen essen. Dann sagt Zorro, dass er Joe die Stadt zeigen will.

Es sind keine Frauen mehr in den Vorgärten. Weil jetzt alle bei Kaffee und Kuchen sitzen. Sie gehen an Autohäusern vorbei. Aufpolierte Karren ohne Ende. »Wie findest du meine Alten?«, fragt Zorro.

»Ich kenn sie doch gar nicht. Deine Mutter ist ganz nett, oder?«

»Wenn sie nicht gerade nervt.« Sie gehen durch eine Straße mit jahrhundertealten Häusern. Man könnte denken, dass gleich Andi Borg um die Ecke kommt und die Schlagerparade der Volksmusik präsentiert. Aber es kommt Technomusik aus einem Fenster. Irgendwie fühlt man sich in der Straße nicht so gemütlich, wie sie aussieht. Wahrscheinlich hat Joe schon Heimweh nach Friedrichshain. Ein Mädchen kommt ihnen entgegen. Sieht Zorro. Bleibt stehen. Geht dann auf die andere Straßenseite. Zorro guckt in ein Schaufenster mit Töpfen.

»Kennst du die?«, fragt Joe.

»Ein bisschen.«

»Ein bisschen? Wieso haut sie dann vor dir ab?«

»Ist so eine Geschichte.«

»Was für eine?«

»Ey, ist lange her.«

»Will ich wissen.«

»Mit der bin ich mal fremdgegangen. Einmal.«

»Was heißt denn das?«

»Ey, das heißt, ich bin damals mit einer anderen Tusse gegangen und mit der da fremdgegangen.«

»Machst du das öfter?«

»Nee, früher. Die wollte das unbedingt. Es war ja auch nicht so, dass die Frauen mir unbedingt hinterhergelaufen sind. Die wollte das.«

»Ach, und dann machst du es auch.«

»Ist doch jetzt egal.«

»Ist es nicht.«

»Ich meine, wenn du erst mal eine Titte in der Hand hast, knallst du durch als Mann.«

»Und wie kriegst du erst mal die Titte in die Hand?«

»Ich schieb den Pullover hoch.« Zorro versucht es mit dem überlegenen Grinsen. Es wird eher verlegen, als er Joe anguckt. Er zieht sie an sich. Gibt ihr einen Kuss. Joe drückt ihn weg. Zorro fragt: »Würdest du mich verlassen, wenn ich fremdgehe? Oder wenn jemand einfach nur behauptet, dass ich fremdgegangen bin?«

Joe sieht ihn lange an. Sagt dann: »Du gehst nicht mehr fremd. Engel, Spinner. Dafür sorg ich schon.« Sie hängt sich an seinen Hals. Küsst ihn und sagt: »Schieb mal meinen Pullover hoch.«

Sie kommen erst am frühen Abend zurück zum Develang. Nun sind die Vatis in den Gärten. Sie bereiten den Grill vor.

Zorros Vater guckt Fußball. Zorro setzt sich gleich dazu. »Ich glaube nicht, dass der HSV es heute schafft«, sagt der Vater.

»Wollen wir uns einen Schluck gönnen auf die Heimkehr des verlorenen Sohnes?«

»Bin ich dabei.«

Der Vater holt eine Flasche Cognac aus der Bar im kieferfarbenen Bücherschrank. Schüttet reichlich Cognac in Whiskygläser. Die Mutter verkündet, dass sie das Abendbrot vorbereitet. Joe fragt höflich: »Kann ich was helfen?« Die Mutter meint auch noch, dass das nett wäre. Joe folgt ihr in die Küche.

Die Mutter sagt: »Und du gehst also noch zur Schule.« Sie schnippelt dabei irgendwelche Salate. »Und was willst du mal werden?«

Joe muss einen Moment nachdenken. »Tierärztin«, sagt sie.

»Ist auch nicht leicht heute«, meint die Mutter.

»Es kommt eben überall drauf an, dass man die Leistung bringt«, spinnt Joe rum.

»Sonst stempelt man als Tierarzt nachher die Schweinehälften auf dem Schlachthof.« Die Mutter zieht Speckstücke in einen Braten. Joe steht nur rum. Gibt nichts zu tun für sie, außer sich vollquatschen zu lassen von der Mutter.

Die erzählt, was Zorro für ein niedliches und artiges Kind war. Wie er an ihr gehangen hat. »Mutti hier, Mutti da, bis er sich dann plötzlich verändert hat. Er ist wohl in schlechte Gesellschaft geraten.« Kein Wunder sei das. Weil die Stadt in die Mietshäuser am Develang Asoziale und Ausländer gesetzt hätte. Asylanten, Russen, Frauen mit einem Haufen Kinder. »Und das in einem ausgesprochen gutbürgerlichen Viertel. Unser Sohn muss dann wohl auch mit Haschisch in Berührung gekommen sein. Und das hat ihn vollständig verändert.«

»Ich finde ihn ganz in Ordnung, wie er ist«, sagt Joe.

»Er hat einen guten Kern. Bestimmt. Komm mal mit. Ich habe es ihm schon gezeigt.« Die Mutter führt Joe in ein Zimmer. HSV-Poster an der Wand, ein Plakat vom alten Frank Zappa auf dem Klo, schwarz-weiß-blaue HSV-Bettwäsche, ein großer Teddy auf dem Kopfkissen. »Ich hab ihm alles wieder so hergerichtet, wie es damals war.«

»So einen alten Teddy habe ich auch.«

»Er hat immer mit seinem Teddy im Arm geschlafen, noch als er fünfzehn war.«

»Süß.«

»Er hat auch früher mit Puppen gespielt. Aber wenn ich das erzähle, wird er immer wütend.«

Joe stellt sich vor, wie Engel mit Puppen gespielt hat. Sie liebt ihn dafür.

In der Küche labert die Mutter ununterbrochen weiter, was für ein süßes Kind Zorro war. Bis er eben mit Haschisch in Kontakt gekommen ist. Joe fragt sich, ob alle Eltern so wenig über ihre Kinder wissen. Ob die überhaupt was wissen wollen oder sich die Kinder sowieso nach ihren Vorstellungen hinbiegen wie Puppen. Den Kopf hierhin drehen, dahin drehen. Die Ärmchen hoch oder runter. Aber dann klemmt der Kopf irgendwann oder das Ärmchen lässt sich nicht mehr drehen. Bricht eher ab. Dann ist die Puppe böse, böse. Kommt zur Strafe in die Kiste.

Und man erinnert sich nur noch, wie schön man mit ihr gespielt hat.

Der Salat ist fertig. Der Braten schmort im Backofen. Joe geht mit der Mutter zurück ins Wohnzimmer. Zorro hat die Füße auf dem Couchtisch. Django knabbert neben Zorros Schuhen Erdnüsse. Der Vater hat den obersten Hemdknopf aufgemacht. Ein Bier in der Hand. Die Cognacflasche ist halb leer.

Die Mutter steht in der Tür. »Aber Junge, wir sind doch hier nicht in Amerika.«

»Nun lass doch mal den Jungen.« Der Vater redet schon ziemlich schleppend.

Die Mutter entdeckt die Ratte. Stöhnt: »Mein Gott.«

Im Fernsehen läuft noch Fußball. »Du brauchst eine feste Arbeit, Junge, wenn du später einmal eine Familie gründen willst«, sagt der Vater.

»Logisch«, sagt Zorro. »Ist doch kein Thema.« Joe hört sofort, dass er schon mächtig geladen hat.

»Jetzt nimm sofort das Vieh vom Tisch. Ist ja gruselig. Und die Füße«, sagt die Mutter.

»Feste Arbeit kriegt man nur, wenn das Äußere gepflegt ist. Kleider machen Leute, wie es ganz richtig heißt«, meint der Vater. »Wenn ich jemanden einstelle, gucke ich zuerst auf seine Schuhe. Denn die Schuhe sagen mehr über einen Charakter aus als alles andere. Dem Harald Schmidt mag das ja vielleicht egal sein.«

»Ist es auch. Total.«

Die Mutter schreit beinah hysterisch: »Wenn du jetzt nicht sofort das Vieh da wegnimmst.« Sie hält die Hände vors Gesicht. »Das ist ja widerlich.«

Zorro grinst. »Aber Mutti, selbst Vati hat sich längst daran gewöhnt. Der ist wie mein Kind.«

Joe nimmt Django, bringt ihn in den Reisekäfig auf dem Flur. Deckt ihr Palituch über den Käfig.

»Nun ist aber alles wieder gut, oder?«, sagt Zorro.

»Es ist so was von unhygienisch. Die übertragen doch Krankheiten«, zetert die Mutter weiter.

»Die Pest. Aber die ist schon seit einigen Hundert Jahren ausgestorben.«

»Nein, alles Mögliche. Dass du das auch noch zulässt«, meint die Mutter schon etwas ruhiger zum Vater.

»Du hast dem Jungen doch früher alles durchgehen lassen. Wenn ich mal großzügig bin, reagierst du hysterisch. Da hat es vorher ganz andere Anlässe gegeben, wo es angebracht gewesen wäre, mal laut zu werden. Ich versuche, den Jungen zu verstehen. Wir haben ein sehr gutes Gespräch gehabt, bevor du gekommen bist.«

»Du weißt, dass ich mich vor nichts mehr ekle als vor Ratten und Schlangen und Spinnen.«

»Weißt du, warum Frauen solche Angst haben vor Schlangen, Ratten und Spinnen?«, fragt Zorro. »Nee? Kein Quatsch. Habe ich gelesen. Weil sie sich vorstellen, dass die Viecher ihnen unter den Rock gehen und die Beine hoch.«

»Jetzt reicht es aber wirklich.«

Joe muss gleich loskichern. Der Vater guckt plötzlich auch ganz locker. »Dein Sohn hat tatsächlich eine Menge gelesen.«

»Ist ja gut, wenn ihr euch endlich versteht.« Die Mutter nimmt die Cognacflasche in die Hand. »Ihr habt das doch nicht alles getrunken? In der kurzen Zeit. Willst du deinen Sohn auch noch zum Alkoholiker machen?«

»Misch dich nicht in Männerangelegenheiten. Stimmt's, Zorro?«

»Du musst nämlich wissen, dass Vati in letzter Zeit reichlich trinkt«, sagt die Mutter.

»Ey, nun setz dich doch mal hin und stoß mit uns auf unser Wiedersehen an«, meint Zorro. »Und auf Joe.«

Die Mutter greift nach Zorros Glas. »Gib mal her. Mann, Mann, Mann, da macht man was mit.« Sie nimmt einen tiefen Schluck. Prostet Joe zu. »Du auch?«

Joe schüttelt den Kopf. Sie sitzt neben Zorro. Sagt leise: »Du machst jetzt besser mal 'ne Pause.«

»Ey Prinzessin«, sagt Zorro. Gibt ihr einen Kuss auf die Stirn.

»Prinzessin?«, fragt der Vater. »Wo ist denn der Prinz dazu?«

Joe zeigt auf Zorro. »Da sitzt er.«

»Da musst du ihn aber lange küssen, bis es den Knall gibt.«

Der Vater lacht über den eigenen Witz, bis er einen Hustenanfall kriegt.

»Du bist einfach unmöglich«, sagt die Mutter. »So ist er, wenn er trinkt.«

»Hat doch Recht«, sagt Zorro.

Die Mutter gibt Joe ein Zeichen. Sie gehen wieder in die Küche. »Du hast es mit unserem Zorro bestimmt auch nicht immer leicht. Wie lange kennt ihr euch denn schon?«

»So zwei Wochen.«

»Soll ich dir das Bett im Gästezimmer machen?«

Joe ist die Frage peinlich. Beinahe sagt sie ja. Aber warum eigentlich? »Ist nicht nötig«, sagt sie. »Ich will mal ausprobieren, wie es sich in HSV-Bettwäsche pennt.«

Die Mutter guckt irritiert. »So nennt man das heute? Na, hoffentlich macht Vati keinen Aufstand. Wir haben uns fast ein Jahr gekannt. Ich war zweiundzwanzig. Aber ich hatte auch damals schon eine Freundin, die erst sechzehn war. Als sie mir von ihrem ersten Abenteuer erzählt hat, war ich ganz schön schockiert.« Die Mutter lacht verklemmt. Nach dem Schluck Cognac hat sie endgültig den Dauer-Laberflash. »Obwohl ich noch immer der Meinung bin, dass man eine gewisse Reife haben sollte und Verantwortungsgefühl. Beides. Später ist man froh, wenn man sich das aufgehoben hat. Bis man hundertprozentig überzeugt ist, dass der Partner der Richtige ist.«

»Und war Ihr Mann denn der Richtige?«

»Glaub es mir, ich habe daran nie den geringsten Zweifel gehabt. Es ist noch fast genauso schön wie am ersten Tag.«

»Genauso geht es mir auch. Ich muss mir nichts mehr aufheben.«

»Aber Mädchen. Mit sechzehn. Nach zwei Wochen. Da kann man das doch noch gar nicht beurteilen. Ich nehme mal an, unser Zorro ist der Erste.«

»Nee, ist er bestimmt nicht.« Bingo. Joe hat den Laberflash unterbrochen. Sie hilft der stumm gewordenen Mutter den Tisch decken. Als sie über den Flur geht, steht Zorro vor ihr. »Darf ich dich mal küssen?«

»Später. Und hör bitte auf zu saufen, Engel.«

»Ey, ich kann den Alten nur mit besoffenem Kopf ertragen. Und er mich auch. Ist doch ganz nett jetzt.«

»Geht so.«

Die Mutter kommt aus der Küche. »Was tuschelt ihr denn hier?«

»Über Alkoholprobleme in unserer Familie.«

»Ich finde das nicht so lustig. Trinkt unser Sohn denn sonst auch?«

»Weiß nicht. Ich kenne ihn ja noch nicht so lange«, meint Joe.

»Aber offenbar lange genug, um, um ... ihr wisst schon.«

»Ficken meinst du?«, fragt Zorro.

»Sag mal. Wo hast du das nur her? Von den Russenjungen? Ich find das alles auch überhaupt nicht lächerlich. Ihr macht euch alles ein bisschen sehr, sehr einfach. Ich meine, Joe ist ja nicht meine Tochter. Sonst hätte ich dazu noch ganz andere Dinge zu sagen.«

»Lass mal lieber stecken«, sagt Zorro. »Ich hab Kohldampf.«

Joe denkt, dass sie mit ihrer Mutter eigentlich ganz gut bedient ist. Sie setzt sich mit der Familie um den Braten. Die Mutter schneidet das Fleisch. Der Vater macht eine Flasche Rotwein auf. Gießt die Gläser voll. »Na denn, auf das junge Glück.« Der Alte ist schon ziemlich hin. Glotzt immer wieder zu Joe. Die Mutter kippt den Wein sofort runter.

Der Vater macht die zweite Flasche auf. Die Mutter wirft ihr Glas um. Kichert: »Ich glaube, jetzt habe ich auch schon einen kleinen Schwips. Lasst euch in Zukunft mal öfter sehen, Kinder.«

Dem Vater geht die Zigarre immer wieder aus. Er kann die Augen kaum noch offen halten. Zorro schlägt mit der Gabel an sein Glas. Steht auf. Muss sich aber dabei am Stuhl festhalten. Sagt: »Ich möchte noch was bekannt geben. Die Verlobung mit der schönsten und klügsten und besten Frau auf der Welt. Mit meiner Joe. Wenn sie will. Willst du meine Frau werden, Joe? Dann antworte mit einem kräftigen Ja.«

Joe sieht zu ihm hoch. Steht auf. Flüstert: »Engel, du bist total besoffen.«

»Na und? Willst du meine Frau werden?«

»Aber nicht jetzt. Lass uns das morgen oder so machen. Du bist besoffen.«

»Ich kann aber nicht so besoffen sein, dass ich nicht weiß, dass ich dich liebe.«

»Glaube ich ja, Engel. Ist auch lieb von dir.«

Die Mutter lächelt wie auf Droge. Der Vater kriegt die Augen wieder auf. Meint: »Für eine Überraschung ist unser Sohnemann immer gut.«

Zorro nimmt Joe in die Arme. Fällt fast mit ihr um. Joe ist alles superpeinlich. Obwohl sie eigentlich ziemlich happy ist. Nur, Engel ist wirklich total betrunken. Sie schiebt ihn zur Verandatür und in den Garten raus.

Zorro lallt: »Prinzessin, sag ja! Oder willst du nicht immer mit mir leben?«

»Ja, will ich. Aber ich will auch, dass du klar im Kopf bist, wenn du mir das sagst.«

»So klar war ich noch nie. Du weißt, ich brauche einen Schluck. Sonst frag ich dich nie. Weil ich Angst habe, du sagst Nein.«

»Das ist aber jetzt keine richtige Verlobung. Da braucht man zum Beispiel Ringe. Wenn du dich wirklich mit mir verloben wolltest, dann hättest du dich zum Beispiel um Ringe gekümmert.«

Zorro sieht sie mit dem verlegenen Grinsen an. Dann grinst er ganz locker. »Was denkst du denn? Warte mal.« Er stolpert ins Zimmer zurück. Joe folgt ihm. Er geht auf den Flur. Kramt ganz tief in seinem Rucksack. Er hat den Ring mit den spitzen Zacken in der Hand. Joe steht neben ihm im Wohnzimmer. Er greift nach ihrer Hand. Schiebt ihr den Ring mit den Zacken über den Finger.

»Echt«, sagt Joe.

»Sind wir jetzt also verlobt?«

»Wo ist denn dein Ring?«

»Den kriege ich noch. Ich hatte nicht genug Geld. Ich krieg genau den gleichen.«

Joe zieht Zorros Kopf zu sich. Küsst ihn. »Trotzdem bist du total breit.«

Die Mutter lächelt immer noch wie auf Trip. »Mensch, Kinder.

Da muss ich ja direkt nachsehen, ob wir noch eine Flasche Champagner im Keller haben.«

Der Vater versucht, die Zigarre wieder anzuzünden.

Joe verdrückt sich irgendwann. Kuschelt sich in die HSV-Bettwäsche. Ein bisschen fett war es schon, was da den Tag über gelaufen ist. Sie will jetzt aber nicht mehr groß darüber nachdenken. Warum Engel das Ding mit der Verlobung vor seinen Eltern durchziehen musste. Sie hätte sich eine Verlobung anders vorgestellt. Aber irgendwie süß war er doch wieder. Auch mit zugetrunkenem Kopf.

Zorro kommt bald reingeschwankt. »Mann, hier bist du. Sag doch, du willst mit mir ins Bett.« Er küsst sie auf die Augen.

»Ey, deine Fahne. Das ist ja passives Saufen für mich.«

»Bin gar nicht besoffen. Ich will dich jetzt, Prinzessin.«

»Sag mir erst mal, wieso du mir erzählst, dass du St.-Pauli-Fan bist und in HSV-Wäsche schläfst?«

»Ist zu kompliziert, dass ich dir das jetzt auch noch erklären kann.«

»Will ich aber wissen, Spinner, Engel.«

»Okay, okay. Ich war schon mit fünf Jahren oder so HSV-Fan. Weil mich ein Onkel mitgenommen hat. Ins Scheißvolksparkstadion.«

»Du bist also gar kein St.-Pauli-Fan?«

»Doch, bin ich. Alle korrekten Leute sind St.-Pauli-Fans.«

»Spinn ich oder du? Also bist du kein HSV-Fan.«

»Ich kann das jetzt nicht erklären. HSV ist ein Fascho-Verein. Voll die Glatzen im Fanblock. Jeder Punk steht auf St. Pauli. Aber es ist so, dass dir als Kind jemand erzählt, cooler Verein, der HSV. Wirst automatisch Fan für immer. Das ist wie 'ne Erbkrankheit. Jetzt hab ich aber genug gelabert. Komm.«

»Und was ist, wenn St. Pauli gegen HSV spielt?«

»Lass doch mal jetzt. Würde ich nie hingehen.«

»Wieso das?«

»Mann, weil ich dann im Pauli-Block stehe und für Pauli gröle. Und im Bauch bin ich für HSV.«

»Wirklich ein bisschen schizo.«

»Ja. Ist doch jetzt egal.« Zorro wirft sich auf Joe. Die dreht den Kopf weg. Ist stocksteif.

»Was ist denn, Prinzessin?«

»Du bist besoffen. Das ist.«

»Nun hör doch mal auf.«

»Ey, wegen deinem Vater. Der geiert doch hinter der Tür.«

»Quatsch!«

»Ey, ich kann das nicht hier bei deinen Eltern. Außerdem hat dein Vater gesagt, er macht sich strafbar. Weil ich minderjährig bin.«

»Quatscht doch nur Scheiße. Du bist aber auch manchmal echt komisch. Wir haben uns heute verlobt.«

»Du bist so breit. Das hast du doch morgen früh schon wieder vergessen.«

»Finde ich Scheiße, dass du das jetzt sagst.« Zorro rollt sich zur Seite. Ein paar Sekunden später schnarcht er.

[18]

Am nächsten Tag im Zug ist Zorro nicht sonderlich gut drauf. Er fühlt sich nur besser, wenn Joe fragt: »Wir sind jetzt echt verlobt?« Und ihn unheimlich lieb anlächelt. Sie fragt das ungefähr hundertmal. Zorro sagt: »Mehr verlobt geht nicht.« Und irgendwann: »Nur mit dem Ring. Vielleicht tausche ich den doch noch. Ist irgendwie kein richtiger Verlobungsring.«

»Finde ich gerade cool.«

»Vielleicht kriege ich auch nicht den gleichen noch mal.«

»Hast du doch gesagt.«

»Ja, klar. Aber ich muss ihn in jedem Fall noch mal mitnehmen.«

»Wieso? Den Ring für dich kaufen wir zusammen.«

»Aber es ist nicht korrekt. Wenn jetzt nur einer einen Verlobungsring aufhat.«

»Kann es sein, dass du reichlich verspießert bist bei deinen Eltern?«

Zorro gibt auf. Er muss mit Asi reden. Vernünftig. Sagen, dass es ihm Leid tut. Dass er sie gern hat. Dass es bestimmt schön war, aber dass sie zu jung ist.

Zorro wird klar, dass es so nicht laufen wird. Scheiße. Er versucht einen Neustart im Kopf. Aber es gibt Gedanken, die lassen sich nicht unterdrücken. Die kommen immer wieder hoch. Wie eine stinkende Leiche im Horrorfilm, die der Mörder ins schlammige Wasser drückt und die trotzdem immer wieder auftaucht. Mit weit aufgerissenen, glotzenden Augen und quarkweißem Gesicht.

Joe muss merken, was los ist. Wie er kaputt vor sich hin starrt. Weil die Asi-Leiche gerade wieder hochgekommen ist. »Bist du etwa noch sauer wegen heute Nacht?«, fragt sie.

»Nee, war doch meine Schuld. Eine Frau ist wie 'ne Geige. Man muss nur auf ihr spielen können.«

»Was ist denn das nun für eine Scheiße?«

»Das ist Philosophie. Hab ich gelesen.«

»In der Bravo? Oder wo? Und der Mann ist wie 'ne Flöte, die man nur gut blasen muss? Oder was?«

»Das ist Fakt. Keine Philosophie.«

»Ach, wirklich. Weißt du, was mich am meisten abtörnt? Wenn ein Typ 'ne Frau befummelt und denkt, er kennt genau die richtigen Griffe. Und dann erzählt er dazu die Story, was für ein cooler Hirsch er ist, wo er überall im Urlaub war oder was seine Karre alles draufhat.«

»Besser, als wenn er überhaupt keine Story hat wie ich.«

»Spinner. Du erzählst die allercoolsten Geschichten.«

Zorro macht die Augen zu. Träumt tatsächlich weg. Hat die absoluten Alpträume: sein Vater, Asi, HSV gegen St. Pauli. Es rast schneller und ekliger durch seinen Kopf als ein Videoclip von Madonna.

Als er aufwacht, sind sie schon in Spandau. Joe ist auch eingeschlafen. Spacige Einkaufscenter ziehen vorbei. Cleane Neubausiedlungen. Dann sieht es draußen immer mehr aus wie Berlin.

Joe wird wach, gibt ihm einen Kuss. »Fahren wir in deine Hütte?«

»Logisch.« Zorro fühlt sich gleich besser. Weil er Angst hatte, dass Joe noch zum Alex will.

Sie steigen am Zoo aus. Gehen die Treppe runter. Zorro hat sie natürlich nicht erkannt, Asi, die auf der Treppe steht und schnorrt. Zorro sieht sie erst, als sie vor ihnen steht. Sie sieht total fertig aus. Asi guckt nur Joe an. Joe sagt ein bisschen von oben herab: »Tag auch«, und will um Asi rumgehen.

Asi stellt sich wieder in den Weg. »Kann ich dich mal einen Moment sprechen?«, fragt sie Joe.

Zorro ist fünfzehn Meter weiter gelatscht. Ihm ist kotzübel. Er holt Django raus. Hält ihn vors Gesicht. Flüstert: »Weißt du, was mir ein Kumpel gesagt hat? Wenn einer wie du 'ne Beziehung braucht, kauft er sich besser eine Ratte. Ey Django, der Typ hatte so was von Recht.« Zorro setzt die Brille auf.

Die Mädchen quatschen. Sie sehen beinahe relaxed aus. Vielleicht sagt Asi ja nur, dass Zorro ein Arschloch ist. Denn eigentlich ist das Ding im Kinderzimmer auch peinlich für sie.

Zorro muss sich eine Zigarette drehen. Steckt Django in die Tasche vom Sweatshirt. Er will nicht ständig auf die beiden Mädchen starren. Der Tabak rieselt nur so aus dem Papier. Zorro merkt, dass seine Hände zittern wie Pappelblätter. Muhammad Ali lässt grüßen. Wer hat wohl die weichere Birne?

Zorro fällt auch noch das Zigarettenpapier runter. Asi hat Joes Hand gepackt. Joe schreit was. Asi zieht ihr den Ring vom Finger. Schmeißt ihn auf den Boden. Joe springt auf den Ring. Asi tritt auf den Ring. Die Mädchen starren zu Zorro. Kommen auf ihn zu. Unendlich langsam. Wutverheulte Gesichter. Wie in Superzeitlupe. Es ist, als ob sie ranschweben.

Zorro steht wie einbetoniert. Die Arme hängen zentnerschwer an ihm runter. Asi ist zuerst vor ihm. Sie tritt zu. Zorro krümmt sich. Joe knallt ihm die Faust ins Gesicht. Er hebt nicht einmal die Arme. Er sagt kein Wort. Penner stehen um sie rum, Junkies, Bahnhofspolizisten. Alle lachen sich schief.

Dann brüllt Zorro: »Ihr killt Django.«

Die Mädchen hören auf. Sie gucken sich ein paar Sekunden den Typen an, der immer noch dasteht wie mit den Füßen in Beton. Verschwommen sieht er Joes Gesicht. Ein unendlich verzweifeltes Gesicht, in dem sich Lippen bewegen. Wollen wahrscheinlich sagen: »Zorro, du bist das mieseste Arschgesicht auf der Welt.«

Zorro steht noch da, als auch der letzte Penner einen Witz über ihn gerissen hat. Er hört sowieso nichts. Sieht nicht, was drum herum ist. In seinem Kopf ist das Bild stehen geblieben: Joes verschwommenes Gesicht.

Langsam zieht er ein Bein aus diesem Beton, dann das andere. Schleicht zum Ausgang. Da tun alle so, als wäre nichts passiert. Die Stricher, die Freier, die Dealer, die Alkis, die Hunde.

Zorro schlurft irgendwohin. Tritt mit dem Fuß in ein Auto. Holt Django aus der Tasche. Begräbt sein Gesicht in Djangos Fell. Heult endlich.

Django ist leblos. Sieht elendig aus mit tränennassem Fell, verbogenem Rücken, unendlich toten Augen.

Zorro wuchtet einen Gullideckel hoch. Küsst Django noch einmal. Lässt ihn aus der Hand in den Gulli fallen. Flüstert: »Wir sehen uns, Alter.«

Zorro schlurft über irgendeine Straße. Steht vor dem Schaufenster eines Türkenladens. Hinter dem Fenster steht eine Puppe im Hochzeitskleid. Grinst ihn verblödet an. Zorro tritt in die Scheibe. Beim dritten Tritt zerspringt sie. Scherben fallen übereinander. Zorro tritt in die Scherben. Schlurft weiter. Den tiefen Schnitt im Bein spürt er nicht.

Er will wieder über die Straße. Rempelt einen Fahrradfahrer. Der stürzt. Brüllt noch im Liegen: »Mann, bist du besoffen? Besoffener Idiot.«

Zorro tritt in das Fahrrad. Der Typ kommt hoch. Will auf Zorro los. Der schlägt sofort zu, bis der Typ wieder am Boden ist. Haut dem Typen den Stiefel in die Seite. Und noch einmal. Schlurft über die Straße. Irgendeine Frau zetert hinter ihm her. Er bleibt stehen. Lässt die zeternde Frau rankommen. Rammt ihr den Ellenbogen ins Gesicht.

Er sieht das Blaulicht, Bullen, die aus mehreren Autos springen. Er rennt die Straße runter, den Bahndamm rauf. Steht vor den Schienen. Die S-Bahn kommt näher. Er sieht nur die S-Bahn. Spürt dann den Zangengriff um den Hals, den Arm, der ihm die Luft abschnürt. Gewicht, das an ihm hängt. Das Knie im Kreuz. Die Stiefel in den Kniekehlen. Er steht noch. Fällt dann langsam wie ein umgesägter Baum. Schlägt. Tritt. Beißt. Sie liegen auf ihm. Drei, vier Mann, auf den Beinen, auf dem Kopf. Reißen an seinen Armen. Gelenke explodieren. Ein weißer Kittel. Ein Stich. Joes verschwommenes Gesicht. Ende.

[19]

Joe weiß nicht, wie sie zum Alex gekommen ist, warum sie dort ist. Doch. Sie sieht Spastis rosaroten Haarschopf. Geht zu Spasti. »Habt ihr was zu saufen?«

»Ey, was ist denn mit dir?«, fragt Spasti.

»Was soll sein? Ich will was zu saufen.« Joes Stimme klingt gleichgültig und müde.

»Hast du denn Kleingeld für Nachschub?«, fragt Ringo.

»Ja, hab ich.« Joe greift nach der Strohrumflasche, die auf dem Brunnenrand steht. Der Rum bohrt sich wie Millionen Nadeln in Zunge und Speiseröhre.

»Du bist ja drauf«, meint Spasti. »Vielleicht mixe ich dir besser einen strammen Cocktail.«

Joe hält die Hand an den Hals. Hustet. Die anderen lachen.

»Ist was mit Zorro?«, fragt Spasti.

»Was soll mit dem Wichser schon sein?«

»Sah kürzlich noch anders aus.«

»Ist heute kürzlich?«

»Hätte ich dir gleich sagen sollen. Mit Zorro kannst du deinen Spaß haben. Okay. Aber mach bloß keinen auf Liebe.«

»Der bespringt, was ihm vors Rohr kommt, von zwölf bis siebzig«, meint Küken.

»Mir doch egal. Der Typ geht mir so was von am Arsch vorbei«, sagt Joe. Sie kippt den Erdbeermilch-Cocktail runter.

»Hast du denn Zeit nachher?«, fragt Spasti.

»Jede Menge.«

»Party machen? Bei den Skatern steigt was. Der eine, den du auch kennst, der hat extra gefragt, ob ich dich mitbringe.«

»Klingt cool.«

»Ich dachte nur, du bist noch bei Zorro gebucht.«

»Hast du Scheiße gedacht.«

»Bei den Skatern geht's manchmal ziemlich derbe ab.«

»Cool.«

»Wieso? Ficken die anders?«, fragt Küken.

»Musst du selber testen«, sagt Spasti.

»Eher mache ich es mit 'nem Besenstiel, bevor ich mich von so einer parfümierten Springmaus anfassen lasse.«

»Rassist«, meint Spasti.

Joe besorgt sich einen Joint. Zieht sich nur so den Qualm rein. Bis Spasti sich den Joint greift. »Von nehmen und geben hältst du wohl nicht viel«

Spasti hat später Mühe, Joe auf die Füße zu kriegen und in die Straßenbahn zu schieben. »Bei Alex trinken wir erst mal einen steifen Kaffee«, sagt sie ein paarmal. Joe hat die Haare vorm Gesicht. Sagt schon lange nichts mehr.

Alex macht ihnen die Wohnungstür auf. Starrt ziemlich weggetreten auf Joe. Meint dann: »Find ich aber geil, dass du mitgekommen bist.«

Auf der Party ist keiner mehr klar im Kopf. Im riesigen Wohnzimmer mit ein paar Designermöbeln liegen sie zu zweit auf dem Parkett. Die einen sind noch beim Beißen. Die anderen scheinen schon fertig zu sein oder sind zu voll gedröhnt.

Joe lehnt sich mit dem Rücken an die Wand. Rutscht an der Wand runter auf den Boden. Guckt durch die Haare vor dem Gesicht. Versucht, den Durchblick zu kriegen. Peilt nicht mal, ob das gegenüber zwei oder vier Halbnackte sind, die da über- und untereinander liegen.

Es staubt nur so von Koks. Ein ganzer Glastisch ist voll. Alex winkt Joe zum Glastisch. Sie begreift sowieso nichts. Spasti sagt, dass sie was zu trinken besorgt. Kommt mit einer Flasche Chevas zurück. Rutscht neben Joe auf den Boden. Setzt die Flasche an den Mund. Gibt sie Joe.

Irgendwo geht Glas zu Bruch. So was wie Rotwein fließt in deltamäßigen Bächen übers Parkett. Frisst sich in einen Teppich. Alex wankt durch die Gegend. Reißt den Teppich weg. Brüllt piepsig: »Lasst doch die Scheiße. Passt doch mal auf. Ich krieg noch die Krise.«

Alex geht vor dem Glastisch in die Knie. Scheint Mühe zu haben, was in die Nase zu kriegen. Auf Knien krabbelt er zu Spasti und Joe. Sieht die Whiskyflasche. »Wo habt ihr denn die her? Ey, der Chevas. Mein Alter bringt mich um.« Er greift nach der Flasche. Spasti hält sie fest.

Joe sagt: »Ich muss mal pullern.« Sie muss es wiederholen. Weil man sie kaum versteht. »Ich muss mal pullern, Mann.« Alex zeigt auf eine Tür. Joe dreht sich um. Stemmt sich mit den Händen an der Wand nach oben. Öffnet die Tür zum Badezimmer. Zwei machen es im Schaumbad. Das Mädchen quiekt. Der Typ sieht Joe. Brüllt: »Tür zu.« Joe wankt rückwärts. Schreit: »Ey, ich will pissen.« Geht in das Badezimmer. Muss sich an der Fensterbank festhalten.

»Vergiss sie«, sagt der Typ. »Ist aber nicht jugendfrei«, kichert die Tusse.

Joe sitzt auf dem Klo. Die beiden in der Badewanne machen weiter. Schaum und Wasser schwappen über den Rand. Das Mädchen quiekt wieder. Joe ist unheimlich müde.

Als Joe ins Wohnzimmer zurückkommt, hockt ein Typ bei Spasti. Die trinkt aus der Chevasflasche. Alex schnüffelt über den Glastisch. Joe rutscht an der Wand runter zu Asi. Der angeschlagene Typ sagt: »Willkommen bei Alex' Fuckparade. Ich bin Tom. Der Tom, der nur auf euch gewartet hat.« Der Typ hat vor allem fette Finger, die auf Spastis Oberschenkeln liegen.

Alex kommt wieder auf den Knien angerutscht. Setzt sich neben Joe. Lallt: »Finde ich megacool, dass du gekommen bist.« Joe hat die Haare vorm Gesicht. Alex schiebt die Haare zur Seite. Joe schüttelt sie wieder vors Gesicht.

Der andere, Tom, fängt an, Spasti zu beißen. Spasti reagiert erst nicht. Dann schiebt sie den Kopf von diesem Tom mit der Chevasflasche zur Seite. Säuft.

Tom lallt: »Ich hab mal 'ne Preisfrage. Was ist besser? Liebe machen oder ficken?«

»Ficken«, antwortet Joe sofort.

»Hätte ich auch gesagt«, meint Spasti.

»Hast gewonnen«, lallt dieser Tom zu Spasti. »Weißt du, was der Preis ist?«

»Weiß ich nicht.«

»Das beste Stück von Meister Tom.«

Alex fängt vorsichtig an, Joe zu betatschen. Knetet ihre Schultern. Betastet ihre Beine. Joe hat die Arme vor den Brüsten verschränkt. Spürt seine Zunge, die sich zwischen ihre Lippen zwängt. Lässt ihn machen. Weil alles egal ist.

Dieser Tom hat seine Hand zwischen Spastis Beinen. Stöhnt Sätze wie: »Komm. Du machst mich irre geil.«

Spasti sagt: »Ey, ich bring das nicht. Echt nicht.«

Er geht ihr an den Reißverschluss. Sie zieht die Knie an. Katapultiert den Typen übers Parkett. Die Chevasflasche kippt um. Der Whisky kriecht zum Teppich.

Alex murmelt: »Ihr macht eine Scheiße, Mann.« Spasti rutscht in eine andere Ecke des Zimmers. Alex zwängt Joe wieder die Zunge in den Mund. Will an ihre Brüste. Sie hält die Arme über den Brüsten fest verschränkt.

Dieser Tom kommt angekrochen. Joe merkt es erst nicht, dass er auch an ihr rumfingert. Alex sagt zu Tom: »Hau ab.«

Der meint: »Wieso denn?«

»Weil du dich verpissen sollst.«

»Spießer. Die will das. Merkst du doch.«

»Will sie nicht.« Alex nimmt Toms Hand von Joes Schenkel.

»Ey, die will zwei Schwänze. Alle Frauen wollen zwei Schwänze«, lallt Tom. Er versucht, mit der Hand unter Joes verschränkte Arme zu kommen. Alex stößt ihm den Arm in die Seite. Tom kippt um. Schlägt mit dem Kopf gegen die Wand.

Alex steht auf. Zieht Joe hoch. Joe hängt in seinen Armen. Die Knie knicken ihr weg. Sie lässt sich über den Flur schleifen. Auf ein Bett werfen. Das T-Shirt ausziehen. Die Hose. Sie verschraubt nur die Arme wieder über den Brüsten.

Dieser Tom ist auch da. Alex versucht, wie ein Irrer in sie reinzukommen. Sie merkt, dass der andere Typ sie auch begrabscht. Es ist sowieso alles so wahnsinnig egal.

Als Joe wieder richtig wach wird, steht sie auf der Straße. Es ist dunkel. Alex hält sie. Ein Taxi kommt. Alex sagt: »Tut mir wirklich Leid. Meine Eltern, weißt du, kommen mit der ersten Maschine. Verstehst du? Und es sieht so was von Scheiße aus in der Wohnung.« Er schiebt Joe einen Geldschein in die Hand: »Tut mir wirklich Leid. Ich finde dich jedenfalls unheimlich cool. Echt.«

Komisch. Erst jetzt muss Joe kotzen. Sie kotzt Alex auf die Schuhe. Sie macht die Tür vom Taxi auf. Lässt sich auf den hinteren Sitz fallen.

»Wenn du mir die Polster vollkotzt, wird es teuer«, sagt der Taxifahrer.

»Hab schon abgekotzt«, meint Joe.

»Ich warte. Wo soll's hingehen?«

»Weiß nicht.«

»Und wo in Weißnicht?«

»Fahren sie doch erst mal los.«

»Bestimmt nicht. Also wohin?«

»Nach Hause.«

»Und wo ist nachhause bitte?«

Joe schweigt.

»Es ist besser, wir steigen mal ganz schnell wieder aus. Vorher fünf Mark für die Anfahrt.«

»Zum Zoo.«

»Aha. Aber wenn du die Polster vollkotzt, wird es richtig teuer.«

Am Zoo geht Joe auf einen zu, der da rumgeistert. Der zittert, obwohl er bis zur Nase in eine Decke gewickelt ist. Joe fragt ihn, ob Asi in der Gegend ist.

»Asi?«, meint der Typ. »Die Durchgeknallte? Haben sie abgeholt. Frag mal in der Klapse. Hast du ein bisschen Kleingeld? Ich besorg uns was.«

[20]

Zorro spürt als Erstes die Riemen an den Armen. Brüllt auf. Reißt an den Riemen. Brüllt. Das Zimmer ist weiß, vor den Fenstern sind Gitter.

Zorros Kopf fällt aufs Kissen zurück. Er will nur noch weiterschlafen. Es ist ein Traum. Bestimmt. Wenn er gleich aufwacht, ist er in der Laube. Joe liegt neben ihm. Lacht ihn an.

Als Zorro die Augen wieder aufmacht, stehen sie in der Tür. Grinsen. Kichern. Zeigen auf ihn. Er kennt welche von denen. Junkies. Er schreit: »Was soll das? Wo bin ich?«

»Jugendpsychiatrie«, singt ein Mädchen. Es ist Asi.

Zorro ist müde. Dämmert noch einmal weg. Als er wieder aufwacht, ist nur Asi im Zimmer. Kichert irre. Er zerrt an den Riemen, die in die Haut schneiden.

Asi setzt sich auf sein Bett. Sie küsst die Riemen an seinen Armen. Kichert: »Das finde ich ja so was von cool. Ey, haben sie dich auch gegriffen, wegen krankem Kopf. Geil.« Sie zieht die Bettdecke weg. Zorro hat nur eins dieser weißen Hemden an, die hinten offen sind. Asi zieht das Hemd hoch. Kichert ohne Ende.

Zorro sagt leise: »Lass das.« Er versucht, sich von den Riemen loszureißen. Er brüllt: »Lass das.«

Asi schüttelt seinen Schwanz. Kichert: »War aber gar nicht artig, der kleine Mann. Ist ein ganz Böser. Ein ganz Böser.«

Zorro hat die Augen zu. Den Horrortraum kennt er schon.

Die Tür wird aufgerissen. Drei weiße Kittel stürzen ins Zimmer. Einer sagt: »Na, akute Suizidgefahr scheint ja nicht mehr zu bestehen.« Und zu Asi: »Die Therapie solltest du aber lieber uns überlassen, Kathrin.« Einer schiebt Asi aus dem Zimmer.

Zorro versucht sich aufzurichten. »Es ist nur ein Traum, oder?«, fragt er unsicher.

»Ja«, meint der Weißkittel. »Du hast aber leider verdammt schlecht geträumt.«

[21]

Joe öffnet die grauen Briefe nicht, die jeden Tag kommen. Ein ganzer Stapel ungelesener Briefe liegt unten in der alten Spielzeugkiste.

Joe ist an dem Morgen irgendwann nach Hause gefahren. Weil sowieso alles egal war. Es gibt keinen Stress mit Mama oder mit Mike. Weil Joe in ihr Zimmer geht, wenn sie aus der Schule kommt. In ihrem Zimmer bleibt sie, bis sie am nächsten Morgen wieder zur Schule geht.

Mama macht sich ein bisschen Sorgen. Weil Joe nicht sagt, was mit ihr los ist. Mike meint, sie hat gemerkt, dass sie auf die schiefe Bahn gekommen ist. Hat jetzt ihre Lehren daraus gezogen. Mama tippt eher auf Liebeskummer. »Da muss man durch«, sagt sie zu Joe. »Das ist wie eine Kinderkrankheit. Das nächste Mal wird es dann nur noch halb so schlimm.«

Manchmal holt Joe aus der Kiste den Stapel Briefe mit dieser großen, eckigen, kaum lesbaren Schrift. Absenderadresse ist das Bonhoeffer-Krankenhaus. Joe würde nur gern wissen, warum er im Krankenhaus ist. Wahrscheinlich hat er doch mal Pech gehabt mit seiner großen Schnauze. Ist jemandem in die Faust oder auch ins Messer gelaufen. Zu schlimm kann es nicht sein, wenn er Briefe schreibt.

Dann reißt sie doch mal einen Briefumschlag auf. Sie liest nur einen Satz: »Wie soll ich denn bloß die Zeit bis zu meiner Beerdigung rumbringen ohne dich?« Das ist so ein Satz ... Wenn man den liest, vergisst man, was für ein Arschloch dieser Typ ist. So ein Satz bringt Joe ins Schleudern. Was macht sie denn ohne dieses Arschloch bis zur Beerdigung? Im Zimmer hocken. In der Nase bohren. Das Zimmer voll stellen mit ein paar albernen Andenken von Erlebnissen, die keine waren. Und wenn du tot bist, kommt der ganze Krempel mit dir auf den Müll.

Noch mal jemanden lieben kann sie sowieso nicht. Früher hast du wenigstens noch den lieben Gott gehabt. Hast dich in den verliebt. Bist Nonne geworden.

Drei Tage später liest Joe alle Briefe. Danach heult sie erst mal ein paar Stunden ab. Ist dann sauer auf sich, dass sie auf den Typen schon wieder reingefallen ist. Schreibt einen Satz: »Warum kannst du bloß so ein Arschloch sein?« In seinem nächsten Brief steht wieder nur ein Satz: »Warum gehst du mit den Füßen auf dem Boden?«

Joe muss den Kerl wiedersehen. Wenigstens ein einziges Mal.

Er schreibt, dass er in zwei Tagen rauskommt. Dass er dann auf dem Alex ist.

Joe fährt an dem Tag gleich nach der Schule zum Alex. Sie weiß nicht, ob sie ihn treffen will. Eigentlich nicht. Aber sehen muss sie ihn noch einmal.

Sie schleicht um den Platz. Er ist nicht da. Joe geht zu »Burger King«. Bestellt eine große Cola. Sitzt am Fenster. Rührt die Eiswürfel. Trinkt langsam, damit sie lange bleiben kann.

Sie entdeckt ihn schon, als er vom Bahnhof angelatscht kommt. Die langen Schritte. Die langen Arme. Den Oberkörper nach vorn gebeugt. Wie ein verrenteter Möbelpacker. Er hat eine neue Brille auf der Nase. Bleibt stehen. Guckt sich um. Geht nicht zum Brunnen. Schleicht Richtung »Kaufhof«. Guckt sich um. Verschwindet im »Kaufhof«. Kommt nach ein paar Minuten wieder raus.

Joe lässt den Cola-Becher stehen. Geht. Sie geht schnell. Weg vom »Kaufhof«. Von Engel. Einmal muss sie zurückgucken, ob er sie entdeckt hat. Vielleicht hinterherkommt. Engel ist weg.

An der Weltzeituhr bleibt sie stehen. Überlegt. Weiß nicht. Geht sie zur U-Bahn? Und aus? Oder noch mal über den Platz? Sie geht zurück. Warum? Darum. Sie rennt wieder. Als hätte sie es eilig. Sieht sich nur heimlich um. Am Brunnen ist er nicht. Vor dem »Kaufhof« ist er auch nicht mehr.

Joe rennt am »Burger King« vorbei. Guckt kurz durch die Scheibe. Engel sitzt auf ihrem Platz. Vor ihrer Cola. Starrt raus. Sieht sie erst nicht. Joe bleibt stehen. Automatisch. Er sieht sie.

Joe guckt weg. Rennt wieder los. Sie guckt sich nicht um. Sie wartet auf seine Stimme. »Prinzessin.« Auf seine Hand an ihrer Schulter.

»Bitte warte, Prinzessin.«

Joe geht langsamer. »Wieso denn?«

»Ich muss mit dir reden.«

»Da gibt's nichts zu reden.«

»Django möchte dir guten Tag sagen.«

Joe bleibt stehen. »Aha.«

Zorro hat die Ratte in der Hand. »Sag guten Tag, Django.« Er setzt die Ratte auf Joes Schulter. Joe nimmt die Ratte. Sieht sie an. »Ey Django. Kannst nichts dafür, dass dieser Typ da das mieseste Arschloch der Welt ist.« Sie guckt sich die Ratte genau an. »Wieso hat der plötzlich so einen hellen Fleck da?«

»Wird auch älter.«

»Echt?« Joe gibt ihm die Ratte zurück. »Und tschüss.«

»Ich weiß, dass ich ein Arsch bin. Bitte, Prinzessin.«

»Hast du wieder einen Ring dabei?«

»Ey, das war Scheiße. Ich war besoffen. Hab 'ne verblödete Show abgezogen.«

»Du ziehst ziemlich viele ziemlich miese Shows ab. Hauptsache, du kriegst irgendeine Möse.«

»Ey, das war alles ganz anders. Du bist nicht gekommen. Ich wollte mich umbringen. Es hat nichts mit Asi zu tun.«

»Außer, dass du sie gepoppt hast, statt dich umzubringen.«

»Es war echt nicht so, wie du denkst.«

»Wieso soll ich dir noch ein Wort glauben?«

»Musst du nicht. Ich will dir einfach zeigen, wie sehr ich dich liebe. Jede Sekunde. Weißt du, man macht so viel mit, um zu überleben. Aber warum soll ich noch irgendwas mitmachen ohne dich?«

Erst laufen Zorro Tränen übers Gesicht. Dann Joe. Sie sagt: »Gib mir Django.« Sie sieht sich die Ratte noch einmal an. Lange. »Es ist nicht Django.«

»Ich lüg dich nie wieder an. Ich wollte nur nicht, dass du es weißt. Das ist Django junior.«

Joe sieht ihm zum ersten Mal wieder in die Augen. »Nee, das ist nicht wahr. Was ist das bloß alles für eine Scheiße? Warum lügst du mich nicht an, dass der alte Django okay ist.« Joe heult richtig los. Zorro streichelt über ihren Kopf. Zieht sie sehr vorsichtig an sich. Joe drückt ihn weg. »Ich muss weiter.«

»Bitte bleib.«

»Vielleicht bin ich morgen um die Zeit in der Gegend.«

Joe fährt zurück in ihr Zimmer. Sie redet sich ein, dass sie nicht weiß, was sie machen soll. Eigentlich weiß sie es sehr genau: morgen Nachmittag zum Alex fahren. Ihr ist schlecht. Sie hat sich schon morgens übergeben. Den Morgen davor auch.

[22]

Zorros Laube steht noch. Er sitzt abends auf dem Balkon. Wenn er beten könnte, würde er die Nacht durchbeten. Gott anbetteln, dass sie am nächsten Tag kommt. Zorro atmet. Spürt, wie er atmet. Merkt, dass er noch lebt. In der Klapse hat er nicht gewusst, ob er noch lebt. Hat nicht mal gemerkt, dass es Herbst geworden ist. Die Amsel singt nicht mehr. An den Bäumen hängen Äpfel. Es ist kalt. Zorro denkt, dass es sich lohnt, einiges mitzumachen, um zu überleben. Er ist doch sowieso ein Fighter. Eigentlich.

Joe kommt am nächsten Nachmittag. Sie sitzen auf einer Bank am Fernsehturm. Joe friert. Zorro wärmt sie in seinen Armen. Er erzählt, wie er durchgeknallt ist an dem Abend. Er erzählt jedenfalls das, woran er sich noch erinnert.

Joe wischt sich mit dem Handrücken das Wasser aus den Augen. Fragt: »Warum geht man nun eigentlich mit den Füßen auf dem Boden?« Ihr wird schlecht. Sie übergibt sich. Klappt beinahe weg.

»Prinzessin. Was ist? Du bist krank.« Zorro ist blasser als Joe.

»Nichts ist. Habe ich neuerdings öfters.«

»Mann, du musst zum Arzt.«

Neben ihnen steigt gerade ein Mann in sein Auto. Zorro geht zu dem Mann. Sagt: »Bitte, ein Notfall. Meine Verlobte muss sofort ins Krankenhaus.« Zorro wartet nicht auf eine Antwort. Macht die hintere Tür des Wagens auf. Schiebt Joe rein. Setzt sich daneben. Joe kneift ihn, sagt aber nichts.

Der Mann sitzt hinter dem Steuer. Stottert: »Ja wie denn? Ich meine, wieso rufen sie keinen Krankenwagen?«

»Bitte beeilen Sie sich«, sagt Zorro.

»Wohin denn? Charité?«

»Ja, klar.«

Als der Typ sie vor der Charité abgesetzt hat, sagt Joe: »Einmal Spinner, immer Spinner. Du glaubst doch nicht, dass ich jetzt ins Krankenhaus gehe, nur weil ich gekotzt habe.«

»Genau das machst du, Prinzessin.« Zorro hat sie so fest im Griff, dass sie sich kaum wehren könnte. Sie lässt sich in die Notaufnahme führen.

Eine Schwester nimmt Joe mit. Zorro dackelt hinterher. Eine milchige Glastür geht automatisch auf. »Sie können nicht mit«, sagt die Schwester. Die milchige Glastür schließt sich hinter Joe und der Schwester.

Zorro tigert den Flur rauf und runter. Endlos. Dann geht die milchige Tür wieder mal auf. Mehrere Weißkittel rasen mit einem Bett auf Rädern den Flur runter. Zorro sprintet hinterher. In dem Bett liegt ein alter Mann, der schon ziemlich tot aussieht.

Zorro hat richtig Schweiß auf der Stirn. Er muss sich eine Kippe anstecken.

Einer von den Weißkitteln kommt zurück. Baut sich vor Zorro auf. Guckt ihn mit großen Augen an. »Sagen Sie mal.«

Zorro checkt nicht, was der will. »Alles klar?«

»Was machen Sie denn hier?«

»Meine Verlobte ist da drin.«

»Das mag ja sein, aber Sie machen jetzt erst mal die Zigarette aus.«

»Wo steht denn das?«

»Verlassen Sie das Krankenhaus. Unverzüglich.«

»Mach ich garantiert nicht.«

Zorro streift an einem Heizkörper die Glut von der Kippe. »Sie sollen gehen«, sagt der Weißkittel.

»Mann, jetzt nerv mich bloß nicht. Ich bin sowieso reichlich nervös.«

Der Weißkittel haut ab. Es dauert noch eine Ewigkeit, bis die Glastür aufgeht und Joe auf den Flur kommt. Zorro läuft zu ihr. »Ist nichts Schlimmes, oder?«

»Weiß nicht«, sagt Joe.

»Was ist es?«

»Lass mich mal einen Moment.«

»Es ist doch was Schlimmes.«

»Nicht wirklich.« Joe geht zum Ausgang. Zorro will ihr den Arm um die Schultern legen. Sie macht einen Schritt zur Seite.

»Was ist denn nun? Bitte sag es doch«, bettelt Zorro. Seine Stimme ist zu hoch.

»Lass mir doch mal ein paar Minuten Zeit.« Sie sind vor dem Krankenhaus. Joe geht Richtung Spree. »Ich glaub, ich brauch einen Schnaps oder so was.«

»Kein Thema. Wir gehen gleich in die Kneipe da.«

»Nee, lass man. Ich brauch doch keinen Schnaps.«

»Willst du eine rauchen?« Zorro hält ihr die Schachtel hin.

Joe holt sich gierig eine Kippe raus. Steckt sie an. Nimmt einen tiefen Zug. Macht die Zigarette am Absatz ihres Stiefels wieder aus.

»Ey, was machst du? Du hast irgendwas.«

»Schmeckt mir nur nicht im Moment.« Sie sind an der Spree. Ein Ausflugsschiff mit Käseglockendach fährt vorbei. Die Lautsprecherstimme erklärt, dass das große Gebäude am linken Ufer die Charité ist.

Joe sagt: »Ich bin schwanger.«

»Nee.« Zorro setzt das breiteste Grinsen seines Lebens auf. »Ist ja irre.« Zorro reißt Joe an sich. Hebt sie hoch. Dreht sich mit ihr im Kreis. Wie im Rama-Spot. Schreit: »Ey, wir kriegen einen Sohn.«

»Lass mich runter. Bitte.« Joe geht gleich zwei Schritte weg von ihm. Sieht auf die Spree. »Ich weiß nicht, ob das Kind von dir ist.«

Zorro steht wieder da wie einbetoniert. Die langen Arme baumeln langsam. Es ist wie Feuerwerk, was in seinem Kopf abgeht. Ein letzter Knall. Und der Himmel ist voller Goldregen. »Ich weiß, dass es unser Kind ist. Hundertpro. Ich fühle es hier drin.« Zorro zeigt auf seine Brust.

»Ich habe aber zusammen mit der Ärztin nachgerechnet.«

»Ja und?«

»Wir haben es zu der Zeit nur mit Präser gemacht.«

Zorro hat wieder das ziemlich breite Grinsen aufgesetzt. »Einmal ist er runtergerutscht. Hab ich dir nur nicht verraten.«

»Ich muss dir noch was sagen.«

Zorro legt Joe den Zeigefinger auf den Mund. »Ich will es nicht hören. Nie. Es war sowieso alles meine Schuld. Jedenfalls ist es unser Kind. Unser Sohn. Ich bin sein Daddy.«

»Engel.« Sie nennt ihn zum ersten Mal wieder Engel. »Ich hab gedacht, dass ich vielleicht abtreibe.«

»Das kannst du nie tun.«

»Wir haben noch hundert Jahre Zeit, ein Kind zu machen. Und ich will wissen, dass du der Vater bist.«

»Ich bin sein Daddy. So oder so.«

»Ich soll doch die Schule fertig machen. Wer kümmert sich in der Zeit?«

»Sein Daddy.«

»So ein Kind kostet reichlich Geld.«

»Es hat einen Daddy, der die Kohle ranschafft.«

»Spinner, Engel.« Joe küsst ihn. »Lass es uns ein paar Tage überlegen.«

»Ob du unser Kind abtreiben lässt? Ey, das ist Mord.«

Sie fahren in die Laube. Joe wickelt sich in den Schlafsack. Sie sitzen auf dem Balkon. Joe sagt: »Wenn ich es behalte, kann ich nicht zu Hause leben. Auf keinen Fall. Die Kommentare von diesem Schleimaugust halte ich nicht aus. Und Mama sülzt mir die Ohren voll, dass ich mein Leben verpfusche und so weiter.«

Zorro sagt: »Du gehst zur Beratung. Da kriegst du 'ne Wohnung für uns drei. Ich kenn eine, die hat das auch gemacht. Zu den Katholischen musst du gehen. Ein bisschen rumlabern, dass du vielleicht aus sozialen Gründen abtreiben musst. Weil der Stiefvater dir nachgeiert. Du nichts zum Wohnen hast.«

»Das geht?«

»Ey, da hast du sofort eine Luxussuite. Und jede Menge Kohle schmeißen sie dir auch noch nach.« Zorro hat eine Hand auf Joes nacktem Bauch. »Man kann schon was fühlen. Echt.«

»Engel, Spinner.«

[23]

Joe sagt zu Hause nichts. Sie geht schon am nächsten Nachmittag zur katholischen Schwangerschaftsberatung. Es ist fast so, wie Zorro gesagt hat. Jedenfalls ist die Frau in dem grauen Kostüm ganz gerührt, dass Joe das Kind behalten will. Obwohl Joe nicht mal katholisch ist. Die Frau ist noch gerührter, als Joe sagt: »Mein Verlobter meint, dass Abtreibung Mord ist.«

»Da haben Sie aber großes Glück. Nicht alle jungen Väter sind so verantwortungsvoll.«

»Er ist vielleicht nicht der Vater«, rutscht es Joe raus. Hätte sie lieber nicht sagen sollen. Denn die Frau in dem grauen Kostüm guckt ziemlich überrascht. Sie ruft trotzdem beim Jugendamt an. Macht einen Termin für Joe. Meint, dass es schon klappen wird mit einem Platz im Mutter-Kind-Projekt.

Joe fährt zum Alex. Guckt erst mal, ob Asi auch nicht in der Gegend ist. Da hält ihr jemand von hinten die Augen zu. »Spinner, Engel.«

Zorro sagt: »Alles klar?«

»Ist astrein gelaufen. Wir kriegen wahrscheinlich eine Wohnung.«

»Für uns drei?«

»Logisch.«

Zorro hebt Joe hoch. Sie gehen zum Brunnen wie Hänsel und Gretel. Weil Zorro die Hand von Joe nicht loslässt. Spasti guckt einigermaßen entgeistert. »Gibt's ja gar nicht.«

»Warum denn nicht?«, fragt Joe.

Spasti muss grinsen. »Seid ihr wieder zusammen?«

»Waren wir auseinander?«

»Was man so gehört hat.«

Maria und die anderen stehen auch schon um Joe und Zorro rum. »Wo habt ihr denn gesteckt?«, fragt Maria.

»Verlobungsreise«, sagt Zorro. Zieht eine Flasche Strohrum aus der Tasche. »Heute ist Party.«

»Verlobungsparty?«, fragt Spasti.

»Genau.«

Opa Addi kommt. Er sieht noch älter aus. Seine Nase noch geierhafter. Er schüttelt Joe und Zorro sehr förmlich die Hand: »Da wünsche ich euch Glück und Segen und gesunden Nachwuchs. Es ist doch hoffentlich noch nichts unterwegs.«

Zorro setzt sein stolzestes Grinsen auf. Joe tritt ihm ziemlich kräftig auf den Fuß. Das Grinsen ist weg. Joe sagt: »Kein Sex vor der Hochzeitsnacht. Wie Britney Spears.«

Alle prosten auf die Jungfrau Joe. Am lautesten Spasti. Die stößt Joe dabei den Ellenbogen in die Seite. Joe ist das peinlich. Automatisch schüttelt sie sich die Haare vors Gesicht. Wahrscheinlich ist sie rot wie 'n Sonnenuntergang.

Opa Addi sagt, dass er sich wieder hinsetzen muss. Ihm knikken die Knie weg. Zorro fasst ihn unter den Arm. Joe stützt ihn auf der anderen Seite. Sie bringen ihn zum Brunnenrand. Opa Addi macht eine Handbewegung, dass sie sich zu ihm setzen sollen. Er sieht uralt aus.

Er sagt: »Ihr werdet ein glückliches Paar. Ich weiß es. Lasst euch nicht unterkriegen. Ich hoffe, ihr findet noch so was wie Glück in dieser abartigen Gesellschaft. Die ist ja so abartig, dass sie sich selber auslöscht.«

»Wieso das?«, fragt Joe. »Meinst du mit der Atombombe?«

»Die braucht es doch gar nicht. Der Götze Geld erledigt das und die Göttin Profit. Die schaffen es, dass in Deutschland keine Kinder mehr geboren werden. Was ist das denn für eine Gesellschaft, die keine Kinder mehr will. Weil Mammon das einzige Ideal ist. In hundert Jahren ist die deutsche Rasse ausgestorben.«

»Auch nicht schade drum«, sagt Zorro. »Es gibt Schlimmeres. Krieg zum Beispiel. Bis dahin haben sie längst wieder den großen Krieg gemacht.«

»Geh nie zur Wehrmacht, Zorro. Soldat zu sein heißt immer nur warten auf den Krieg«, sagt Opa Addi.

»Da müssten sie mir vorher erst den Kopf abschlagen.«

»Sie befehlen dir, durch den Dreck zu kriechen, um dich an den Dreck zu gewöhnen.«

»Ich kriech für kein Arschloch der Welt durch den Dreck. War mal kurz bei den Pfadfindern. Da gab es auch so einen Häuptling. Der Spinner war nur am Rumkommandieren. Die Stiefel sollte ich besser putzen und so weiter. Ey, der hat sich dann so eine eingefangen.«

»Find ich Scheiße, dass du immer gleich zuhauen musst«, sagt Joe.

»Solange man sich noch wehren kann, warum nicht?«, sagt Opa Addi. »Aber wenn die Herren da oben Krieg wollen, machen sie Krieg.«

»Und alle Idioten machen mit. Wie diese verblödeten Viecher, die einer nach dem anderen über die Klippen springen.«

»Aber kein Tier tötet ein Tier seiner Art«, meint Opa Addi.

»Doch. Affen«, sagt Joe. »Schimpansen machen das manchmal. Da gibt es richtig Krieg zwischen den Rudeln. Hab ich mal im Fernsehen gesehen. Sogar Babys killen die.«

»Sind ja dem Menschen auch am ähnlichsten«, sagt Opa Addi.

»Haben aber keine Atombombe«, meint Zorro. »Wenn die runterkommt, zerplatzt du wie eine Maus in der Mikrowelle.«

»Eklig«, sagt Joe. »Wieso zerplatzt eine Maus in der Mikrowelle?«

»Das hat im Radio einer mal genau geschildert. Wie das ist. Life.«

»Pervers. Und in Israel knallen sie Kinder ab. Einfach so. Jeden Tag. Weil die Randale machen. Echt pervers.«

»Und jeder macht mit. Wenn der Mensch den Befehl kriegt, Babys zu massakrieren, dann massakriert der Mensch Babys«, meint Opa Addi.

»Und was macht man dagegen?«, fragt Joe.

»Gar nichts. Oder du legst die um, die solche Befehle geben.«

»Du bist ja ein richtiger Anarchist, Opa. Wusste ich gar nicht.«

»Ihr wisst so manches nicht.« Opa Addis Stimme ist immer

leiser geworden. Er ist noch blasser als sonst. Kippt plötzlich zur Seite.

»Ey, Opa«, ruft Zorro. »Mach keinen Scheiß.«

Joe rennt zu den Polizisten der mobilen Wache auf dem Platz. Sagt ihnen, dass sie einen Krankenwagen bestellen sollen.

»Drogen oder Alkohol?«, fragt ein Bulle. Ein anderer meint: »Gießt ihm erst mal einen Eimer Wasser über den Kopf.«

Joe muss sofort vor Wut heulen. »Wenn euch einer befiehlt, Babys zu massakrieren, dann massakriert ihr Babys!«, schreit sie. Einer der Polizisten versucht, Joe zu greifen. Sie ist schneller. Rennt los. Der Bulle hinterher.

Zorro ist aufgestanden. Sprintet los. Rammt den rennenden Bullen voll von der Seite. Es fehlt nicht viel, und der macht einen Salto. Jedenfalls rollt er über das Pflaster wie ein Mittelstürmer vor dem Elfmeter-Pfiff. Zorro brüllt zu Joe: »Hau ab.« Läuft zickzack über den Alex. Lenkt die Bullen von ihr ab. Wehrt sich nicht groß, als sie ihm die Handschellen anlegen.

Joe ist stolz auf Engel. Liebt ihn unheimlich. Weil er die Bullen von ihr abgelenkt hat. Wie diese Clowns beim Stierkampf. Die für einen miesen Torero ihre Knochen hinhalten. Joe macht sich Sorgen um Engel. Weil er sich nichts gefallen lässt. Weil es auch dumm ist, sich nichts gefallen zu lassen. Denn die anderen sind sowieso stärker.

Nachdem sie einige Zeit beim Fernsehturm abgehangen hat, fährt Joe zur Charité. Opa Addi ist tatsächlich da eingeliefert worden. Sie muss sich lange zu ihm durchfragen und durchbetteln. Weil sie seinen richtigen Namen nicht kennt. Sie kriegt raus, dass Addi eigentlich Adolf heißt. Adolf Hinnack Lemke.

Opa Addi lächelt, als Joe vor seinem Bett steht. Sie hat ihn noch nie lächeln sehen. Er sieht sterbensalt aus. Fast wie eine Moorleiche. Er zittert unter der Bettdecke. Er flüstert: »Womit habe ich es verdient, dass du kommst?«

»Ist doch wohl klar«, sagt Joe. Sie fragt, ob sie jemanden benachrichtigen kann. Verwandte oder so.

Opa Addi bewegt den Kopf ein bisschen zur Seite. Soll wohl

nein heißen. Er flüstert: »Ich würde mich aber riesig freuen, wenn von euch der eine oder andere vorbeiguckt und eine Flasche mitbringt.«

»Nun werd erst mal wieder gesund. Dann trinken wir zusammen.«

Opa Addi stützt sich auf die Ellenbogen. Richtet sich ein bisschen auf. »Du könntest mir einen großen Gefallen tun, mein Mädchen. In der Jacke ist mein Schlüssel. Wenn du meinem Vogel Körner gibst. Morgen vielleicht. Stehen neben dem Käfig. Und frisches Wasser. Und ihn mal 'ne Runde fliegen lässt.«

»Ja, klar.«

Opa Addi flüstert seine Adresse. Joe sagt, dass er sich auf sie verlassen kann.

Erst als sie wieder draußen ist und tief die stinkige Berliner Luft einatmet, fragt sich Joe, wieso Opa Addi in einem Einzelzimmer liegt. Ganz am Ende vom Flur. Vielleicht ist es das Sterbezimmer. Das letzte Zimmer auf dem Flur.

Abends ruft Mama sie aus dem Zimmer ans Telefon. »Das ist er wohl. Nicht gerade höflich.«

Joe nimmt das Telefon aus dem Wohnzimmer mit auf den Flur. Aber die Tür lässt sich nicht schließen. Weil das Kabel dazwischen liegt. Sie hat immer wieder gebettelt, dass Mama ein schnurloses kauft.

Sie haben Zorro wieder laufen lassen. Aber er hat eine Anzeige am Hals wegen Körperverletzung und Widerstands gegen die Staatsgewalt. Er klingt ein bisschen deprimiert. Und Joe kann ihm nichts Liebes sagen. Weil der Schleimheini im Wohnzimmer extra den Fernseher leiser gestellt hat. Damit er ja mitkriegt, was Joe redet. Es macht Zorro offenbar noch deprimierter, dass Joe nichts Liebes sagt. Sie verabreden sich für den nächsten Mittag. Sie wollen zu Opa Addis Wohnung fahren. Vorher will Joe noch aufs Jugendamt.

Joe schläft schlecht. Wacht früh auf. Denkt natürlich nur an dieses Kind, das noch so klein ist wie ein Reiskorn oder wie eine

Erbse vielleicht. Was ist, wenn sie dieses Kind behält? Dann sagt sie ihm später: Ich hab dir meine ganze Jugend geopfert. Oder? Joe hat ja wirklich noch nicht viel von dieser Jugend gehabt. Weniger als Mama wahrscheinlich. Außer den paar schönen Tagen mit Engel. Was, wenn Engel dann doch mal genau wissen möchte, ob er der Vater ist. Oder das Kind fragt, wie es war, als es gezeugt wurde. Was sagt man dann? Erinnere ich nicht mehr? Oder was? Und muss dabei denken: Es war die peinlichste Nacht meines Lebens.

Joe weiß, dass sie das Kind behalten wird. Sie geht gar nicht erst zur Schule. Weil sie müde ist und schon um elf beim Jugendamt sein muss.

Die Frau vom Jugendamt ist ziemlich freakig gestylt. Jedenfalls für eine Frau vom Jugendamt. Mit Pluderhosen, Sandalen, silbern besticktem Jäckchen. Auf ihrem Schreibtisch steht ein Foto. Da hockt sie im Schneidersitz mit diesem Eso-Grinsen vor einer hässlichen, dicken Inderin.

Die Frau hat auch jetzt dieses Eso-Smiling im Gesicht. Sagt Sätze ohne irgendeine Betonung. Richtig gelangweilt. Weil sie wohl klar machen will, dass es wichtigere Sachen gibt als Joes Probleme. Zum Beispiel, ob man im nächsten Leben als Regenwurm oder Elefantenkuh auf die Welt kommt.

Nachdem sie Joe ein bisschen ausgefragt hat, meint die Frau: »Hast du denn konkrete Vorstellungen von deiner Zukunft?«

»Ziemlich«, sagt Joe.

»Etwas präziser vielleicht.«

»Ich heirate.«

»Ach so. Den so genannten Verlobten. Der aber mit dem Kindsvater nicht identisch ist. Besagter Zorro.«

»Genau.«

»Du kennst seine Vorgeschichte?«

»So ungefähr.«

»Dann verrate ich dir ja kein Geheimnis, wenn ich dir sage, dass er schon eine bewegte Drogenkarriere hinter sich hat. Er ist aktenkundig bei uns. Mädchen, mach dich nicht unglücklich.«

»Er nimmt keine Drogen. Jedenfalls nichts Hartes.«

»Und die Vorstrafen wegen Körperverletzung?«

»Keine Ahnung.«

»Ach so. Ja, dann darf ich dir dazu weiter nichts sagen. Ich kann mich nur wiederholen. Mach dich nicht unglücklich, Mädchen.«

Wie diese Frau das sagt. Das ist ätzend. Mit dieser gelangweilten Stimme und dem Grinsen. Als wäre sie die liebe Göttin selber. »Das ist ja wohl meine Sache«, sagt Joe.

»Nicht ganz. Du bist noch keine sechzehn. Das Sorgerecht für dein Kind, wenn du es denn wirklich austragen willst, übernehmen wir. Und auch für dich, wenn deine Mutter es will.«

»Kann doch wohl nicht wahr sein.«

»Ist es aber. Nun reg dich nicht auf. Wir wollen ja mit dir zusammen den besten Weg finden. Ich hätte eventuell ein Apartment für dich.«

»Echt?«

»Ja. In einem betreuten Mutter-Kind-Projekt.«

»Ist mir egal.«

»Allerdings, dein so genannter Verlobter macht es dir und uns nicht gerade einfacher. Vielleicht überlegst du dir, ob du den Kontakt zu ihm nicht zumindest vorübergehend einstellen könntest.«

»Bestimmt das Jugendamt auch, wen ich lieben darf?«

»Natürlich nicht. Aber es gibt ein paar Regeln im Mutter-Kind-Projekt. So möchten wir zum Beispiel ganz gerne entscheiden, wer da Zutritt hat. Und Übernachtungsbesuche gibt es grundsätzlich nicht.«

»Darf man denn da wichsen?«

»Mit Kiebigkeiten kommst du bei mir nicht weiter. Wirst du schon merken. Also, überleg es dir, ob du das Kind austragen willst. Wenn deine positive Entscheidung feststeht, finden wir einen Weg.«

»Meine positive Entscheidung steht fest.«

»Dann werde ich deine Betreuung übernehmen. Ich bin sicher, dass wir gut miteinander auskommen. Weil du vielleicht schon bemerkt hast, dass ich nicht gerade der übliche Beamtentyp bin.«

Hat Joe nicht bemerkt.

Als sie Zorro trifft, erzählt sie nicht viel von der Alten. Weil Zorro immer noch deprimiert ist wegen der Anzeige. Joe sagt ihm nur, dass sie wahrscheinlich eine Wohnung kriegt. Zorro hebt sie hoch und dreht sie im Kreis. Von den Vorschriften erzählt Joe nichts.

[24]

Es hat sich doch einiges geändert für Zorro. Früher wäre es ihm am Arsch vorbeigegangen, dass er noch eine Anzeige mehr am Hals hat. Soll er etwa zugucken, wie die Bullen Joe jagen? Überhaupt, wenn der ihm in die Quere rennt. Zorro könnte beweisen, dass er ziemlich blind ist. Nur, gegen Bullen kommst du nie an. Die heben zu fünft die Hand und schwören, dass es ein Mordversuch war. Und Zorro hat noch eine Bewährung offen. Wegen schwerer Körperverletzung. Hat er Joe nie erzählt. Die Sache mit dem Fahrradfahrer ist auch noch auf der Liste.

Zorro kriegt erst wieder gute Laune, als Joe ihm von der Wohnung erzählt. Sie fahren nach Charlottenburg, zu der Adresse von Opa Addi. Der wohnt in einem dieser billigen Mietshäuser aus der Nachkriegszeit, die keine Flure haben, sondern offene Gänge, von denen die Wohnungen abgehen.

Sie erkennen Opas Wohnung gleich. Weil an der Tür ein Totenkopf klebt. Die zwei kleinen Zimmer der Wohnung sind fast leer. Bis auf eine Matratze, einen großen, seltsam verschnörkelten Schrank, einen alten Tisch. Die Platte von dem Tisch hat so viele Brandlöcher, dass sie fast schwarz ist. Auf dem Tisch steht der Käfig. Ein hellblauer Wellensittich springt zwischen den drei Stangen hin und her.

»Der Arme«, sagt Joe. Sie schüttet ihm Körner in den Napf. Der Vogel sitzt vor der Käfigtür. Rüttelt mit dem Schnabel an der Tür.

»Lieber frei als fressen«, sagt Zorro. Macht die Käfigtür auf. Der Wellensittich fliegt ein paar Runden. Landet auf Joes Schultern.

Es ist sehr ordentlich in der Wohnung. Weil nichts drin ist. Kein Bild hängt an der Wand. Kein Foto steht rum. Kein Andenken. Ein Flaschenöffner liegt auf dem Tisch. Ein Kronkorken auf dem Fußboden. Die Wohnung ist unheimlich leer.

»Dass man hier leben kann«, sagt Joe.

In der winzigen Küche finden sie schließlich eine Spur von Opa Addi. Jede Menge Schnapsflaschen. Sie sind in Dreierreihe aufgestellt, ordentlich. Wie Soldaten beim Staatsempfang. Zorro sucht nach weiteren Spuren. Weil es nicht sein kann, dass man keine Spur von Opa in dieser Wohnung findet. Außer den Flaschen und dem Wellensittich. Von dem hat er übrigens nie erzählt.

»Ich finde es richtig gruselig hier«, sagt Joe. »Bis auf den Vogel. Lass uns bald gehen.«

»Keiner weiß was von Opa. Er hat nie über sich gesprochen. Fällt mir jetzt erst auf«, sagt Zorro.

»Er hat wohl nicht mal Verwandte oder so. Und weißt du, wie er eigentlich heißt? Adolf.«

»Echt? Ich dachte, so hieß nur Hitler.«

»Weil sich wahrscheinlich nach der Nazizeit alle umbenannt haben, in Addi und so.« Zorro macht eine Tür vom Schrank auf.

»Ey, lass das lieber«, sagt Joe.

In dem Schrank hängen ein Mantel und ein Jackett. Motten flattern ins Zimmer.

»Wir tun den Vogel in den Käfig und gehen«, sagt Joe.

Zorro zieht eine von drei Schubladen auf. Es sind ein paar Uralt-Pornohefte drin. Eigentlich keine richtigen Pornos. Nackte Frauen mit zusammengepressten Schenkeln und viel Schamhaar. Zorro zeigt die Hefte Joe. »Meinst du, das waren seine Wichsvorlagen? Früher haben sie auf so was gestanden.«

»Finde ich wirklich nicht korrekt von dir«, meint Joe. »Du kannst jetzt hier nicht rumschnüffeln.«

»Ich will was wissen über Opa. Jetzt weiß ich wenigstens, wonach er gewichst hat. Stell dir mal vor, er stirbt morgen. Und niemand weiß, wer er war. Ich meine, was soll so ein Schleimscheißer von Beerdigungsredner zum Beispiel erzählen?«

Die mittlere Schublade ist abgeschlossen. In der rechten liegen Unterwäsche und eine Tüte mit Vogelsand. Zorro kramt in der Unterwäsche nach dem Schlüssel für die mittlere Schublade.

Joe will dem Wellensittich noch frischen Sand geben. Sie

zieht den Boden von dem Käfig raus. Unter dem Boden liegt ein Schlüssel. Sie gibt Zorro den Schlüssel. »Willst du da wirklich auch noch reinschnüffeln?«

»Vielleicht liegt 'ne Million drin.«

Der Schlüssel passt. Oben in der Schublade ist ein großes Blatt Papier mit einem selbst gemalten Totenkopf. Darunter ein altes Fotoalbum. Ein kleiner Junge in Lederhosen neben einem Pferd. Der Junge mit einem anderen Jungen. Ganz steif. Im Fotostudio wahrscheinlich. Sie haben reichlich komische Anzüge mit kurzen Hosen an.

»Der eine Junge muss Opa als Kind sein. Wegen der geiermäßigen Nase«, meint Zorro.

Joe guckt nicht richtig hin. »Ey, wenn es dich interessiert, kannst du Opa auch fragen, ob er dir mal alte Bilder von sich zeigt.«

Dann kommen Fotos von dem Jungen, als er älter ist. Er hat eine schwarze Uniform an. Mit dem Totenkopf, dem SS-Zeichen.

»Ist nicht wahr«, sagt Zorro. »Der Typ war bei der SS. Weißt du, was das heißt?«

»Diese Nazi-Killer. Vielleicht ist das gar nicht Opa.«

Zorro zieht einen gelben Zeitungsausschnitt aus der Schublade. Die Überschrift: »Urteile gegen Kriegsverbrecher«. Ein paar Fotos von Männerköpfen. Einer hat diese Geiernase. Darunter steht: »Adolf Hinnack Lemke, 20 Jahre wegen Beteiligung an Massenmord«.

Zorro legt alles zurück. Schließt die Schublade ab. Hat einen total trockenen Mund. Geht in die Küche. Trinkt aus dem Wasserhahn.

Joe kommt hinterher. »War er nun bei der SS?«

»Ein Massenkiller ist er. Von dem habe ich mich vollquatschen lassen. Nicht gecheckt, dass ich jeden Tag mit einem Nazi-Mörder zusammen war.«

Joe guckt ihn mit zusammengekniffenen Augen an. »Bist du dir sicher?«

»Es stand in der Zeitung. Willst du es sehen?«

»Nein.«

Der Wellensittich ist zum Fressen in den Käfig geklettert. Joe macht die Tür vom Käfig zu. »Ich komme nicht wieder her.«

»Meinst du ich?«

»Der Vogel kann nichts dafür.«

Joe klingelt beim Nachbarn. Eine Frau macht auf. Joe bittet sie, den Wellensittich zu versorgen. »Von dem Penner?«, fragt die Frau, will es aber machen.

Zorro und Joe fahren zum Alex. Da kann es erst niemand glauben. Dann diskutieren sie, was sie tun wollen. Jedenfalls wird ihn niemand im Krankenhaus besuchen. Und wenn er rauskommt?

»Ich hau ihm persönlich das Gebiss raus. Er hat uns so was von verarscht. Die Drecksau. Meinetwegen kann er tot umfallen. Ist nur zu spät«, sagt Zorro.

»Lass ihn doch erst mal erzählen«, meint Maria.

»Dich hätte der doch als Erstes in die Gaskammer gesteckt. Als Missgeburt.«

»Wie alt war er denn da? Ich meine, weißt du, was du gemacht hättest damals, wenn sie dir nur solche Nazi-Scheiße ins Hirn stopfen«, sagt Remo.

»Echt. Wenn 'ne Glatze einen Penner tot tritt, weil sie ihm gesagt haben, so einer ist asozial, der gehört weg. Dann kann der nichts dafür? Oder was?«

»Aber reden könnt ihr doch mal mit ihm. Wieso er das gemacht hat. Und was er heute darüber denkt«, meint Spasti.

Joe sagt: »Finde ich auch. Er hat sich ja geändert. Du hast selber gesagt, dass er ein echter Anarchist ist. Was er erzählt hat, dass er gegen den Krieg ist.«

»Und dass die deutsche Rasse ausstirbt und so 'ne Scheiße. Wisst ihr, warum er mit dem Totenkopf rumgelaufen ist? Weil es das Zeichen der SS ist.«

»Er ist bestimmt kein Nazi mehr«, meint Maria. »Ich habe über alles mit ihm geredet. Er hat mich voll akzeptiert.«

»Ey, wahrscheinlich war er Spion von den Glatzen«, sagt Zorro.

Spasti meint: »Hört auf zu spinnen. Wenn er das gemacht hat, ich meine, er ist sowieso schon halb tot. Lass ihn kommen. Und wir drehen ihm einfach alle den Arsch zu. Dann soll er irgendwo für sich krepieren.«

Das finden schließlich alle okay.

Zorro ist immer noch fertig. Es gibt Sachen, die hält man eigentlich nicht aus. Er will nicht daran denken, was Opa für ihn gewesen ist. Wenn Zorro ehrlich ist: Er ist auch wegen Opa auf den Platz gekommen. Weil Opa wahrscheinlich so was wie ein Ersatz für Zorros Oma war. Einer, von dem er dachte, der will nicht nur seinen eigenen Vorteil. Nicht wie alle anderen, die immer nur über sich reden. Sondern der hat sich für die Probleme der anderen interessiert. Der war für dich da, wenn du ihn gebraucht hast. Und hatte immer den vollen Durchblick. Abgetrunken, wie der war.

Zorro und Joe fahren zur Laube. Zorro kann nicht aufhören, von den Nazis zu reden, von den KZs, den Gaskammern. Er muss sich vorstellen, wie Juden, Frauen, Männer, Kinder, vor einem Graben stehen. Nackt. Und ein Typ mit Geiernase in schwarzer SS-Uniform einen Menschen nach dem anderen erschießt. Und das geierhafte Gesicht des Typen wird immer älter. Bis er aussieht wie Opa Addi. Zorro zittert vor Hass auf den Alten. Vor Hass auf sich selber. Weil der Killer ihn so grausam verarschen konnte.

Es ist das dritte Mal, dass Joe und Zorro in der Laube sind und nicht miteinander schlafen.

[25]

Joe geht irgendwann. Sie fühlt sich mies. Weil sie Engel versteht. Auch wenn das mit Opa sie nicht so durcheinander bringt.

Am nächsten Tag nach der Schule ruft die Tante vom Jugendamt an. Joe kann tatsächlich sofort ein Apartment haben. Weil jemand wegen Drogen rausgeflogen ist aus dem Mutter-Kind-Projekt. Die Tante wiederholt noch mal: »Wegen Drogen.«

»Hab verstanden«, sagt Joe. Sie kann gleich hingehen, um sich alles anzusehen.

Das Projekt ist in einem Hinterhaus, nicht weit vom Landwehrkanal. Alles ist neu gestrichen. Hell. Sauber.

Die Frau vom Jugendamt heißt übrigens Iha. Den Namen hat ihr wohl die indische Heilige verpasst. »Kannst Du zu mir sagen«, meint die Tante. »Du und Iha.«

Das Apartment ist ziemlich klein. Im größeren Zimmer steht ein superschmales Bett und ein weißer IKEA-Lamellen-Schrank. Eine Tür von dem Schrank ist schief eingebaut. Lässt sich nicht zumachen. Im kleineren Zimmer ist ein weißes Gitterbett und eine Kommode mit geblümter Plaste-Auflage.

»Brauchst du ja erst mal noch nicht«, meint Iha. »Bist du dir auch ganz sicher?«

»Bin ich«, sagt Joe.

Sie gucken in die winzige Küche. Dann in das noch kleinere Duschbad. »Und? Sagt es dir zu?«, fragt Iha.

»Ja. Doch.« Joe versucht sich vorzustellen, hier zu leben. Denkt sich Poster an die Wände und Engel in das superschmale Bett. Beginnt zu strahlen. »Nee, gefällt mir bestimmt.« Sie kann schon morgen einziehen, wenn sie will.

Joe fährt zum Alex. Alle starren sie an. Alle starren auf ihren Bauch. Joe wird rot. Klar, Engel, der Spinner, hat gequatscht. Dabei wollte sie auch seinetwegen, dass es nicht gleich jeder weiß.

»Glückwunsch auch«, sagt Spasti. Maria nimmt sie in den Arm. »Ihr macht das schon«, meint er. »Da kann man als Tunte jedenfalls richtig neidisch werden.« Alle sind wahnsinnig nett. Und Zorro hat das superbreite Grinsen aufgesetzt.

Joe zieht Zorro zur Seite: »Dass du dein Maul nicht halten kannst. Spinner, Engel. Übrigens, morgen können wir einziehen.«

»Nicht in echt.«

»Doch. Allerdings gibt es da Regeln. Müssen wir noch drüber reden.«

»Was für Regeln denn?«

»Na ja, dass man zum Beispiel über Nacht keinen Besuch haben darf.«

»Ist ja total bescheuert.«

»Wir machen das schon.«

Die anderen umringen sie wieder. Joe fragt Maria: »Wirst du Patentante?«

»Cool«, sagt Maria.

Alle albern nur noch rum. Vor allem die Mädchen sind aufgedreht. Joe setzt sich auf den Brunnenrand. Genießt es, dass die Mädchen um sie rum stehen. Fühlt sich total akzeptiert.

Zorro zieht sich die Jacke aus. Sagt zu ihr: »Komm, setz dich besser drauf.« Joe macht es. Die Mädchen kichern. Zorro geht wieder zu den Jungs.

Am aufgedrehtesten ist Stöpsel, die sonst kaum die Zähne auseinander kriegt. Sie fragt Joe: »Merkt man eigentlich, wenn man geschwängert wird?«

Spasti kriegt einen Kicheranfall. »Klar. Da muss das Rohr supertief drin sein in dem Moment und regelrecht explodieren. Und du hast den Megaorgasmus.«

»Bei mir war es der Klapperstorch«, sagt Joe.

Stöpsel fragt: »Wieso habt ihr es eigentlich ohne Gummi gemacht?«

»Ey, wir waren schon verlobt.«

»Ich mach es nur mit Präser, auch wenn ich mit jemandem gehe. Ich will kein Kind«, meint Stöpsel.

»Ich auch nicht«, sagt Maria, der dazu gekommen ist.

Das Gekichere geht wieder los. Spasti meint: »Mit Gummi ist auch Scheiße. Dann ziehen sie ihn nicht rechtzeitig wieder raus. Weil sie dich noch küssen müssen und so. Und das Scheißding bleibt in der Möse hängen.«

»Echt?«, fragt Stöpsel. »Kennt ihr die Dinger mit dem fiesen Bananengeschmack?«

»Total eklig.«

»Erdbeer ist aber okay.«

»Außerdem wird der Schwanz wieder schlapp, bis du den drauf gefummelt hast«, sagt Spasti.

»Ihr redet nur Scheiße«, meint Joe. »Keine Ahnung von Tuten und Blasen, aber voll die Scheiße labern. Du musst den Gummi gleich mit dem Mund raufschieben. Kommt supercool.«

Das Gekichere hört auf. Alle wollen es genau wissen von Joe. Sie fragt, ob jemand einen dabei hat. Stöpsel holt eine Packung aus der Tasche. Sie hat immer welche dabei. Obwohl sie selten einen Typen an sich ranlässt.

Joe reißt die Packung auf. Nimmt einen Gummi zwischen die Lippen. Versucht, ihn über den Daumen zu kriegen. Muss losprusten. Weil die andern so gackern. Das Ding fällt in den Dreck. »Man muss jedenfalls die Lippen ganz nach innen stülpen«, kichert Joe.

»Damit hast du also Zorro klargemacht«, meint Spasti.

»Quatsch. Der versaute Typ hat es mir erst beigebracht. Alter Nuttentrick.« Joe merkt, dass sie rot wird. Schüttelt die Haare vors Gesicht. Plötzlich ist ihr alles megapeinlich. Zum Glück hat Engel nichts mitgekriegt.

Jemand steckt einen Joint an. Joe gibt ihn weiter, ohne zu ziehen. Bei der zweiten Runde nimmt sie doch einen Zug. Weil ihr die Show immer noch peinlich ist.

Zorro kommt angerannt. Nimmt ihr den Joint aus der Hand. Brüllt los: »Ist doch wohl nicht wahr.« Er nimmt die Tüte mit. Giert sich das Zeug rein. Typisch Engel.

Spasti hält ihn fest. »Asozial bist du gar nicht? Oder was?«

»Wenn ihr die werdende Mutter damit füttert.«

»Man kann es auch übertreiben«, meint Spasti.

[26]

Zorro kommt in den blitzblanken Hinterhof am Landwehrkanal. Alles ist so clean, dass es nur noch abtörnt. Er rechnet damit, dass gleich irgendeine Alte im schneeweißen Kittel aus der Tür kommt. Ihm sagt, er habe hier nichts zu suchen.

Er drückt den Klingelknopf links unten, wo noch kein Name dransteht. Hat Joe ihm gesagt. Es summt. Zorro drückt die Tür auf. Joe steht im Flur. Umarmt ihn. Zorro folgt ihr in das kleine Apartment. Es ist ihm sehr fremd. Zorro grinst unsicher. Er hat es sich anders vorgestellt. Wie Joe, der Kleine und er wohnen werden. Tierisch gemütlich sollte es jedenfalls sein. Mit einem Riesenbett.

»Ist doch ganz okay«, sagt Joe.

»Ja, klar«, meint Zorro.

»Wenn wir was an die Wand pinnen und vielleicht noch einen Fernseher kriegen.«

»Ja, klar. Und was hat deine Mutter gesagt?«

»Den ganzen Scheiß runtergelabert. ›Du machst dich unglücklich. Verpfuschst dein Leben. Hast niemanden, der eine Familie ernähren könnte.‹«

»Hast du ihr gesagt, dass dein Typ eine Familie ernähren kann?«

»Hab ich nicht. Ich hab gar nichts weiter gesagt. Dann meinte sie noch, ich soll ja nicht glauben, dass sie sich das alles auch noch aufbürdet.«

»Was hat denn deine Mutter mit unserem Kind zu tun?«

»Genau das habe ich auch gesagt. Und dass ich sowieso sofort ausziehe.«

»Und?«

»Da hat sie nur noch rumgeheult. Wie ich so verantwortungslos sein kann. Und dass ich ja nicht auf die Idee kommen soll, wieder vor der Tür zu stehen mit 'nem dicken Bauch oder einem Kind im Arm.«

»Dann bist du einfach los?«

»Sachen gepackt. Und ab. Und sie hat hinterhergeschrien, dass sie ab jetzt keine Tochter mehr hat.«

»Reichlich hysterisch. Die beruhigt sich auch wieder.«

Zorro nervt die schiefe Tür von dem IKEA-Schrank, die nicht richtig zugeht. Joe muss Werkzeug vom Hausmeister besorgen. Zorro schraubt die Tür richtig rein. Joe sieht ihm zu. Meint: »Du wirst noch mein perfekter Mann.«

Django junior inspiziert inzwischen das Apartment. Erst ängstlich, dann lustlos. Weil wahrscheinlich jede Ecke desinfiziert ist. Zorro greift sich Django junior, flüstert: »Ein bisschen gewöhnungsbedürftig, oder? Aber wir dürfen ja sowieso nicht einziehen.«

Joe sagt: »Es ist besser, du bleibst den ersten Tag nicht gleich zu lange.«

»Ach so. Aber ein Quickie ist vielleicht noch drin?« Zorro greift nach ihren Brüsten. Vielleicht etwas grob. Auch weil er sauer ist.

»Aua. Spinnst du?« Joe reißt seine Hände runter. »Schon mal was davon gehört, dass bei Schwangeren der Busen ziemlich empfindlich ist?«

»Tut mir Leid, Prinzessin. Komm, lass uns dein Bett einweihen.«

»Nee, nicht heute. Meine Betreuerin wollte auch noch vorbeikommen.«

»Fängt ja geil an mit unserer neuen Wohnung.«

»Wir müssen total vernünftig sein. Hast du mir versprochen.«

»Okay, okay. Wenn es vernünftig ist, dass wir nicht mehr miteinander schlafen, okay.«

»Spinner, Engel. Du bist auf ›einmal aussetzen‹ gekommen wegen Grobheit. Morgen komm ich zu dir.«

Zorro zieht einigermaßen mies gelaunt los. Aber vielleicht hat Joe ja auch Recht. Es ist eben nicht mehr wie vorher, wenn man die Verantwortung für ein Kind hat.

Als Zorro am Alex ankommt, kriegt er schon wieder gute Laune. Er hat sich das Ultraschallbild eingesteckt. Erst zeigt er es nur

Maria. Weil der schließlich Patentante werden soll. Mücke reißt Maria das Bild aus der Hand. Alle wollen ihn sehen. Den weißen, ausgefransten Fleck in dem schwarzen Kreis. Zorro erklärt und erklärt. »Das links, das wird der Kopf. Daneben, ja genau, der kleine Höcker, daraus wird ein Arm.« Die Mädchen müssen sich das Bild immer wieder ansehen.

Dann gucken alle plötzlich Richtung Bahnhof. Opa Addi. Er schiebt so ein Gestell vor sich her, an dem er sich festhält. Opa sieht original aus wie ein Geist.

»Guckt nicht hin«, sagt Spasti. »Keiner redet ein Wort.«

Sie drehen sich weg. Man hört das Quietschen des Wagens, den er schiebt. Seine Stimme. Die klingt eher wie ein Röcheln. »Hallo Kinder. Da bin ich noch mal. Abgehauen. Weil ich zu euch wollte.« Er scheint nicht zu begreifen. Er röchelt: »Hört ihr mich nicht? Bin ich denn schon tot?«

Alle stehen wie die Salzsäulen. Keiner sieht ihn an. Die Räder des Wagens beginnen wieder zu quietschen. Das Quietschen wird leiser. Bis es nicht mehr zu hören ist.

»Ich weiß nicht, ob das korrekt war«, sagt Maria. »Wir hätten mit ihm reden müssen. So war das brutal.«

»Ey, der ist ein Killer. Der hat Babys gekillt. Geht das rein in deine Birne?«, brüllt Spasti.

»Weil sie es ihm befohlen haben«, sagt Zorro. »Weißt du, wie viele Menschen Babys killen, wenn es ihnen befohlen wird? Achtzig Prozent wahrscheinlich.«

»Was ist denn mit dir los? Dass ausgerechnet du den verteidigst?«

»Weil es wahr ist«, sagt Zorro. »Ey, weißt du, wie viele Nazi-Killer nach dem Krieg Politiker geworden sind? Oder Bosse in der Wirtschaft? Und jede Menge Orden gekriegt haben. Wieso haben sie dann einen wie Opa in den Knast gesteckt?«

»Weil er es verdient hat.«

»Weil er kein cleverer Killer war. Weil er sich vielleicht einen Kopf gemacht hat. Später. Normal kriegen Massenmörder Orden. Opa ist Penner geworden.«

»Jetzt hör mal auf mit der Klugscheiße«, sagt Spasti. »Jedenfalls war er Nazi und hat Menschen umgebracht. So jemand hat ja wohl nichts hier zu suchen.«

»Ist ja in Ordnung. Ich will nur wissen, was los war. Damals«, sagt Zorro.

Der Alte ist nicht mehr zu sehen. Zorro latscht Richtung Bahnhof. Maria folgt ihm. Maria sagt: »Er stirbt sowieso.«

»Glaub ich nicht. So einer ist zäh.«

Sie sind im Bahnhof. Können ihn nicht entdecken. »Der ist garantiert einen trinken«, sagt Zorro.

Im Bierausschank ist irgendwas los. Die Alkis hängen nicht an den Stehtischen. Stehen daneben. Gucken auf den Boden. Zorro ahnt es. Dann sieht er ihn da liegen. Das Gesicht ist seltsam hellgrau. Er hat die Augen weit aufgerissen. Es ist, als starre er Zorro genau in die Pupillen.

Zwei Sanitäter kommen angerannt. Zorro dreht sich um.

»Meinst du, dass er tot ist?«, fragt Maria.

»Weiß nicht. Aber so einer ist zäh.«

Sie latschen langsam zum Brunnen zurück. »Es war nicht korrekt, was wir gemacht haben«, sagt Maria.

»Korrekt, korrekt«, meint Zorro. »Ist ja gar nicht sicher, dass er tot ist. Okay, ich hätte noch mal mit ihm geredet. So einer muss doch mehr wissen. Warum so viel irre Scheiße abläuft.«

»Die Scheiße hat ihn kaputtgemacht.«

»So einer hat nur nicht mehr gewusst, wer er selber ist.«

»Weißt du das?«

»Ey, vergiss den abgetrunkenen Typen. Ich hätte ihn eben nur noch ganz gern was gefragt.«

[27]

Joe weiß auch nicht genau, warum sie Engel regelrecht rausgeekelt hat. Sie musste plötzlich allein sein. Allein mit dem Kind. Sie stellt sich vor, dass es schon da ist. Schreit, gefüttert und gewindelt werden muss. Es macht ihr ein bisschen Angst. Weil sie nicht weiß, ob sie es schafft. Wenn Engel wieder mal nur an sich denkt. Ihre Brüste sind wirklich empfindlich geworden.

Sie hat nicht gedacht, dass sich alles so schnell verändert. Obwohl das Baby eigentlich erst ein paar Zellen groß ist.

Zehn Minuten nachdem Engel weg ist, hat sie schon wieder irre Sehnsucht nach ihm. Gehört wohl dazu, wenn man schwanger ist, dass die Launen wechseln.

Fast jeden späten Nachmittag treffen sich Joe und Zorro am Alex und fahren später zur Laube. Spielen oft ihr Spiel. Legen beide eine Hand auf Joes Bauch. Machen die Augen zu. Denken an das Kind. Erzählen sich, was sie denken.

Meistens redet Zorro über ihren Sohn. Weil er sich sicher ist, dass es ein Junge wird. Zorro sagt, dass er ihm später einen Ball schenkt. Sie dann in der Wohnung Fußball spielen. Eine Tür ist das Tor. Daddy steht im Tor. Der Kleine hat ein St.-Pauli-Trikot an, das ihm viel zu groß ist. Damit er nie HSV- oder Bayern- oder Hertha-Fan wird. Er schießt auf das Tor. Manchmal tritt er noch daneben. Manchmal lässt Daddy einen Ball absichtlich durch.

Joe liebt Engel wegen der Geschichten, die er erzählt. Wenn seine Hand auf ihrem Bauch liegt. Sie kann sich das Kind nur als Baby vorstellen. Wie sie es stillt zum Beispiel. Sie will es lange stillen. Wenn sie das erzählt, merkt man, dass Engel ein bisschen eifersüchtig wird. Dann sagt sie: »Es bleiben natürlich deine Titten. Bis in alle Ewigkeit. Aber ausleihen musst du sie schon an unseren Sohn.«

An manchen Nachmittagen kriegt Joe wieder diese Angst. Dann fragt sie Zorro, was mit der Lehrstelle wird. Er sagt, dass er ständig hinterher ist. Dass dieser eine Arsch vom Jugendamt es ihm aber nicht zutraut, dass er so eine Lehre durchhält. Weil der Arsch meint, auch arbeiten müsse man erst wieder lernen. Und ohne festen Wohnsitz gibt es sowieso keine Lehrstelle. Eine Wohnung wollen sie ihm noch nicht geben. Weil sie ihm eben nicht zutrauen, ein geregeltes Leben zu führen. »Musst dir trotzdem keine Sorgen machen. Ich pack das schon. Du weißt doch, dass ich ein Fighter bin«, sagt Zorro.

Und Joe meint: »Bist du.«

Komisch, vor allem in der Schule muss Joe immer mal wieder an Alex denken. Daran, dass er wahrscheinlich der biologische Vater ist.

Auf dem Platz ist Alex seltener. Wenn er da rumrollert, lächelt er mal verklemmt zu ihr rüber. Irgendwann muss Joe es ihm sagen. Er weiß wahrscheinlich sowieso, dass sie schwanger ist. Weil Spasti immer noch gelegentlich bei den Skatern abhängt. Dann trifft Joe ihn einmal zufällig, als er mit dem Brett unterm Arm vor ihr die Treppen vom U-Bahnhof hochgeht. Joe will ihn erst nicht anquatschen. Auch, weil sie nicht weiß, ob Zorro schon am Brunnen ist. Doch dann ruft sie ganz automatisch: »Hi, Alex.«

Der dreht sich um. Versucht zu lächeln. »Tag.«

»Wir müssten mal kurz was besprechen«, sagt Joe.

»Klar. Jetzt sofort?«

»Ist nicht dringend. Kann auch ein anderes Mal sein.«

»Ich geb 'ne Marzipantorte aus.«

»Okay. Treffen wir uns gleich in dem Rentner-Imbiss. Muss noch kurz wohin.«

Joe guckt, ob Zorro schon am Brunnen abhängt. Er ist noch nicht da. Trotzdem schleicht sie sich von hinten durch das Hotel ins Café.

Alex macht auf cool. »Und, wie läuft's?«, fragt er blöde.

»Was soll laufen? Bei dir alles okay?«

»Scheißschule.«

»Wem sagst du das.«

»Marzipantorte?«

»Nee. Käse-Sahne. Und 'n Cappuccino.«

Alex bestellt für sich auch Käse-Sahne und Cappuccino. Sie schweigen sich an. Er pellt einen Zahnstocher aus dem Papier. Steckt ihn zwischen die Lippen. Bewegt ihn zwischen den Mundwinkeln hin und her. Soll wohl obercool aussehen. Schließlich sagt er: »Und du wirst Mutter?«

»Hat sich also auch schon bis zu dir rumgesprochen.«

»Ja, Glückwunsch auch.«

Sie reden wieder lange nichts. Dann fragt Alex: »Welcher Monat?« Der Zahnstocher fällt ihm dabei aus dem Mund.

»Dritter.«

»Ach so.«

»Kannst ruhig zurückrechnen.«

»Du meinst?«

»Meine ich.«

»Bist du sicher?«

»So gut wie.«

»Warum sagst du mir das erst jetzt?«

»Hättest dich ja auch mal erkundigen können.«

»Ja, ich wusste ja nun nicht. Du bist mir immer irgendwie aus dem Weg gegangen.«

»Ist ja auch nicht weiter tragisch. Ich dachte nur, dass du es wissen sollst.«

»Ja, klar. Und ich steh auch gerade dafür, wenn es wirklich so ist. Ich weiß, es war Scheiße. Weil ich so zu war. Aber verknallt war ich in dich.«

»Ich hab mich doch ins Koma gesoffen. Brauchst keinen Moralischen zu haben. So eine Gelegenheit lässt doch kein Typ aus.«

Die Kellnerin knallt den Cappuccino auf den Tisch.

»Ich bin normal wirklich nicht so«, sagt Alex. »Zu viel Koks.«

»Ich will nur wissen, ob du den Kollegen auch noch rangelassen hast. Hab nämlich keine Erinnerung.«

Alex guckt sie nicht an. »Auf keinen Fall. Ich schwöre.«

»Und das weißt du sicher?«

»Ja, natürlich. Ich meine, es war mein Traum, mit dir zu schlafen. Und dann ist es so gekommen.«

»Einfach Scheiße gelaufen«, sagt Joe.

»Hasst du mich dafür?«

»Glaub nicht. Höchstens mich selber. Aber auch nicht wirklich. Müsste ja das Kind hassen.«

»Du bist so was von cool, ey. Jedenfalls übernehme ich natürlich die volle Verantwortung. Und wenn ich was für dich tun kann ...«

»Nicht nötig.«

»Du willst mit Zorro zusammenbleiben?«

»Hab ich vor.«

»Aber, wie gesagt.«

»Danke. Ich dachte nur, es ist fair, wenn du es weißt. Und ich wollte nur wissen, ob du wirklich kein Arschloch bist.«

»Bin ich?«

»Glaub nicht. Mein Kind soll nicht von einem Arschloch abstammen.«

»Ich übernehme wirklich die volle Verantwortung. Wenn ich der Vater bin.«

»Sein Daddy ist sowieso Zorro.«

Der Kuchen kommt. Sie essen den Kuchen. Sagen nichts mehr. Alex sieht Joe manchmal an. Während er den Kuchen kaut. Joe schafft die Torte nicht. Weil ihr wieder ein bisschen schlecht ist. Eigentlich war ihr schon lange nicht mehr schlecht. Sie sagt, dass sie los muss. Bedankt sich für den Cappuccino und den Kuchen.

Zorro ist immer noch nicht am Brunnen. Joe bittet Maria, Zorro zu sagen, dass ihr schlecht ist und sie sich noch auf die Mathearbeit vorbereiten muss. Zorro soll nicht böse sein. Sie ist morgen schon um zwei am Brunnen.

Joe denkt nicht oft an Alex. An diese Nacht. Jetzt muss sie natürlich nur daran denken. Sie versucht, all die komischen Gefühle wegzustecken. Alles ganz nüchtern zu sehen. Dieser biologische Vater sieht erst mal nicht schlecht aus. Wahrscheinlich hat er auch was in der Birne. Und Kohle. Falls mal was ist.

Eins aber ist echt abartig. Wenn Engel nicht wäre, würde sie dieses Kind nie kriegen. Man muss zugeben, dass die Geschichte ziemlich irre ist. Mama kann man die nie verständlich machen, denn dazu müsste man erklären, warum man einen Typen wie Engel so irre liebt.

Auf dem nächsten Ultraschallbild sind die Arme und Beine schon deutlich zu erkennen. Zorro hat eine Lupe aufgetrieben. Um endlich rauszukriegen, ob es wirklich ein Junge ist. »Ich würde mich über eine Tochter bestimmt genauso freuen«, sagt er. »Aber ich weiß, dass es ein Junge ist. Ich hab auch schon einen Namen.«

»Bestimmt irgendwas Spinnermäßiges.«

»David.«

»Geht so.«

»Nach dem alten David. Der war ziemlich klein. Hatte nur eine Steinschleuder oder so was und hat einen Riesen damit weggehauen. War ein echter Fighter.«

»Dann darf ich aber den zweiten Namen bestimmen.«

»Hab ich auch schon. Che. Kennst du den?«

»Ey, wieso soll ich den nicht kennen? Che Guevara.«

»Der größte Loser aller Zeiten.«

»Wieso denn das? Der hat doch mit Castro und noch ein paar Mann Kuba erobert. Gegen eine ganze Armee von einem Diktator. Wir hatten einen Lehrer, der hat ständig davon gequatscht.«

»Okay, dann hätte Che der große Boss sein können wie Castro. Palast, Frauen, Steaks und Champagner morgens und abends. Hat ihn aber nicht angetörnt. Weil er wusste, dass man automatisch hirnkrank wird, wenn man nur noch Boss ist und keiner dir sagt, wenn du Scheiße machst. Che ist deswegen wieder mit ein paar Mann in den Urwald nach Bolivien gezogen, um Revolution zu machen. Da haben sie ihn ermordet.«

»Wieso soll unser Sohn nach einem Loser heißen?«

»Weil der alte David schon genug gewonnen hat. Und weil Che eben der größte Loser aller Zeiten ist.«

»Einigermaßen kompliziert für einen Vornamen. Weiß doch kein Mensch, wieso unser Sohn so komisch heißt. David meinetwegen.«

»Kein Problem. Du nennst ihn David. Ich David Che. Und später kann er sich das selber aussuchen. Jedenfalls soll er sich nie was gefallen lassen. Wie David und Che.«

»Vielleicht wird es ja doch ein Mädchen.«

Als Joe an einem der letzten warmen Tage auf den Alex kommt, hat Zorro sein bedeutungsvolles Grinsen aufgesetzt. »Ist was?«, fragt Joe.

»Nicht wirklich«, sagt Zorro. »Nur, dass ich Montag anfange zu arbeiten.«

»Echt? Cool. Hast 'ne Lehrstelle?«

»Nicht direkt. Ich muss erst diesen Kurs machen. Arbeiten und Disziplin lernen.«

»Find ich stark, dass du es trotzdem machst.«

»Wenn ich damit durch bin, krieg ich die Wohnung. Jedenfalls haben wir eine richtige eigene Wohnung, wenn David Che kommt. In der man auch ficken darf.«

Joe hat sowieso immer seltener Angst. Es geht ihr eigentlich unheimlich gut. Ihr ist nicht mehr schlecht. Den obersten Knopf der Jeans muss sie offen lassen. Aber das kann auch vom vielen Fressen kommen. Obwohl Engel meint, dass er schon die Herztöne hört und dass er spürt, wie David Che sich bewegt. Typisch der Spinner Engel. Dabei hat er eigentlich schon alles über Schwangerschaft und Geburt gelesen. Weiß mehr, als Joe bisher beim Kurs im Projekt gelernt hat.

In den nächsten Wochen kommt Zorro immer erst spät auf den Alex. Weil er zur Arbeit geht. Oder Joe fährt direkt in seine Hütte. Aber da wird es immer ungemütlicher, je näher der Winter kommt. Und Zorro ist immer mieser drauf. Wegen der Arbeit wahrscheinlich.

Joe versucht rauszukriegen, was da abläuft. Aber Zorro redet nicht viel darüber. Erzählt nur, dass er mauern muss. Bewerbungen übt. Lernt, immer Ja und Amen zu sagen. »Die bringen dir bei, im eigenen Schleim zu ersaufen«, sagt er. »Hör bloß auf mit der Scheiße, echt.« Legt die Hand auf ihren Bauch. Nimmt Joes

Hand. Legt sie auch auf den Bauch. Sagt: »Jetzt erzähl mir lieber was von David Che.«

Zwei Tage später steht Zorro schon mittags vor Joes Tür. Sie bekommt sofort wieder diese Angst. Weil er sie so komisch in den Arm nimmt. »Du hast Scheiße gebaut«, sagt Joe.

»Kann man so nennen.«

»Dir ist jemand von der Seite gekommen.«

»So ungefähr. Ich hab denen die Scheiße vor die Füße geschmissen.«

»Das ist nicht wahr.«

»Mann, du kannst es dir nicht vorstellen. Ich musste mal wieder 'ne Mauer hochziehen.«

»Machst du doch mit links, hast du gesagt.«

»Ey, der Alte, dieses Arschgesicht von Ausbilder, steht ständig mit dem Zentimetermaß und der Wasserwaage hinter dir. Ich war schon fast fertig heute. Der legt die Wasserwaage an. Ey, es ging höchstens um Millimeter. Hätte ich locker mit der nächsten Schicht ausgeglichen. Meint der zu mir: ›Da fangen wir lieber noch mal von vorne an. Baust du Stein für Stein ab. Machst jeden Stein ordentlich sauber. Wäre doch gelacht, wenn wir dir nicht beibringen, 'ne Mauer gerade hochzuziehen.‹«

»Lass ihn doch. Wie du deine Zeit da rumkriegst, kann dir doch egal sein.«

»Ey, und dazu dann immer diese Sprüche: ›Was Hänschen nicht lernt, lernt Hans nimmermehr.‹ Und immer wieder diese Mauer hochmörteln. Nicht, dass du Maurer lernen sollst, nee, Stumpfsinn sollst du lernen. Dich restlos verblöden wollen sie. Dir beibringen, dich ohne Ende verarschen zu lassen. Dass du nie mehr das Maul aufmachst. Reiß die Mauer ab. Bau sie wieder auf. Folter noch schnell den Typen da. Dann killst du ihn. Klar, Chef, mach ich. Ey, die basteln dich zum Zombie um. Wenn du in dem Kurs warst, weißt du, wie die Welt funktioniert. Warum du Menschen auch dazu kriegst, Babys zu killen.«

»Du übertreibst mal wieder. Es geht doch nur darum, dass du den Schein kriegst wegen der Wohnung und der Lehre.«

»Ich besorg eine Wohnung. Verlass dich drauf. Aber nicht auf die Tour.«

»Ich weiß nicht, Engel. Ich meine, ich verstehe das. Aber vielleicht ist es besser, du gehst morgen doch wieder hin. Sagst, du hast es dir überlegt. Und baust die Scheißmauer eben noch mal. Schule ist schließlich auch nicht anders.«

»Mann, ich hab einen Tritt gegen diese Scheißmauer gesetzt. So habe ich noch nie zugetreten.«

»Ja und?«

»Die ist umgefallen.«

»Solltest sie doch sowieso neu machen.«

»Paar Teile sind dem Wichser wohl auf den Fuß gefallen. Um die Sache richtig fett zu machen, hat der sich gleich ins Krankenhaus fahren lassen. 'ne Anzeige wegen Körperverletzung soll ich auch kriegen.«

»Stecken wir also wieder ziemlich tief in der Scheiße.«

»Ey, Prinzessin, ich wollte das nicht. Wochenlang habe ich das Maul nicht aufgerissen. Vielleicht bin ich eben doch nur ein Flachwichser.«

»Bist du garantiert nicht. Engel, ich will doch eigentlich, dass du gegen diese Scheißmauer trittst. Dass die Teile jedem Wichser auf die Füße fallen, der versucht, dich klein zu kriegen. Weil du der Größte bist und bleibst. Es ist nur wegen David.«

»Musst dir keine Sorgen machen. Echt nicht. Weil ich ein Fighter bin. Ich fighte für dich und David Che.«

Auf dem Alex sind kaum noch Leute. Weil das Wetter mies ist. Sich die Leute im Winter sowieso verändern. Weil du Sehnsucht kriegst nach warmer Wohnstube und kuscheligem Bett.

Maria läuft nicht mehr in Fummeln rum, sondern in engen Jeans. Weil er drauf gekommen ist, dass er wahrscheinlich doch nur eine ganz normale Tunte ist. Er wohnt wieder zu Hause. Hat einen festen Freund, der nicht auf Fummel steht.

Spasti hat umgefärbt. Nicht mehr das einmalige Rosa, sondern ein stinknormales Rot. Sie kommt nur noch ab und zu am Brunnen vorbei. Rührt keinen Strohrum mehr an. Will wohl nicht sitzen bleiben. Später unbedingt Archäologie studieren. Asi ist nie wieder aufgetaucht.

Nur Zorro hängt öfter noch auf dem Alex ab, seit er aus dem Kurs geflogen ist. In seiner Hütte ist es auch nicht wärmer als am Brunnen.

Manchmal wartet er vor dem Krankenhaus. Wie an diesem Tag.

Joe kommt von der Untersuchung. Zorro rennt ihr entgegen. Fragt gleich: »Hast du das Bild?«

»Hab ich.«

»Kann man was erkennen?«

»Guck doch selber.«

Sie hält Zorro das Ultraschallbild unter die Nase. Zorro reißt es ihr aus der Hand. Hält es noch dichter vor die Augen. Starrt unendlich lange auf das Bild. Meint schließlich: »Ich kann nichts erkennen.«

»Bist du blind? Der Fleck, wo die Beine anfangen.«

»Sicher?«

»Sagt die Ärztin.«

»David Che? Ich hatte gerade über einen Mädchennamen nachgedacht.«

Zorro nimmt Joe in den Arm. »Ich hätte mich garantiert genauso gefreut, wenn's ein Mädchen wäre. Ich hab nur immer gewusst, dass es David Che ist in deinem Bauch. Nur vorhin habe ich plötzlich gedacht, dass es doch ein Mädchen ist.«

»Fahren wir in die Hütte?«

»Auf keinen Fall, Prinzessin. Es ist arschkalt da. Du fängst dir nur was ein bei dem Scheißwetter.«

»Ich möchte, dass wir eine Wohnung haben.«

»Haben wir bald.«

»Wirklich?«

»Klaro. Kann ich heut mal mit zu dir?«

»Aber nicht zu lange. Diese Iha hat wegen vorgestern schon wieder solche Andeutungen gemacht. Dass der ständige Kontakt zu dir die Entscheidung, ob ich David behalten darf, nicht gerade positiv beeinflusst.«

»Fotze.«

Im Apartment muss Zorro sofort die Hand auf Joes Bauch legen. Der ist schon ziemlich rund. »Merkst du, wie er rumturnt?«, fragt Joe.

»Wollte ich gerade sagen. Er hat sich bewegt.« Zorro grinst unheimlich happy.

»Manchmal denke ich, dass wir es nicht schaffen. Jetzt zum Beispiel.«

»So was darfst du nicht denken. Weil David Che spürt, wenn du so was denkst. Er soll vor nichts Angst haben.«

»Er kann auch schon hören.«

»Weiß ich.«

Joe legt die Hand auch auf ihren Bauch. »Ey, David, musst dich nicht fürchten. Dein Daddy sorgt für uns.«

»Hundertpro.«

Joe denkt wieder, dass bestimmt alles gut wird. Weil Engel stark ist, wenn es drauf ankommt.

Zorro bleibt über Nacht. Morgens klingelt es. Iha steht vor der Tür. Fragt Joe: »Ist er da? Musst gar nicht erst groß rumreden. Ich weiß es.«

»Und? Vielleicht kannst du ja mal ein Auge zudrücken. So oft ist es ja nicht.«

»Ich werde auch dafür bezahlt, auf sinnvolle Vorschriften zu achten. Ich muss dir jedenfalls einen Verweis erteilen. Im Wiederholungsfall werden wir darüber beraten, ob du bleiben kannst.«

»Sonst setzt ihr mich auf die Straße. Oder was?«

»Nein, es geht darum, ob ein Projektplatz außerhalb Berlins nicht sehr viel günstiger für deine Entwicklung wäre.«

»Ihr wollt mich nur von Zorro trennen.«

»Zum Beispiel.«

»Sind wir eigentlich im Mittelalter? Oder wie?«

»Kind, dieser Mann strömt so viel negative Energie aus. Ich spüre es bis hier. Deshalb weiß ich auch, dass er da ist. Joe, diese negative Energie verstopft deine Shakren.«

»Häh?«, fragt Joe.

»Deine eigene Energie kann nicht mehr strömen.«

»Was ist denn das für 'n Film jetzt? Ein indianischer oder indischer oder was? Zeugen Jehovas?«

»Ich will dich nicht beeinflussen, aber ich hab dir was mitgebracht.« Iha gibt ihr ein postkartengroßes Bild von dieser indischen Frau. Das gleiche, das auch auf Ihas Schreibtisch steht. Sie meint: »Stell das auf. Dann setzt du dich ganz entspannt hin und siehst sie an. Guckst nur in ihre wunderbaren Augen. Du wirst merken, wie die Energie wieder anfängt zu strömen. Von unten.« Sie zeigt auf ihren Schritt. »Bis hier.« Sie tippt sich albern mit dem Finger auf den Kopf.

Joe sagt nur: »Ach so.«

»Vielleicht hilft dir das zu der Einsicht, dass du endlich zu dir selber finden musst.«

Iha gibt Joe einen graublauen Brief. »Hat auch sein Gutes, dass er da ist. Er muss hier unterschreiben.«

»Was ist denn das nun wieder?«

»Die Polizei ist schon seit Wochen hinter deinem Verlobten her. Weil er wohl keinen Wohnsitz hat. Das kommt jetzt übers Jugendamt. Lass ihn unterschreiben. Und dann ist es wirklich besser, er geht. Bevor jemand Anzeige wegen Hausfriedensbruchs macht.«

Joe bringt Zorro den Schrieb ins Zimmer. Will wissen, was das ist.

»Ach, nur 'ne Scheißvorladung. Ist erst nächsten Monat.«

Joe bringt Iha den Schrieb mit der Unterschrift. Iha sagt: »Jetzt weißt du Bescheid. Wirf deine Zukunft nicht an einen Kriminellen weg. Mit der großen Mutter gehst du den richtigen Weg.«

»Wieso Mutter?«

»Die Mutter aller Mütter. Ihr Bild wird dir helfen. Wenn du willst, arbeite ich auch auf dir.«

Joe fragt wieder: »Häh?«

Am Abend starrt sie dann auf dieses Bild von der Inderin. Neugierig ist sie doch. Diese alte Inderin ist wirklich sehr hässlich. Ihre Augen sind kalt wie 'n Eisfach. Sie sieht immer böser aus. Je länger man auf ihr Bild guckt. Joe träumt, dass Iha diese hässliche alte Frau anschleppt. Dass die David aus dem Bauch reißt. Höhnisch lacht. David strampelt. Wehrt sich.

Joe steckt das Bild unter die Schlüpfer im Schrank.

[28]

Zorro hat die Vorladung in die Tasche geknüllt. Er hört, wie Django junior sich in das Papier frisst. Die Vorstellung, dass Django junior dieses Bullenpapier zerfetzt, gefällt Zorro.

Es ist einer der ersten schönen Frühlingstage. Die Amseln singen schon wieder. Deshalb hat Zorro sowieso ziemlich gute Laune. Bis er in das Bullenrevier geht. Sobald er so ein Bullenrevier nur von innen riecht, steigt der Hass hoch.

Zivilbullen kommen ihm entgegen. Verfettete, fleischrosa Gesichter. Lederjacken. Den quadratischen Bart um den Mund. Die Hände in den Lederjacken. Die nach außen gestellten Füße mit Schnallenschuhen. Der lauernde Blick aus Schweinsaugen. Zorro muss sie gar nicht weiter ansehen. Weil er sie sich vorstellen kann.

Zorro schiebt den angefressenen Wisch in den Glaskasten am Eingang. »Was ist denn das?«, fragt der Pförtnerbulle und hält den zerfressenen Wisch hoch.

»Rattenfutter«, sagt Zorro.

Der Bulle schiebt die Vorladung zurück durch den Schlitz. »Den Flur links, Zimmer 23 b. Warten Sie davor, bis Sie aufgerufen werden.«

Zorro steht vor 23 b. Spielt mit Django junior. Das bringt runter vom Hass. Die Tür 23 b geht auf. Einer von den Typen mit quadratischem Bart winkt ihn rein, ohne ihn anzusehen. Bullen gucken dir nie ins Gesicht.

Am Schreibtisch sitzt noch einer. Ohne Bart. Der ist sogar ziemlich mager. Der Magere macht die Handbewegung, dass Zorro auf einem Holzstuhl Platz nehmen soll. Von der Sitzfläche ist der gelbliche Lack runtergescheuert. Der Stuhl ist nur noch schmierig grau. So viele Ärsche sind auf diesem Stuhl schon nervös rumgerutscht.

Der Dünne sagt: »Kriegen wir Sie ja tatsächlich doch mal zu Gesicht. Seit einem Vierteljahr sind wir hinter Ihnen her.«

»Ist ja wohl nicht meine Schuld.«

»Weil Sie keinen festen Wohnsitz haben.«

»Muss man das?«

»Muss man nicht«, sagt der mit dem quadratischen Bart. »Allerdings hätte da schon nach Ihrer letzten Straftat ein Haftbefehl erlassen werden müssen.«

»Ich war krank.«

»In psychiatrischer Behandlung«, sagt der Dünne. »Weil Sie ganz offensichtlich eine Gefahr für sich und andere sind.«

Zorro denkt an Joe, an David Che. Er darf denen jetzt nicht an den Hals gehen. Er muss cool bleiben. »Ich hatte Megastress damals mit meiner Verlobten.«

»Und Beziehungsprobleme löst man, indem man eine andere Person grundlos krankenhausreif schlägt?«, fragt der Bartlose.

»Es war eine Ausnahmesituation oder so. Das kann das Krankenhaus bescheinigen.«

»Und der tätliche Angriff auf einen Polizeibeamten? Der Kollege musste eine Woche dienstunfähig geschrieben werden.«

»War ein Unfall. Ohne Brille bin ich blind. Kann ich auch ein Attest bringen.«

»Aha«, meint der Bärtige und guckt irgendwohin, an Zorro vorbei. »Die Körperverletzung an Ihrem Ausbilder: Ausnahmesituation oder Zufall? Und dann die Bewährung, die noch offen ist.«

»Ich steh ja gerade dafür.« Zorro ahnt plötzlich, auf was die raus wollen.

»Sehr großzügig«, sagt der Bärtige.

Der Dünne meint: »Wir rechnen es Ihnen an, dass Sie sich heute freiwillig gestellt haben.«

»Wieso gestellt?«

»Weil wir Sie erst mal hier behalten müssen bei der Vielfalt und Schwere der Delikte. Und kein fester Wohnsitz.«

»Das können Sie nicht machen.«

»Wir müssen. Weil auch wegen der Bewährung mit einer längeren Haftstrafe zu rechnen ist.«

»Das geht nicht. Ich werde Vater. Ich krieg gerade einen Job und eine Wohnung.«

»Dumm gelaufen«, meint der Bärtige.

Zorro zieht das Ultraschallbild aus der Tasche. Hält es dem Bullen vor die Nase. »Ey, das ist mein Sohn. Nächsten Monat wird er geboren.«

»Hübsches Kind«, sagt der Bärtige.

Zorro springt auf. In seinem Hirn ist kein Blut mehr oder zu viel. Denken kann er sowieso nicht mehr. Alles in ihm will nur noch auf diesen quadratischen Bart schlagen. Diesen Typen in den Boden rammen. Er lässt sich nicht einsperren. Und Joe steht allein da. Und David Che.

Der Bartlose meint: »Nun beruhigen Sie sich mal. Es ist nur eine vorläufige Festnahme. Entscheiden wird der Haftrichter morgen.«

Der Bärtige hat sich in der Tür aufgebaut. Man merkt, dass er Action will. Zorro steht vornübergebeugt. Die Arme pendeln.

Der Dünne ist auch aufgestanden. »Beruhigen Sie sich mal wieder.«

Der Dicke sagt: »Du setzt dich besser ganz schnell wieder hin. Und legst die Arme auf den Rücken.« Das Gesicht des Bärtigen ist schweißig und rot.

Zorro springt ab. Rammt dem Dicken den Ellenbogen ans Kinn. Ungefähr da, wo der quadratische Bart ist. Der Dicke fliegt gegen die Wand.

Zorro reißt die Tür auf. Rennt den Flur runter. Guckt sich um. Sieht den Bärtigen knien, eine Pistole in der Hand. Neben ihm der Dünne, der die Pistole runterdrückt. Eine Sirene geht los. Aus allen Zimmern kommen Bullen. Zorro läuft den Flur zurück. Der Dicke kniet immer noch. Blut im roten Gesicht, auf dem quadratischen Bart. Der Dünne hat die Pistole, hebt sie aber nicht. Brüllt nur: »Geben Sie auf. Sie haben keine Chance.«

Zorro rennt an ihm vorbei ins Zimmer. Ein Fenster ist halb geöffnet. Zorro springt, die Beine angezogen, die Arme vor dem Gesicht. Glas splittert. Er scheint unendlich lange zu fliegen. Landet gehockt im Gras. Fällt auf den Rücken. Glaubt einen Moment, dass er vielleicht tot ist oder gelähmt oder so. Ein Knie tut weh. Es ist immer dasselbe Knie. Waren nicht mal zwei Meter, die er runtergesprungen ist.

Der Lange beugt sich aus dem Fenster. »Bleiben Sie stehen. Machen Sie nicht alles noch schlimmer«, brüllt er beinahe freundschaftlich.

Zorro steht auf. Humpelt los. Ist nicht weiter schlimm mit dem Knie. Ein Bus hält auf der anderen Straßenseite. Der Fahrer wartet sogar auf Zorro. An der nächsten Haltestelle steigt Zorro wieder aus. Humpelt kreuz und quer durch ein gammeliges Viertel mit abgewrackten Fabriken, bis er einen U-Bahnhof findet. Er löst eine Tageskarte. Hat er noch nie gemacht. Aber Ärger mit Kontrolleuren ist das Letzte, was er jetzt brauchen kann.

Er fährt mit der U-Bahn und der S-Bahn kreuz und quer durch Berlin. Bis er plötzlich auf dem Bahnhof Kottbusser Tor steht. Er weiß auch nicht genau, warum. Er geht die Treppen runter. Es gibt keinen elenderen Platz auf der Welt als den am Kottbusser Tor. Deshalb hängen hier die abgefucktesten Junkies rum.

Zorro kauft sich für zu viel Geld einen mageren Cocktail zusammen. Es ist wirklich nicht viel. Nachdem er ihn drin hat, versinkt der ganze Horror im Nebel. Er muss sogar in sich rein grinsen. Weil so ein Check auf einen quadratischen Bullenbart gut tut. Zorro glaubt nicht, dass sie gleich eine Großfahndung starten. Die werden heute noch wie wild nach ihm suchen. Dafür sorgt der Dicke. Morgen haben die dann schon wieder Besseres zu tun.

Er ruft Joe aus einer Telefonzelle an, um ihr zu sagen, dass er heute nicht kommen kann. Nein, nichts Besonderes. Er erklärt ihr alles morgen. Bei den Bullen? Die übliche Scheiße. Also, heute kann er nicht. Weil es um einen Job geht.

Nach dem Telefongespräch ist Zorro ziemlich schlecht drauf. Weil er Joe wieder mal angelogen hat. Aber er kann ihr jetzt nicht sagen, dass sie ihn in den Knast stecken wollen. Das würde sie total depressiv machen. Und David Che kriegt alles mit. Erfährt die ganze Scheiße schon in Joes Bauch.

Zorro erzählt auch in den nächsten Tagen nicht, was bei den Bullen los war. Er geht nicht mehr auf den Alex. Denn da suchen sie ihn natürlich zuerst. Bis sie ihn vergessen haben. Er sagt Joe, dass er nicht mehr auf den Alex will. Weil er die Sauferei und Rumhängerei satt hat. Dass er nur noch einen Job sucht. Wenn man einmal damit anfängt, muss man eben endlos lügen.

Manchmal glaubt Joe ihm. Nachdem sie miteinander geschlafen haben zum Beispiel. Aber als er das nächste Mal zu ihr kommt, ist sie total verheult. Sagt, dass sie wieder diese Angst hat. Dass sie das Gelabere von der Jobsuche nicht mehr hören kann. Dass sie ihr das Kind sowieso wegnehmen. Weil David ja auch nicht in einer vergammelten Laube aufwachsen kann.

Zorro legt dann die Hand auf ihren Bauch. Fühlt die Tritte von David Che. Sagt: »Ey, der fightet. Er will nicht, dass du rumheulst.« Zorro redet dann lange mit David Che. Erklärt ihm, er soll sich keine Sorgen machen. Weil sein Daddy auch ein Fighter ist. Dass er ihn bald auf den großen Berg trägt, damit er gleich sieht, wie lächerlich klein die Welt ist. Danach wird er vor nichts mehr Angst haben. Weil er von diesem Berg auf all diese Winzlinge runtergeguckt hat. Die von da oben nicht mal ein Fliegenschiss sind.

Joe beruhigt sich, wenn er mit David Che redet. Kriecht in Zorros Arme.

Zorro will nicht, dass Joe weiter in die Laube kommt. Weil es da nach Moder stinkt. Das Wasser ist auch abgestellt. Joe soll sowieso vorsichtig sein. Weil die Ärztin gemeint hat, dass David Che zu früh kommen könnte.

Zorro fährt häufiger zu Joes Apartment. Aber erst, wenn es dunkel ist. Hinter den Müllcontainern hat er eine Kiste versteckt. Er wirft Steinchen gegen das Fenster. Joe öffnet es. Und Zorro zieht sich von der Kiste ins Zimmer hoch.

Nachmittags ist Zorro meistens mit Maria zusammen. Sie denken sich Jokes aus. Sind ein ziemlich geniales Team. Und es ist eine ziemlich geniale Beschäftigung, aus all der Scheiße, die passiert, Witze zu machen. Die besten Dinger schicken sie ab. Einen ganzen Stapel an Harald Schmidt. Einen an Stefan Raab von »TV total«. Eine alte Idee von Zorro eigentlich, mit der er ja schon bei seinen Eltern rumgesponnen hat.

Wenn sie mal wieder ein paar richtig gute Dinger zusammengesponnen haben, stellen sie sich vor, Harald Schmidt und Stefan Raab überbieten sich gegenseitig mit Angeboten. Weil beide Zorro und Maria in ihrer Mannschaft haben wollen.

Noch ist keine Antwort gekommen. Zorro meint, dass es wahrscheinlich verdammt viel Neid und Konkurrenz in so einer TV-Crew gibt und es gut möglich ist, dass Harald Schmidt oder Stefan Raab ihre Gags gar nicht zu Gesicht bekommen. Weil es in solchen Teams auch nicht unbedingt cool abläuft, sondern so beschissen wie überall.

Joe erzählt er alles erst, als sie die ersten Packen weggeschickt haben. Sie jubelt nicht gleich los. Aber sie traut ihm das zu, sagt sie. Logisch. Andererseits könne David nicht in ihrem Bauch warten, bis ein gewisser Engel als Gag-Schreiber entdeckt worden ist. Sie meint, es sei besser, wenn Engel sich um einen richtigen Job kümmert. Sicherheitshalber wenigstens.

Manchmal ist es schwierig mit Joe. Wenn Leute ständig von Job und Geld labern, kriegt Zorro sowieso zu viel. Gut, dass David Che noch da ist, mit dem er dann quatschen kann. Und Joe wieder die alte Joe wird, wenn er die Hand auf ihren Bauch legt, und sie sicher ist, dass er ein guter Daddy sein wird.

Zorro steigt wieder aus dem Fenster, bevor es hell wird. Fährt mit der ersten Bahn zu seiner Hütte.

Als er sich eines Morgens in der Laube gerade noch mal aufs Ohr gelegt hat, weckt ihn Motorenlärm. Er guckt raus. Ein Bagger wälzt den Zaun vom Kleingarten gegenüber platt. Zieht eine tiefe Spur durch das Blumenbeet. Die Schaufeln des Baggers beißen sich in das Dach der Laube. Heben es hoch. Reißen es runter. Es ist, als ob das berstende Holz brüllt und der Motor des Baggers gierig aufheult. Der Mann in dem Bagger hört es nicht. Er hat Plastikwülste über den Ohren und ein müdes Gesicht unter dem roten Helm.

Die Schaufel drückt gegen die dachlose Laube. Die Wände krümmen sich. Die Schaufel presst von oben die gekrümmten Wände zu einem kleinen Trümmerhaufen.

Es war die Laube mit all dem gedrechselten und geschnitzten Schnickschnack und dem Garten mit den schmalen, schnurgeraden, weißen Kieswegen und dem Kräuterbeet mit Namensschildern vor jedem Kraut. Zorro hat manchmal davor gestanden und sich gefragt, wie viele tausend Stunden die da an der Laube und im Garten rumgebastelt haben. Total sinnlos. Wie sinnlos, das muss denen erst der Bagger beweisen. In ein paar Minuten hat der alles platt gemacht.

Es ist wie Krieg, denkt Zorro. Er kommt gar nicht auf den Gedanken, Aufstand zu machen. Steckt Django in den Reisekäfig. Packt ein paar Sachen zusammen. Die Bücher muss er dalassen, bis auf den »Fänger im Roggen«.

Der Bagger walzt schon die Obstbäume vor seiner Hütte nieder. Zorro geht. Er sieht sich noch einmal um. Die Zähne der Baggerschaufel beißen sich gerade in den kleinen Balkon. Die Amsel fliegt zeternd um den Bagger herum. Wahrscheinlich will sie ihr Nest verteidigen. Amseln sind totale Fighter. Sie gehen sogar auf Katzen los, wenn die ihren Jungen zu nahe kommen.

Zorro fährt zu Maria. Der hat immer noch keine Nachricht von Harald Schmidt oder Stefan Raab. Zorro kann wenigstens seinen Kram bei Maria lassen. Joe erzählt er nichts.

Er schläft wieder auf dem Friedhof oder bei Joe. Die will, dass er da ist. Sie hat aber auch Angst. Dass diese Iha ihm auflauert und das totale Theater macht.

Zorro pennt wieder mal bei Joe, als sie ihn nachts aufweckt. Weil sie so ein komisches Ziehen gespürt hat. Zorro ist sofort hellwach. »Regelmäßig?«, fragt er.

»Nee, ich weiß nicht. War nur ein- oder zweimal.«

»Muss nichts zu sagen haben«, meint Zorro. »Das sind wahrscheinlich nur so Übungswehen oder wie die heißen. Völlig normal, zwei Wochen vorher.«

»Okay, Dr. Engel. Vorwehen heißen die übrigens.«

»Ich bleib auf alle Fälle bei dir.«

»Weiß nicht.«

»Ich schon.«

Sie schlafen wieder ein und wachen erst ziemlich spät auf. Zorro grinst sie glücklich an. »Alles okay? Dann kann ich endlich meiner Prinzessin mal das Frühstück ans Bett servieren.«

Er findet in der Küche eine Dose mit Ananas. Schinken, Schmelzkäse und Toast gibt es auch. Zorro hat einen seiner Einfälle: Toast Hawaii. Er schmiert den Käse auf zwei Scheiben Toastbrot, legt Schinken und Ananas drauf. Packt zwei Scheiben obendrauf. Schiebt das Ganze auf die Herdplatte. Stellt auf mittlere Hitze. Geht ins Zimmer, um Joe einen Kuss zu geben.

Joe lächelt endlich mal wieder richtig verliebt. Sie umfasst seinen Nacken, zieht ihn wieder ins Bett. Streichelt ihn. Fragt: »Meinst du, es schadet wirklich nicht?«

»Garantiert nicht. Hast du doch auch gelesen. Wenn du den Muskel da drin anspannst, ist es das beste Training.«

»Spinner, Engel.«

Sie schlafen sehr sanft miteinander. Joe wird plötzlich starr: »Ey, hast du 'ne brennende Kippe rumliegen lassen?«

Zorro flüstert, »Komm, Prinzessin, anspannen«, ohne sie zu verstehen.

»Riechst du nichts?«

Zorro dreht sich in Panik zur Seite. Fällt aus dem schmalen Bett. Springt auf. »Der Toast Hawaii. Scheiße.« Er rennt in die winzige Küche. Sieht nur Qualm. Hält die Luft an. Tastet nach dem Abfalleimer. Kippt ihn aus. Findet den Wasserhahn. Lässt den Eimer voll laufen. Giest das Wasser auf die Herdplatte.

Es kracht und zischt explosionsmäßig. Zorro steht im Flur. Presst die Hände vor die Augen. Vielleicht ist er jetzt blind. So, wie die Augen brennen. Als er die Hände wegnimmt, kann er noch sehen. Rauch und Qualm. Das ganze Apartment ist dicht vernebelt. Er erkennt Joe, nackt hinter grauen Schleiern. Irre schön mit ihrem riesigen runden Bauch. Er greift nach ihrer Hand. Zieht sie ins Zimmer zum Fenster. Reißt das Fenster auf. Keucht: »Ist nur der Hawaii-Toast. Du darfst dich nicht aufregen. Halt den Kopf weit raus. Ich bastel uns was anderes zum Frühstück.« Zorro macht noch die anderen Fenster auf. Die Rauchschwaden schieben sich träge nach draußen. Verteilen sich auf dem Hof. Irgendwo schreit eine Frau: »Da unten brennt es.« Jemand haut wie irre gegen die Wohnungstür. Zorro macht die Tür einen Spalt auf. »Keine Panik, ist nur was angebrannt«, sagt er.

Die Tür wird aufgestoßen. Joes Betreuerin Iha steht im engen Flur. Zorro nackt vor ihr. Iha hält sich ein Papiertaschentuch vor die Nase. Sie macht den Mund auf und zu wie ein Karpfen auf dem Schlachtbrett.

»Tut mir ehrlich Leid«, sagt Zorro. »Der Hawaii-Toast ist angebrannt.«

Joe kommt. Hält sich die Bettdecke vor den dicken Bauch. Sagt: »Wir bringen alles wieder in Ordnung.«

Der Nebel hat sich verzogen. In der Küche liegt der Abfall auf dem Boden. Wände und Decke sind übersät mit braunen Fettflecken. Auf der Herdplatte kleben noch schwarze Skelette vom Toast Hawaii. Unter Kaffeesatz und einer Fischbüchse liegt das Bild von der hässlichen Inderin.

Iha starrt auf den Müll am Boden, auf das Bild der hässlichen Inderin. Ihr Mund geht immer noch auf und zu. Schließlich sagt sie: »Jetzt reicht es.« Sie sieht plötzlich den nackten Zorro an und kreischt: »Bin ich denn in der Peepshow?« Zum ersten Mal hat sie einen Satz mit Betonung rausgebracht.

Zorro realisiert erst jetzt, dass er nichts anhat. Ist ihm sogar ein bisschen peinlich. Er verzieht sich ins Zimmer. Joe wickelt sich fester in die Bettdecke. »Wir bringen das wirklich wieder in Ordnung«, sagt sie leise.

Iha redet wieder ohne Betonung. Ihre Stimme ist nur piepsiger als sonst: »Ich fürchte, da ist nichts mehr in Ordnung zu bringen. Ich habe dich gewarnt, Fräulein. Für deinen so genannten Verlobten interessiert sich sowieso die Polizei. Das hier ist Hausfriedensbruch mit Sachbeschädigung.«

»Es war meine Schuld. Willst du ihn jetzt etwa verpfeifen?«

»Reite dich mal schön immer weiter rein. Ich habe dir die Chance gegeben. Aber diese Küche ist wohl Sinnbild dafür, wie es in dir aussieht. Du hast die Chance in den Müll gekippt.« Iha sagt das mit dieser Stimme wie eine Telefonansagerin.

»Weiß gar nicht, wie das Bild da hinkommt«, lügt Joe.

»Wir müssen, glaube ich, gar nicht mehr groß diskutieren, Mädchen. In meinem Gutachten werde ich jedenfalls dringend davon abraten, dir ein Kind zu überlassen. Oder vielleicht auch noch diesem kriminellen Verlobten.«

»Das kannst du doch nicht machen.«

Zorro steht in seiner halb zugeknöpften Jeans wieder im Flur. Er baut sich vor Iha auf. Sein Gesicht ist nur ein paar Zentimeter vor ihrem, damit er es sehen kann. »Sag noch mal, dass du unser Kind kidnappen willst.«

»Mit Ihnen rede ich nicht. Verlassen Sie unverzüglich das Haus.«

Iha versucht, rückwärts zu gehen. Landet an der Wand neben dem Flurspiegel.

Zorro ist ihr gefolgt. »Du sollst sagen, was du mit unserem Kind machen willst.«

»Du wirst es jedenfalls nicht zu Gesicht bekommen. Und wenn du dich noch einmal hier blicken lässt, hole ich die Polizei.«

»Du miese Fotze«, brüllt Zorro.

Joe hält ihn fest. »Hör auf, Engel. Bitte.«

»Miese Fotze«, sagt Zorro gefährlich leise. Dann schreit er: »Du kriegst unser Kind nie.« Er schlägt zu. In Ihas Spiegelbild.

Iha hat die Hände ausgestreckt, die Handflächen nach oben. Sie peilt wohl nach positiver Energie. Geht rückwärts zur Tür. »Ich hol die Polizei.« Sie wiederholt den Satz dreimal. Wirklich wie eine Telefonansage.

»Kannst du dir sparen«, sagt Joe. »Er geht sofort. Und ich geh mit. Unser Kind kriegt ihr jedenfalls nie.«

Iha läuft mit ausgestreckten Händen ins Treppenhaus. Joe schlägt die Tür hinter ihr zu.

Zorro merkt, dass das Blut nur so von seiner Hand tropft. Joe kommt mit einem Handtuch. Sie wickelt ihm das Handtuch um die blutende Hand. Joe weint leise.

Zorro steht da. Atmet immer noch hektisch. Sagt: »Ey, was hätte ich machen sollen, Prinzessin? Zuhören, wie die Fotze dich fertig macht? Ich habe sie nicht berührt.«

»Nee, ist ja in Ordnung. Die Alte hat so was von einem Knall. Und die will bestimmen, ob wir uns sehen dürfen oder David ins Waisenhaus kommt. Ist doch irre. Ey, Engel, wir schaffen das alles ganz allein.« Joe weint immer noch leise. Sie stopft die wichtigsten Sachen in die rote Tasche.

»Wir gewinnen das«, sagt Zorro. »Ohne diese Wichser und Arschlöcher und Irren. Nur wir beide.« Er hängt sich die gepackte rote Tasche über die Schulter. Sie gehen aus dem Haus. Zum Landwehrkanal. Zorro hat sogar vergessen zu rauchen. Er steckt sich eine Kippe an. Joe nimmt auch einen tiefen Zug. Sagt: »Das ist Gefängnis da drin.« Hält sich den Bauch. »David strampelt gewaltig.«

»Er hat eben Power. Hat doch alles mitgekriegt. Schadet bestimmt nicht. Ich glaube, Che ist stolz auf seine Mama und seinen Daddy.«

»Weiß nicht. Ich denke, so ein Baby ist eher spießig. Will seine Ruhe und dass alles ordentlich und geregelt ist.«

»Wie kommst du denn darauf?«

»Weil ich selber ziemlich spießig ticke im Moment.«

»Ich regel das schon alles.«

»Fahren wir in die Laube oder was?«

Zorro starrt ins Wasser. Sieht Joe an.

»Was ist?«, fragt sie

»Prinzessin«, sagt Zorro, »ich habe es dir nicht gesagt, damit du dich nicht aufregst.«

»... dass die Bullen hinter dir her sind.«

»Auch. Nee, die Laube. Die ist weg. Platt.«

»Im Ernst? Haste was Neues zum Pennen?«

»Noch nicht. Morgen wahrscheinlich.«

Joe fängt wieder an zu weinen. »Was machen wir jetzt?«

»Ich penn wieder auf dem Friedhof. Ist auch nicht schlechter als die Laube. Eigentlich.«

»Engel, wir schaffen das nicht.«

»Das darfst du nie wieder sagen. Wegen dem Kleinen. Lass uns besser abhauen. Nachher hat die Fotze doch noch die Bullen angerufen.« Zorro nimmt die Tasche und Joes Hand. Er muss sie ziehen. Sie schleicht unheimlich müde hinter ihm her. Er hört sie weinen. Er dreht sich nicht um. Weil er nicht weiß, was er sagen soll.

Sie fahren mit der U-Bahn. Die ist voll. Eine alte Türkin steht auf. Bietet Joe ihren Platz an. Lächelt.

Die Leute haben ihre Sommerklamotten rausgeholt. Obwohl es dazu noch zu kalt ist. Eigentlich kriegt Zorro sofort bessere Laune, wenn die Leute nach Sommer aussehen. Vor allem die Mädchen. Wenn man wieder ungefähr sieht, was sie für Titten haben. Es ist eine Angewohnheit von Zorro, sich die verschiedenen Titten vorzustellen. Nicht, dass es ihn extrem anmacht. Es ist eher so ein Frühjahrsgame. An diesem Tag guckt er nicht hoch. Er sieht nur die dicken Oberschenkel irgendeiner Frau. Diese Schenkel haben etwa die Farbe von Fruchtjoghurt. Das deprimiert ihn noch mehr.

Sie gehen über den Friedhof zu Zorros Gruft. Als sie davor stehen, lächelt Joe plötzlich. Sagt leise: »Spinner, Engel. Es ist wirklich schön hier. Tausendmal schöner als in diesem vermufften Heim, wo diese Eso-Irren unser Kind klauen wollen.«

Zorro nimmt Joe in den Arm. Er heult beinah los. »Prinzessin, du bist das Größte in der Welt.«

»Ich muss noch lernen von dir, Engel, dass Freisein das Wichtigste ist.«

»Jedenfalls ist David Che schon jetzt was Besonderes. Ungefähr wie Jesus.«

»Spinner, Engel.«

»Ey, Maria und Josef ging es wohl ziemlich ähnlich.«

Joe kriecht bald in den Schlafsack. Zorro holt noch zwei Döner und Äpfel und Apfelsinen für Joe. Sie isst nur das Obst. Weil die Döner auch schon ziemlich kalt sind. Die Tauben sehen ihnen zu. Zorro gibt ihnen was vom Döner ab. Joe schläft gleich ein.

Zorro stellt sich vor, dass eine Nachricht kommt von Harald Schmidt oder Stefan Raab: »Würden gern die und die Gags verwenden. Schickt mehr in der Richtung.« Oder es kommt auch keine Nachricht. Egal. Der alte Engel findet einen Job. Irgendwas. Hundertpro.

Joe wacht auf. Sucht nach Zorros Hand. »Ich hab schlecht geträumt.«

»Du sollst nur noch schön träumen.«

»Was soll denn werden? Wir können doch nicht mit dem Kind auf dem Friedhof leben.«

»Ich zieh morgen ganz früh los. Suche was zum Schlafen und einen Job.«

»Engel, ich glaub, du bist nicht dazu gebacken, Daddy zu sein, für irgendwas zu sorgen.«

»Ich beweise es dir. Ab morgen ist alles ganz anders.«

Joe weint in Zorros Armen. Bis sie wieder einschläft.

Frühmorgens wird Zorro davon wach, dass Joe unruhig ist. Sie hat sich weggedreht von ihm. Manchmal stöhnt sie. Zorro will noch nicht aufwachen. Weil er nicht weiß, was er dann machen soll.

Irgendwann fühlt Zorro die Hand von Joe an seiner Schulter. Sie sagt: »Engel, bist du wach? Ich glaube, es kommt regelmäßig.«

Zorro sitzt sofort aufrecht. »Was ist? Spürst du was?«

»Schon ziemlich lange. Es wird auch doller. Ich glaube, das sind keine Vorwehen mehr.«

»Ey, Prinzessin. Warum hast du mich nicht sofort geweckt?« Zorro schiebt die Hand in Joes Schlafsack. Streichelt über ihren Bauch. Er spürt, wie sich alles zusammenzieht.

Joe stöhnt: »Es wird echt heftig jetzt.« Sie ist ziemlich ruhig.

Zorro zieht sich die Stiefel an. »Ich hole ein Taxi.«

»Hast du überhaupt Kohle?«

»Logisch. Dreißig Mark. Hab ich für dich gespart, Prinzessin.«

»Aber mach keine Hektik. Man kann alles ganz in Ruhe angehen.«

»Klar. Aber ich hol besser das Taxi.«

»Ich muss mich noch waschen. So kann ich nicht ins Krankenhaus.«

»Kannst du. Ey, vielleicht geht es ganz schnell durch den ganzen Stress gestern. Es kann auch eine Sturzgeburt sein. Ich hol jedenfalls ein Taxi.«

»Mach keine Panik, Engel. Echt.«

Zorro gibt ihr einen Kuss. Rennt los. Natürlich findet er so schnell kein freies Taxi. Wenn mal ein leeres vorbeikommt, steht er auf der falschen Straßenseite und der Fahrer sieht ihn nicht. Also rennt er über die Straße. Aber dann kommen gleich zwei leere Wagen hintereinander auf der anderen Seite. Die Idioten von Fahrern starren stur geradeaus. Hören sein Geschrei nicht oder wollen ihn nicht sehen. Weil er nicht aussieht wie jemand, der ein Taxi bezahlen kann.

Dann hält doch noch einer. Der Typ spricht nicht gerade fließend deutsch. Zorro erklärt ihm: »Zum Friedhof. Baby. Krankenhaus.« Der Typ versteht nicht richtig. Jedenfalls will er um nichts in der Welt auf den Friedhof fahren. Sagt nur: »Verboten. Verboten.« Zehn Mark Anzahlung will er auch noch. Nur weil der Typ Ausländer ist, rastet Zorro nicht total aus.

Als er am Schlafplatz ankommt, ist Joe nicht da. Sie steht am Beton-Brunnen. Sie hat sich gewaschen. Friert. Putzt sich nun stundenlang die Zähne. Hält sich plötzlich den Bauch. Schreit leise. Putzt weiter.

Zorro rennt. Holt ihre Tasche und den Schlafsack. Legt den Schlafsack um Joe. »Komm, Prinzessin. Bitte komm. Der verblödete Kanake wollte nicht rauffahren auf den Friedhof.«

»Es wird wirklich heftiger«, sagt Joe. Sie gehen zum Ausgang. Joe schreit plötzlich richtig.

»Ich trag dich, Prinzessin.«

»Quatsch. War gar nicht so schlimm. Hab mich nur erschrocken. Man soll sogar rumlaufen. Erst mal.«

»Ja, okay. Halt dich an mir fest.«

»Ey, bleib cool. Ich will nur, dass du einen Job kriegst. Und eine Bude, wo wir drei erst mal unterkommen können. Damit das verfickte Jugendamt David nicht findet.«

»Den kriegen sie nie.«

»Vielleicht ist das alles zu viel für uns.«

»Ich manage das schon.«

Als sie am Taxi sind, schreit Joe richtig. Der Fahrer kommt angerannt. »Warum du nicht sagen richtig? Ich gehe Friedhof. Scheiß auf Verbot.«

Zorro ist plötzlich ziemlich grau vor Augen. Er hält sich am Auto fest. Vielleicht kommt es, weil er nicht richtig geschlafen hat. Joe schreit wieder. Nicht laut. Zorro ist schlecht. Unheimlich schlecht. Zum Kotzen. Er hört die eigene Stimme von weit weg. »Charité. Zur Charité.« Er gibt Joe das Geld. »Ich komm nach, Prinzessin. Muss noch Django holen und so.«

»Engel.« Joe guckt ihn verzweifelt an.

»Ich komme doch gleich nach.«

»Das ist doch nicht dein Ernst.«

Joe schlägt die Tür zu. Zorro sieht noch, wie sie losheult. Er schafft es bis zu einem Busch. Kotzt los.

Eigentlich gibt es das gar nicht. Dass einer wegklappt, weil seine Frau die Wehen kriegt. So ein Weichei kann es nicht geben, außer einem gewissen Engel, der besser unter einem dieser weißen Steine mit den Teddybären läge.

Zorro schleicht zum Schlafplatz. Heult Django was vor. Baut sich das dickste Rohr seines Lebens. Raucht, bis er sich Daumen und Zeigefinger verbrennt und wieder der alte Fighter ist.

Er fährt mit der U-Bahn zur Charité.

Aus der Geburtsstation wollen sie ihn gleich wieder rausschmeißen. Er sei nicht avisiert. Wie denn seine Verlobte heiße? Sie werden sich erkundigen. Dann gibt eine Schwester ihm doch den weißen Kittel. »Haben Sie sich denn wenigstens ein bisschen vorbereitet, auf das, was Sie erwartet?«, fragt sie skeptisch.

»Ich könnte selber die Hebamme machen«, sagt Zorro. Er fühlt sich stolz und stark und happy.

Joe guckt schon zur Tür, als er reinkommt. Sie sitzt auf diesem Kreißbett. Hat dieses elende weiße Krankenhaushemd an. Sieht auch in diesem Hemd unheimlich gut aus.

Zorro sagt: »Tag auch.« Als ginge er jeden Tag auf eine Geburt. Joe lacht ihn an. »Ist ja 'ne Überraschung.«

Zorro küsst sie auf die Augen. Traut sich nicht, runter zu den Beinen zu gucken. Er sieht zur Hebamme. »Ich bin der Zorro. Wie weit ist denn der Muttermund schon geöffnet?«

Die Hebamme bringt das richtig von der Rolle. »Bitte? Ach so! Fünf Zentimeter etwa.«

»Ist ja irre schnell gegangen.«

»Der Kleine hat es offenbar eilig.«

»Für eine Erstgebärende erstaunlich«, meint Zorro. »Das ist, weil unser Sohn ziemlich Power hat.«

»Hoffentlich der Vater auch«, sagt die Hebamme.

Joe sieht Zorro erst ein bisschen stolz an. Dann zieht sie seinen Kopf runter. Flüstert: »Sag mal, bist du etwa zu?«

»Ey, das war nur noch ein kleiner Rest«, flüstert Zorro zurück.

»Mann, wenn die das merken. Ohne Dröhnung geht wohl gar nichts mehr.« Joe greift nach Zorros Handgelenk. »Es kommt wieder.« Sie krallt sich in das Handgelenk. Stöhnt erst. Schreit leise auf. Nach einer Minute oder so ist es vorbei. Einen Moment fühlt Zorro sich komisch. Aber er hat gleich alles wieder unter Kontrolle.

Die Wehen kommen in kürzeren Abständen. Joe schreit. Ihre Finger graben sich immer tiefer in Zorros Arm. Der hört auf das Piepsen aus dem Apparat. David Ches Herztöne. Zorro kann nicht weghören. Meint, sie werden schneller.

Der Arzt kommt. Sieht ernst aus.

»Ist was nicht in Ordnung?«, fragt Zorro. »Vielleicht Sauerstoffmangel?«

Der Arzt sieht Zorro an. Zu lange, denkt Zorro. Es ist was. Der Arzt sagt: »Mir macht nur eins Sorgen.«

»Was ist es denn?«

»Der Zustand des Vaters«, meint der Arzt.

Zorro merkt, dass ihm der Schweiß nur so übers Gesicht läuft. Irgendwie käsig sieht er wahrscheinlich auch aus. »Mit mir ist alles in Ordnung«, sagt er.

Joe sieht zu ihm hoch. »Engel, du musst jetzt nicht bleiben. Den Rest schaffe ich auch allein.«

»Ey, ich bin okay. Ich bin immer bei dir.« Zorro fragt die Hebamme: »Sind das schon die Austreibungswehen?«

»Jedenfalls sind wir kurz davor«, sagt die Hebamme.

Zorro flüstert Joe ins Ohr: »Prinzessin, es wird leichter jetzt.

Du musst unseren Sohn nur noch kommen lassen. Tief ausatmen. Du musst ihn ausatmen.«

Die nächste Wehe kommt. Joe hört eine Minute lang nicht auf zu schreien. Als es vorbei ist, meint sie: »Spinner, Engel. Deine Sprüche aus dem Buch gehen mir langsam auf den Senkel. In diesem Buch steht nämlich nichts davon drin, wie scheiße weh das tut.«

»Du hast es gleich geschafft.«

Joe fängt wieder an zu brüllen. Richtet sich halb auf. Zorro fasst ihr von hinten unter die Arme. Stützt sie. Wie auf der Zeichnung in dem Buch. Flüstert: »Atmen. Ausatmen. Ich atme mit dir.« Aber sein Atmen ist eher Röcheln.

Joe stößt ihn plötzlich weg. Schreit: »Lass mich. Ich kann nicht. Ich schaffe es nicht.«

»Bisher hat es bei uns noch jede geschafft«, sagt die Hebamme. Der Arzt ist wieder gekommen. Sieht Zorro an. Sagt: »Akuter Sauerstoffmangel.«

Zorro schreit schwach: »Was?«

»Beim werdenden Vater.« Der Arzt grinst richtig fies. Fühlt Zorros Puls. Meint: »Sie gönnen sich besser mal 'ne Pause.«

»Brauche ich nicht.« Zorros Stimme ist unheimlich heiser.

»Übersensible Väter sind aber nicht direkt eine Hilfe«, meint die Hebamme.

Joe schreit höllisch.

Zorro flüstert: »Ich glaub, ich klapp weg.«

Die Hebamme führt ihn zur Tür. Meint ganz lieb: »Ist keine Schande. Manche Väter machen viel früher schlapp. Du kannst ganz beruhigt draußen warten. Es läuft nämlich alles supernormal.«

Zorro findet auf dem Flur eine Bank. Fühlt sich schwach. Aber er ist ruhig. Weil die Hebamme ziemlich okay ist. Er zündet sich eine Kippe an. Denkt, nee, jetzt bloß keinen Ärger. Drückt die Kippe aus. Wankt nach draußen. Zündet die Kippe wieder an. Haut sich ein paar Lungenzüge rein. Ist einen Moment fast weg. Weil der Zigarettenrauch richtig knallt. Hätte er auch nicht gedacht, dass man von einer Rothändle einen regelrechten Flash kriegen kann, wenn man gerade Vater wird. Zorro raucht die Zigarette nicht zu Ende. Vielleicht suchen sie ihn schon. Weil David Che da ist. Er geht wieder rein. Tigert den Flur rauf und runter. Muss plötzlich an Django junior denken. Weil der in der Tasche rumort. Zorro fällt ein, dass Django junior schon im Kreißsaal randaliert hat. Wahrscheinlich ist er durstig. Zorro guckt, ob auch niemand auf dem Flur ist. Holt die Ratte raus. Drückt sein Gesicht in das Fell. Lässt ein paar Tränen raus. Er geht auf die Toilette. Gibt Django junior zu trinken.

Steckt ihn wieder in die Tasche. Macht den Reißverschluss wohl nicht ganz zu. Denn als er den Flur rauf und runter tigert, rennt Django junior plötzlich neben ihm.

Erst hat Zorro gedacht, Mann, die haben hier Ratten im Krankenhaus. Bis er drauf kommt, dass es Django junior ist. Er will ihn greifen. Aber der knallt durch. Weil ihn der Gestank nach Sauberkeit wahrscheinlich irre macht. Django junior rast kreuz und quer über den Flur. Verschwindet unter einem fahrbaren Bett, das auf dem Flur steht. Zorro kriecht unter das Bett. Er kriegt Django junior am Schwanz zu fassen.

Als er zurückkriecht, steht eine Krankenschwester da. Sie fragt: »Was machen wir denn da?«

»Meine Kontaktlinse«, meint Zorro. Und versucht, Django junior schnell in die Tasche zu stecken.

Die Schwester hat die Ratte aber schon gesehen. »Ist nicht unser Ernst«, sagt sie.

»Lief hier einfach rum«, sagt Zorro.

»Ach so. Aber wir sind so gut und bringen das Tierchen ganz schnell an die frische Luft. Nicht wahr?«

»Ich kann jetzt nicht. Meine Verlobte kriegt jeden Augenblick ein Kind.«

»Aber wir glauben doch nicht, dass wir mit dem Viech in den Kreißsaal kommen.«

Die Tür zur Geburtsstation geht auf. Der Arzt ruft den Flur runter: »Junger Mann. Es ist Bescherung. Ein strammer Junge.«

Zorro will losrennen. Die Schwester hält ihn am Ärmel fest. »Nicht mit dem Tierchen.«

Zorro steckt Django junior blitzschnell in die Kitteltasche der Schwester. »Pass mal einen Moment auf ihn auf. Er ist ganz lieb.« Die Schwester hat Zorro vor Schreck losgelassen. Der Arzt ist wieder verschwunden. Zorro rennt. Er zieht den weißen Kittel nicht wieder über. Steht atemlos vor Joe und dem Kind.

David Che liegt auf Joes Bauch. Den Kopf zwischen ihren Brüsten, die noch größer geworden sind. Joe strahlt Zorro an. Entspannt. Kaputt. »Ey, Engel, Spinner. Ich hab dir doch vorher gesagt, dass du wegklappst.«

»Bin nicht weggeklappt.« Zorros Stimme ist noch rostig. Joe greift nach seiner Hand.

Die Hebamme kommt mit einem weißen Kittel. Hilft Zorro rein. Fragt: »Sind Sie schon wieder so fit, dass Sie den Nachwuchs in den Arm nehmen können?«

Zorro nickt. Obwohl. Er weiß nicht. Einem wie ihm fällt auch noch ein Baby auf den Boden. Dann hat er David Che im Arm. Zorro dreht sich weg von den anderen. Weil er vielleicht wieder losheult. David Che ist unheimlich leicht. Die Babyhände hat er zur Faust geballt. David Che sieht wütend aus. Wahrscheinlich, weil er gerade auf die Welt musste. Zorro berührt mit den Lippen das wütende Gesicht. Er glaubt, dass David Che ihn angrinst.

Die Schwester kommt in den Kreißsaal. Sagt: »Den jungen Mann müsste ich draußen mal dringend sprechen.« Sie sieht, dass Zorro das Baby auf dem Arm hat. Meint: »Na ja, einen Moment hat es noch Zeit. Der junge Mann soll dann aber seine Ratte bald im Schwesternzimmer abholen.«

»Engel, Spinner«, sagt Joe.

[29]

Joe schläft wie tot. Bevor sie richtig aufwacht, denkt sie, dass sie zu Hause ist in ihrem Zimmer. Dass Mama gleich an die Tür klopft und ruft: »Wird jetzt aber Zeit.«

Joe sieht die beiden anderen Frauen im Zimmer. Das ausgeblichene Blumenbild an der Wand. Sie fühlt sich plötzlich unendlich allein. Sie bringen ihr das Kind. Sie legt es an ihre Brust. Es soll ein gigantisches Gefühl sein, wenn das Baby zum ersten Mal an der Brust nuckelt. Steht in dem Buch. Das gigantische Gefühl kommt nicht. Es tut nur ein bisschen weh. Joe denkt, dass sie vielleicht keine gute Mutter ist.

Erst als David neben ihr auf dem Kopfkissen liegt, wird Joe ruhiger. Engel hat gemeint, dass David schon so was Spöttisches hat. Joe sieht es jetzt auch. Das Grinsen. Wie Engels Grinsen.

Zorro kommt. Kriegt sich gar nicht mehr ein vor Glück. Fragt gleich, ob er das Baby auch mal wickeln darf. Küsst Joe immer wieder. Ihr ist es schon peinlich vor den anderen Frauen.

Es ist nicht so, dass Engel ihr fremd ist. Sie freut sich wahnsinnig über seinen Besuch. Aber sie fühlt sich irgendwie auch allein, wenn er da ist.

Zuerst kommt er zwei-, dreimal am Tag. Erzählt auch, was er alles gemacht hat, um einen Job zu kriegen und einen Platz zum Pennen. »Zur Not können wir auch die erste Zeit in einer Pension wohnen. Ist gar nicht so teuer. So viel verdiene ich easy.«

Joe hört ihm zu. Manchmal glaubt sie ihm. Dann fühlt sie sich wieder unendlich allein mit David.

Mama besucht sie am zweiten Tag. Joe ist froh, dass sie gekommen ist. Würde ihr gern alles erzählen. Dass sie Angst hat und einsam ist. Manchmal. Aber das kann sie ihr nicht erzählen. Weil dann garantiert der Spruch kommt: »Ich habe dich eindringlich gewarnt.« Oder so was Ähnliches. Mama ist aber ganz nett. Trägt ihren Enkel richtig stolz im Zimmer rum. Verspricht, dass sie helfen will, wo sie kann. Joe soll aber nicht zu viel erwarten, sich darauf einstellen, dass es eine harte Zeit wird. »Ich hab dich ja gewarnt«, kommt der Spruch doch noch.

Am dritten Tag steht diese Iha plötzlich im Zimmer. Bringt einen kleinen Blumenstrauß mit. Tut scheißfreundlich.

Joe hat Panik. Fragt gleich: »Willst du mir etwa das Kind wegnehmen?«

Iha sagt, dass sie sich bis an die Grenze des Verantwortbaren für Joe eingesetzt hat. Joe könnte das Kind probeweise behalten. Wenn sie in ein Mutter-Kind-Projekt geht, das weit genug weg ist von Berlin.

Joe antwortet ihr nicht. Sie wüsste auch nicht, was. Sie fühlt sich nur schwach.

Abends kommt eine Schwester. Sagt, dass Joe Besuch kriegt. Sie soll den Kopf unter die Bettdecke stecken und erst gucken, wenn der Besuch sie dazu auffordert. Joe denkt kurz, dass es vielleicht Alex ist. Sie erschrickt. Weil sie viel an Alex denken musste in den letzten Tagen. Sie steckt den Kopf unter die Decke. Manchmal tut sie eben automatisch, was man ihr sagt.

Sie hört Engels Stimme. Aber es ist nicht Engel, der an ihrem Bett steht. Der Junge vor ihr hat geliges Haar, das an den Kopf geklatscht ist. Trägt ein graues Sakko, ein knittriges weißes Hemd und eine gelbe Krawatte mit verkorkstem Knoten.

»Das bist du doch nicht, oder?«, fragt Joe.

»Eigentlich nicht«, sagt Zorro.

»Wo hast du das her?«

»Kleiderkammer für Asoziale.«

»Wieso denn?«

»Kleider machen Leute. Du tarnst dich zombiemäßig, und schon hast du einen Job.«

»Das ist doch nicht wahr. Ey, ich will meinen alten Engel wiederhaben.«

»Hörst du nicht zu? Ich hab einen Job. Ab morgen.«

»Was denn?«

»So was wie ein Partyservice oder so.« Zorro küsst Joe auf beide Augen.

Noch nie ist Joe dieser Engel so fremd gewesen. Weil er aussieht wie einer, der Mitleid braucht. Echt wie ein Loser. Nicht wie ein Fighter. Sie sagt: »Wenn du den Job fest hast, kannst du dich dann wieder normal anziehen?«

»Klar, dann zählt nur noch Leistung.«

»Ey, Engel. Was ist los mit dir?«

»Ich hab dir gesagt, dass ich es schaffe, dass ich alles mache für euch.« Er hebt David Che hoch. »Ich bin es, dein Daddy. Als Zombie verkleidet. Lach doch mal.«

Später ist Joe wieder allein mit David. Bis auf die zwei Frauen, mit denen Joe längst nicht mehr redet. Joe weint lautlos in ihr Kopfkissen. Vielleicht, weil Engel das alles für sie tut. Vielleicht auch, weil sie eine neue Angst hat. Dass Engel nicht Engel bleibt, sondern zu einem wird, der sieben Stunden auf Arbeit geht und abends vor der Glotze sein Bier säuft.

Alex ruft an. Am nächten Tag noch mal. Will alles über das Kind wissen. Fragt beim zweiten Anruf, ob es ihr recht ist, wenn er mal vorbeikommt.

Joe sagt schließlich, dass sie nichts dagegen hat. Sie kann ihre Gefühle sowieso nicht mehr richtig sortieren. Vielleicht hasst sie den Typen. Andererseits ist er wahrscheinlich der Vater ihres Kindes und benimmt sich wirklich nicht wie ein Arschloch. Sie hat sogar schon mal einen Moment gedacht, dass es ganz okay wäre, wenn David von Alex ist.

Alex bringt einen fetten Blumenstrauß mit. Steht vor dem Bett. Guckt David Che an. »Hast du aber prima hingekriegt. Sieht richtig gut aus. Dafür, dass er erst ein paar Tage alt ist.«

»Findest du? Kannst dich ruhig setzen.«

Alex hockt sich auf den äußersten Rand der Bettkante. »Bist also zufrieden«, sagt Joe.

»Wie sicher ist es denn nun eigentlich wirklich?«
»Einigermaßen sicher.«
Alex sagt lange nichts. Dann: »Darf ich ihn mal nehmen?«
»Musst aber den Kopf abstützen.«
Alex hebt den Kleinen vorsichtig hoch. Er legt den Kopf von David Che erst an die Schulter, dann ans Kinn. Der Kleine scheint zu grinsen.
»Kannst ihn auf dem Arm behalten, bis er ein Bäuerchen gemacht hat«, sagt Joe.

Abends kommt Zorro. Er sieht immer noch so komisch aus. Nur die gelbe Krawatte hängt nicht mehr vor dem verknitterten Hemd. Er hat eine rote Rose in der Hand. Es ist das erste Mal, dass er Joe eine Blume schenkt. Er sagt: »Vom frisch verdienten Geld.«
Sie fragt, was auf der Arbeit abgegangen ist.
»War noch nicht der Jackpot«, meint Zorro. »Ganzen Tag Tische und Stühle abladen, ausladen und in einem Zelt aufstellen.«
»Gibt Schlimmeres.«
»Ich hab alles total ordentlich aufgestellt. Dann kommt der Chef und meint, wie die Stühle denn stehen würden. Er will die wie auf eine Schnur gezogen haben. Ich meine zu ihm, dass das doch sowieso keiner merkt. Weil die doch wieder kreuz und quer stehen, sobald die ersten Gäste kommen. Und er: Das wäre das erste und letzte Mal, dass ich einen Diskussionbeitrag bei ihm abliefere.«
»Und du hast ihm eins aufs Maul gehauen.«
»Quatsch.« Zorro hat wohl keinen Bock weiterzuerzählen. Sieht auf den fetten Blumenstrauß. »Von wem sind die denn?«
Joe macht eine Kopfbewegung zu ihrer Bettnachbarin. »Und was ist dann passiert?«, fragt sie.
»Mann, ich hab die Stühle millimetermäßig auf die Reihe gebracht.«
»Du findest bestimmt bald was Besseres.«
»Ist noch nicht alles. Als Feierabend ist, frag ich ihn, den Chef also, ob er mich denn weiter brauchen kann. Ja, sagt er. Neun

Mark die Stunde ohne Lohnsteuerkarte. Frag ich, ob er das für 'ne korrekte Bezahlung hält. Meint er, ob ich schon wieder diskutieren wolle. Ich sag, dass es ja in Ordnung ist für den Anfang. Aber ein kleiner Vorschuss würde mich freuen. Weil ich was zum Pennen brauche. Der guckt mich mit seinen zugeschwiemelten Augen an. Meint, ob ich besoffen wäre. Wenn ich obdachlos bin, soll ich in der U-Bahn singen.«

»Und jetzt hast du 'ne Anzeige wegen Körperverletzung mehr.«

»Nein, ey. Ich bin megavernünftig. Hab mir ganz cool die Kohle für den Tag geben lassen und gesagt: ›Fick dich doch ins Knie.‹«

»Ich kann zur Not in ein anderes Projekt gehen. Wenn ich aus dem Krankenhaus komme«, sagt Joe ziemlich leise.

»Kommt nicht in Frage. Ich stell mich gleich noch bei einem Job vor. Da krieg ich bis 6000 Mark im Monat.«

»Glaub ich nicht, Engel.«

Am nächsten Tag klopft es. Alex steht wieder im Zimmer. Joe geht mit ihm raus auf den Flur. Er hat eine ganze Tasche mit Babysachen mitgebracht. Alles vom Teuersten wahrscheinlich. »Wäre nicht nötig gewesen«, sagt Joe.

»Sind doch nur Kleinigkeiten. Ich habe es echt so gemeint, als ich gesagt habe, dass ich mich um das Kind kümmern will.«

»Hast du so noch nicht gesagt.«

»Dann eben jetzt. Ehrlich. Ich hab mich schon an den Gedanken gewöhnt, dass wir zusammen ein Kind haben.«

»Hundertprozentig sicher ist es ja nun auch wieder nicht.«

»Jedenfalls finde ich den Gedanken cool, mit dir ein Kind zu haben. Weil du die coolste Frau bist, die ich kenne.«

»Muss ich dich jetzt heiraten?«

»Hab ich doch nicht gemeint. Ich meine, ich kann mich doch ums Kind kümmern, auch wenn wir nicht zusammen leben.«

Joe ist einigermaßen perplex. Sie gibt es gleich wieder auf, Ordnung in ihre Gefühle zu kriegen.

Alex fragt: »Wo willst du denn jetzt wohnen?«

»Weiß ich noch nicht genau.«

»Ich hätte vielleicht was. Mein Vater will mir eins von den Häusern überschreiben. Da wird immer mal was frei.«

»Sehr nett. Bestimmt. Aber Zorro kümmert sich schon.«

»War ja nur so eine Idee. Darf ich noch mal?« Alex nimmt Joe das Kind vom Arm. Ziemlich selbstverständlich. Er fragt: »Hast du schon irgendwelche Ähnlichkeiten festgestellt?«

»Wir glauben, dass er Zorros Grinsen hat.«

Zorro kommt zwei Tage nicht. Er ruft nur kurz an, um zu sagen, dass er den neuen Job hat und unterwegs ist. Außerhalb von Berlin. Seine Stimme klingt komisch. Er sagt, dass er nicht so lange telefonieren kann. Joe hört im Hintergrund einen Mann brüllen: »Mann, erzähl keine Romane.«

Dann ruft Iha an. Ob Joe es sich überlegt hat. Joe meint, sie würde vielleicht wieder in das alte Projekt gehen.

»Keine Chance«, sagt Iha mit ihrer Telefonansagestimme und legt auf.

Es ist am nächsten Morgen gegen sechs Uhr. Joe vertritt sich die Beine auf dem Flur. Weil das Zimmer gemacht wird. Zorro kommt den Flur runtergelatscht. Guckt auf den Boden. Lässt die Arme baumeln. Latscht sehr langsam. Sieht Joe natürlich erst, als er direkt vor ihr steht.

Er nimmt sie verdächtig lange in den Arm. Ohne sie zu drücken. Ohne was zu sagen. Küsst sie auch nicht.

Erst als Zorro wieder loslässt, sieht sie in sein Gesicht. Unter dem rechten Auge ist eine dicke Schwellung. Blau und lila. Die Nase ist auch dicker als sonst. Auf dem verknitterten weißen Hemd sind Blutflecken. Joe sagt: »Du hast dich ja mächtig rumgebeult.«

»Es war echt Scheiße«, sagt Zorro.

»Was denn?«

»Ey, der neue Job.«

»Bist du Catcher, oder was?«

»Mann, das war 'ne Drückerkolonne. Ich wollte gleich wieder abhauen, als sie damit rausgekommen sind. Illustrierte verticken an der Haustür. Als geheilter Drogensüchtiger. Dann haben sie mir aber einen ordentlichen Vorschuss versprochen.«

»Du hast doch da nicht angeheuert?«

»Nur, weil ich den Vorschuss kriegen sollte.«

»Spinner, Engel.«

»Den ersten Tag habe ich sogar ganz gut Scheine gemacht. Mit so einem Superloser, der das schon ewig macht. Der hat echt gestaunt, was ich für Sprüche draufhatte. Gestern kam ich mir schon ziemlich fies vor. Wie wir so einer geistesschwachen Oma in einer verschimmelten Kellerwohnung ein Abonnement für »Schöner Wohnen« angedreht haben. Ja, und abends macht der Kolonnenführer einen von den kaputten Drückern so was von fertig. Mit vier Mann sind sie auf den los. Weil er nichts gebracht hat oder so.«

»Du hättest dich da raushalten sollen. Die schlagen auch Leute tot.«

»Ey, Mann. Da geh ich doch dazwischen. Erst nur mit Quatschen. Da meint der Kolonnenführer, ja, dann zeigt mal dem Frischling, was passiert, wenn jemand gegen die Regeln der Gemeinschaft und des Gehorsams verstößt. Die vier Mann wollten mich dann fertig machen. Ich bin durch die durch. Auf den Kolonnenführer los. Hab dem einen Dänemann verpasst. Voll auf den Zinken. Der hat Glück gehabt, dass ihm das Nasenbein nicht zur Fontanelle rausgekommen ist. Die anderen haben sich gar nicht mehr gerührt.«

»Ist doch Scheiße. Die hätten dich auch totschlagen können.«

»Mich doch nicht.«

»Das sind Gangster.«

»Im Prinzip läuft das bei denen nicht anders als in allen Jobs. Nur, dass sie nicht groß Gehirnwäsche machen, damit du gehorchst. Die brechen dir gleich die Knochen.«

»Und der Vorschuss?«

»Den hatte ich noch gar nicht gekriegt.«

»Engel, du brauchst Zeit, um den richtigen Job zu finden. Am besten 'ne Lehrstelle. Wenn ich in dieses Projekt gehe, außerhalb von Berlin, dann nehmen Sie uns David auch nicht weg.«

»Du weg aus Berlin? Never. Das schaffen die nicht. Uns zu trennen. Bestimmt nicht. Ey, ich habe gerade erst angefangen zu fighten. Wann darfst du raus aus dem Krankenhaus?«

»Morgen gegen elf.«

»Morgen schon? Okay. Bis dahin habe ich alles geregelt, Prinzessin. Ich hol dich ab.«

»Engel, hör doch mal zu.«

»Ich weiß, was du sagen willst. Lass mich mal machen.«

Joe hat lange in ihr Kopfkissen geheult. Sie hat auch noch in der Nacht geheult. Morgens, nach dem Wecken, schläft sie zum ersten Mal tief ein.

Sie spürt eine Hand an der Schulter. Jemand schüttelt sie. Joe macht die Augen auf. Sie guckt in das weggetretene Gesicht von dieser Iha.

»Guten Morgen, Fräulein«, sagt die.

Joe kann sich nicht mal aufrichten. Weil der Schreck sie aufs Bett drückt. Sie schreit leise: »Du willst David.«

»Nun beruhig dich mal wieder«, sagt Iha mit ihrer Telefonansagestimme. »Ich wollte dir nur die Zeitung von heute bringen. Oder hast du sie schon gelesen?«

»Wieso soll ich die Zeitung gelesen haben?«

Iha hält ihr die BZ vors Gesicht. Joe kann erst nur die Überschrift lesen. »Berlins dümmster Räuber«. Sie nimmt die Zeitung. Guckt auf das große Foto. Engel mit einer Pistole in der Hand. Das schwarze Tuch ist bis zum Kinn runtergerutscht. Jeder, der Engel mal gesehen hat, kann ihn erkennen. Daneben sind kleine Fotos von einer Überwachungskamera. Wie Engel über einen Verkaufstresen hechtet. In die Kasse greift. Sich die Taschen mit Zigarettenschachteln voll stopft. Da hat er das schwarze Tuch noch vor dem Gesicht. Joe liest: »Bevor der dreiste Räuber floh, übergab er dem Tankwart seine Waffe. Es war eine Spielzeugpistole.«

Joe denkt noch: Engel, Spinner. Sie denkt das wirklich. Bevor sich alles dreht. Ihas weggetretenes Gesicht. Das blasse Blumenbild an der Wand.

Joe hört Ihas Ansagestimme von unendlich weit weg. »Das ist

deine Chance, Mädchen. Begreife es doch. Er ist ein Verbrecher. Zu dämlich, eine Tankstelle auszurauben. Der wird jetzt für lange Zeit weggeschlossen. Es ist deine Chance, ein ganz neues Leben anzufangen. Mit deinem Kind. Mein Angebot gilt. Melde dich im Laufe des Nachmittags bei mir.«

Joe macht irgendwann die Augen wieder auf. Das Blumenbild an der grünlichen Wand bewegt sich nicht mehr. Und sie sieht die beiden Frauen, die sich das Frühstücksfernsehen reinziehen. Wie immer. Und Joe denkt nur das eine: »Ich muss Engel warnen. Er darf nicht zum Krankenhaus kommen.« Sie dreht wieder fast durch. Weil ihr nicht einfällt, was sie tun kann. Jemand muss sofort zum Friedhof. Aber sie hat nur Mamas Telefonnummer und die von Alex. Sie steht auf. Geht zum Telefonieren. Die beiden Frauen verfolgen jeden Schritt von ihr.

Alex ist schon zur Schule. Klar. Mama anzurufen wäre idiotisch. Abhauen, um ihn zu finden? Kann sie jetzt auch nicht. Wenn sie einfach abhaut, nehmen sie ihr das Kind garantiert weg. Es würde ihr sowieso jemand folgen. Weil Iha natürlich die Bullen alarmiert hat.

Als Joe ins Zimmer zurückkommt, sieht sie, dass eine der Frauen die BZ in der Hand hat. Die Frau hält die Zeitung hoch. Und sagt: »Das ist doch der, der immer zu Ihnen kommt.«

Joe antwortet nicht.

Die andere Frau meint: »Man wusste ja gar nicht, in was für einer Gefahr man geschwebt hat.«

Joe packt ihre Sachen in die rote Tasche. Legt einen Strampelanzug zum Wechseln für David raus. Sie muss früh vor dem Krankenhaus sein. Vielleicht kann sie Engel noch warnen.

Joe steht schon um halb elf vor dem Krankenhaus. Auf der anderen Straßenseite parken zwei Kleinbusse mit dunklen Scheiben. Vielleicht ist es Zufall. Drei oder vier Männer lungern in der Gegend rum. Vielleicht sind es werdende Väter, die mal Luft schnappen oder eine rauchen wollen. Sie geht 100 Meter die Straße runter. In die Richtung, aus der Engel wahrscheinlich kommt. David Che liegt in einer Tragetasche, die Mama geschenkt hat. Er fängt an zu weinen. Joe nimmt ihn raus.

Dann taucht Zorro am Ende der Straße auf. Er läuft. Schiebt einen Kinderwagen. Joe macht wilde Handbewegungen, damit der abhaut. Zorro sieht es natürlich nicht. Weil er keine Brille aufhat. Er rennt erst auf eine andere Frau zu. Macht einen Haken. Steht vor Joe. Grinst sein stolzestes Grinsen. Streckt die Hände nach David Che aus. Sagt atemlos: »Prinzessin. Wir fahren in die Berge. Heute noch.«

Joe drückt David an sich. Flüstert: »Hau ab. Mann, hau ab.«

»Was ist denn?«

»Mann, dir ist das Tuch vom Gesicht gerutscht.«

»Ist es doch gar nicht.« Zorro steht mal wieder wie in Beton gegossen. »Erst beim Rauslaufen.«

»Hau ab. Du bist sogar in der Zeitung.«

Joe hat sie nicht gesehen. Zorro wahrscheinlich auch nicht. Sie sind da wie aus dem Boden geschossen. Gespenstermäßig. Irre Augen in den Schlitzen der schwarzen Gesichtsmasken. Helme. Gepanzerte Westen. Maschinenpistolen.

Sie rammen Joe zur Seite. Begraben Zorro unter sich. Zielen mit den Maschinenpistolen. Auch auf Joe. Sie schreit: »Hört doch auf.«

Zorro brüllt wie ein sterbendes Tier. Sie pressen sein Gesicht in den Dreck.

Joe schreit: »Seid ihr wahnsinnig? Lasst ihn los.« David Che auf ihrem Arm weint. Joe versucht, mit der freien Hand eines der Monster von Engel wegzuziehen. Jemand packt sie. Hebt sie hoch. Schleudert sie weg. Joe stolpert ein paar Schritte. Fällt. Hält beide Arme über David. Sie darf nicht nach vorne stürzen. Sie dreht sich im Fallen. Automatisch. Schlägt mit dem Hinterkopf auf das Pflaster.

Joe steht sofort wieder auf. Sieht David an. Er hat aufgehört zu weinen. Guckt erstaunt. Scheint zu grinsen. Als habe ihm der Sturzflug gefallen. Zorro liegt auf dem Bauch. Stöhnt. Sie haben ihn zusammengeschnürt. Einer der Irren richtet noch immer die Maschinenpistole auf ihn.

Joe sieht Django junior, der sich an Springerstiefeln vorbeischleicht. Er läuft in ihre Richtung. Eines der Monster hat die Ratte entdeckt. Hebt den Stiefel, um sie zu zertreten. Joe schreit so laut sie kann: »Mörder.«

Der Stiefel bleibt einen Moment in der Luft. Vielleicht hat dieses Monster tatsächlich einen Schreck gekriegt. Django junior ist schon weiter. Joe greift ihn. Sein Schwanz ist abgeknickt. Sonst scheint er okay. Joe steckt ihn in die rote Tasche.

Zorro liegt noch immer auf dem Bauch. Sie sind runter von ihm. Einer kommt mit einem Foto. Zieht Zorros Kopf an den Haaren hoch. Das Gesicht ist blutverschmiert. Zorro sieht Joe. Bewegt die Lippen. Ruft: »Wir fahren in die Berge. Hundertpro.«

Das Monster drückt Zorros Gesicht wieder auf das Pflaster. Brüllt: »Schnauze.« Sagt zu den anderen: »Er ist es.«

Einer von denen meint: »Die Kleine mit dem Balg nehmen wir aber auch gleich mit. Die hat einen Kollegen tätlich angegriffen.«

Aus den Masken starren Joe diese Augen an. Es sind wirklich irre Augen. Die Körper bewegen sich wie Maschinen auf Joe zu. Joe greift nach der roten Tasche. Wegen Django junior. Die Babytragetasche lässt sie stehen. Joe rennt, so schnell sie kann. Mit David Che auf dem Arm und der Tasche. Eine heisere Stimme blökt: »Halt, zurück. Lasst sie laufen.« Und leiser: »Gibt zu viel Scherereien mit dem Balg.«

Als Joe wieder ruhiger atmen kann, wird sie unendlich müde. In ihrem Kopf ist ein tierischer Schmerz. David Che schreit. Joe setzt sich auf eine Bank. Legt ihn an die Brust. Hat aber kaum noch Milch für David. Er schreit wieder, als sie ihn von der Brust nimmt.

Joe sitzt schon mittags vor dem Büro von Iha. Die ist nicht da. Aber Joe kann auf dem Amt eine Flasche für David machen.

Iha kommt nach einer Stunde. »Haben wir es plötzlich eilig«, meint sie.

»Ja«, sagt Joe. Sie sagt zu allem, was Iha labert, ja. Joe möchte nur noch schlafen. In Afrika aufwachen oder in China.

Iha verkündet, dass es noch am Nachmittag losgeht. Sie will Joe selber hinbringen. In eine Stadt irgendwo an der tschechischen Grenze. Den Namen hat Joe noch nie gehört. Sie sagt: »Ja.« Eine Frage hat sie aber doch noch. »Darf man da eine Ratte haben?«

Iha meint: »Davon wird ja wohl deine Entscheidung nicht abhängen.«

»Doch«, sagt Joe.

»Kommt der alte Trotzkopf noch mal durch«, meint Iha. »Wenn du spirituelle Hilfe annehmen willst, ich bin für dich da. Ich werde aus der Ferne für dich arbeiten. Du wirst die Energie spüren.« Das ist dann auch das Ende ihrer Ansage.

Das Projekt ist in einer uralten Villa. Beinahe ein Schloss. Drum herum die Ruinen von Fabrikgebäuden, in denen ungefähr 100.000 Tauben wohnen. Die Villa habe mal dem Besitzer der Fabrik gehört, erzählt ihr gleich eine von den Betreuerinnen. Es sei ein Glücksfall, dass Joe hier untergekommen ist.

In der Villa stinkt es nach Babyscheiße und Sagrotan. Eine breite Marmortreppe führt in den ersten Stock, wo Joes Zimmer ist. Bis auf eine sind die Wände rund. Weil es ein Turmzimmer ist. An der einen geraden Wand hängen Farbdrucke von kleinen Kindern mit Glupschaugen, zu großen Köpfen und clownsmäßigen Klamotten.

Joe will David wickeln. Da steht schone eine Tante neben ihr. Erklärt, wie man ein Baby richtig sauber macht, cremt und wickelt. Wenigstens erlauben sie Joe, die Ratte vorübergehend zu behalten.

Als die Tante endlich wieder raus ist, legt sich Joe auf das Eisengestellbett. Schläft sofort ein. Neben David.

Im Haus leben noch zehn andere Frauen. Alle unter achtzehn. Viele haben ihr Kind auch nur auf Probe. Weil sie drogensüchtig waren, gesoffen haben oder auf den Strich gegangen sind. Oder alles zusammen. Einige von den Frauen sagen, dass es ihnen mittlerweile egal ist, ob sie das Kind behalten dürfen. Weil so ein Baby doch superstressig ist und kein normaler Mensch es in dem Projekt lange aushält.

Zur Stadt läuft man fast zwanzig Minuten. Erst mal vorbei an den dreistöckigen Plattenhäusern, in denen wohl mal die Arbeiter der Fabrik gewohnt haben. Jetzt gibt es da auch nur noch Tauben und reichlich dicke Katzen, die wahrscheinlich Tag und Nacht Babytauben fressen und gelegentlich auf der Straße platt gefahren werden. Wegen der platt gefahrenen Katzen lungern auch immer ein paar große grauschwarze Krähen in der Gegend rum. Sonst gibt es da nichts.

In der Stadt sind nur Vergreiste und Glatzen auf der Straße. Die meisten Glatzen hängen vor »Heinos Bistro« ab. Die Betreuerinnen haben Joe gleich gesagt, dass sie mit ihrem Aufnäher gegen Nazis nicht vor die Tür kann. Außerdem gehöre Politik nicht ins Projekt. Im Übrigen müsse man auch lernen, sich seiner Umwelt anzupassen. Gerade, wenn man Verantwortung für ein Kind trägt.

Es gibt ungefähr ein halbes Dutzend Typen in der Stadt, die Punks sein wollen. Sie haben ewig verbeulte Gesichter oder gebrochene Rippen. Können abends praktisch nicht mehr raus. Joe will sich nicht groß mit denen zeigen. Weil sie absolut keinen Bock hat auf Stress mit den Nazis. Vor allem wegen David.

Joe denkt manchmal, dass Engel ihr von irgendwo zusieht, wenn sie sich an den Nazis vorbeischleicht. Hört ihn sagen: »Ist es das, was du David Che beibringen willst?«

Joe hat versucht, Engels Knastanschrift rauszubekommen. Alle haben ihr gesagt, Zorros Adresse sei das Letzte, was sie kriegt. Sie hat bei Mama gebettelt. Hätte sie gar nicht erst versuchen sollen. Natürlich hat auch Engel keine Chance, zu erfahren, wo sie ist.

Aber was könnte sie ihm auch schreiben, wenn sie seine Adresse hätte? Dass sie ihn liebt. Unheimlich liebt. Okay. Das bestimmt alles gut wird? Sie bald eine richtige Familie sein werden? Mit einer eigenen Wohnung und allem? Glaubt sie ja selber nicht mehr.

Joe muss zur Psychologin. Sie hat bestimmt nicht vorgehabt, mit der über Engel zu reden. Aber kaum sitzt sie der Psychotante gegenüber, kriegt sie einen regelrechten Laberflash. Weil sie einfach mit jemandem über Engel und alles andere reden muss.

Die Alte hört es sich an. Guckt unheimlich verständnisvoll. Bringt am Ende den Spruch: »Du und dein Freund, ihr seid wie zwei Nichtschwimmer in stürmischer See, die sich aneinander klammern.«

Nicht, dass Joe nicht schon mal in die gleiche Richtung gedacht hätte. Aber vielleicht gerade deswegen haut der Spruch sie um. Sie wird dieser Psychotante nie wieder was erzählen.

Nach zwei Wochen in dem Heim hat Joe das Gefühl, dass sie langsam irre wird vor Einsamkeit. Sie redet viel auf Django junior ein. Der hat tatsächlich nichts weiter abgekriegt. Nur der Schwanz bleibt abgeknickt. Joe redet über Engel. Sie quatscht auch mit David. Manchmal über Alex. Holt immer wieder den zerknitterten Zettel mit Alex' Telefonnummer raus. Sie will es eigentlich nicht tun. Dann ruft sie ihn doch an.

Der sagt sofort, dass er nächstes Wochenende kommt, wenn es Joe recht ist. Joe meint, dass es reichlich umständlich ist, zu diesem Kaff zu fahren. Er sagt, er kommt mit dem Wagen. Null Problemo. Joe meint, das Kind sei schon ganz schön gewachsen.

Samstagmittag fährt ein schwarzes Golf-Cabriolet vor das Portal der Villa. Joe hat seit gut einer Stunde immer wieder durch ihr Turmfenster geschielt. Sie weiß auch nicht, warum sie sich so albern benimmt. Wahrscheinlich aus Langeweile. Er steigt aus. Hat den roten Home-Boy-Pullover an und das blaue Tuch um sein Haar geknotet. Die Frauen, die mit ihren Babys im Park abhängen, glotzen nicht schlecht.

Joe muss erst mal in den Spiegel sehen. Sie hat immer noch ein paar Kilo zu viel. Eine richtige Speckfalte am Bauch. Weil es auch niemanden gibt, für den es sich gelohnt hätte, die Kilos wegzuhungern. Sie weiß nicht, ob sie das T-Shirt über den Jeans tragen soll oder es besser reinsteckt.

Jemand brüllt ihren Namen. Joe lässt sich Zeit. Mit David Che auf dem Arm geht sie ganz langsam die breite Marmortreppe runter. Alex wartet am Ende der Treppe. Es ist wie in den Schmachtfilmen, die Joe früher bei Oma gesehen hat. Der junge Graf ist vorgefahren und erwartet seine heimliche Liebe. Joe müsste jetzt nur noch in seine Arme stürmen.

Alex steht ziemlich steif da. Joe hält mit beiden Armen David. Er kann ihr also nicht mal die Hand geben. Sagt nur: »Hallo.« Beugt sich dann doch kurz nach vorn. Seine Lippen berühren ihre Wange. Es ist das erste Mal, seit der Nacht, dass sie sich berühren.

»Finde ich nett, dass du gekommen bist«, sagt Joe.

»Ist doch kein Ding.«

Sie setzen sich auf den eklig braunen Sessel in der Eingangshalle. »Willst du mal?«, fragt Joe. Sie legt David auf Alex Schoß. Alex streichelt mit dem Zeigefinger über Davids Gesicht. Sagt: »Er guckt mich direkt an. Meinst du, dass er schon was erkennt?«

»Sicher.«

Die anderen Mädchen rennen ständig rein und raus, nur um die beiden anzuglotzen. Alex fragt Joe, ob sie irgendwo hinfahren will. Marzipantorte essen vielleicht.

»Haben die hier bestimmt nicht«, sagt Joe. »In der Stadt ist es sowieso Scheiße. Nur Nazis.«

»Wir gondeln einfach ein bisschen rum und finden was.«

In einem unheimlich abgewrackten Dorf gibt es das »Café Paris«. In dem Café sind vier Plastetische, ein paar Plastestühle und die kleine Espresso-Maschine aus der Fernsehwerbung. An den Wänden hängen Fotos von Paris, auf denen eine superblonde Frau im Minirock mit rausgequetschten Titten posiert.

Es ist niemand außer ihnen im Raum. Alex ruft: »Hallo«. Die superblonde Frau kommt. Sie ist inzwischen ziemlich alt geworden. Die Bluse hat sie aber noch immer weit aufgeknöpft. Ihre Titten sind dunkelbraun gebrannt und sommersprossig.

Es gibt nur Apfeltorte und Marmorkuchen. Sie bestellen Apfeltorte. Alex meint: »Ich finde es fast schon wieder schön hier. Ich mag ja den Osten. Exotischer als die Malediven.«

»Findest du«, sagt Joe.

Ein Mann mit Dauerwelle steckt seinen Kopf durch die Tür zur Küche. Verschwindet wieder. »Die beiden gehen hundertpro in Swingerclubs«, meint Joe.

»Woher weißt du das?«, fragt Alex.

Sie essen die Apfeltorte. Fahren weiter durch die Gegend. Reden wenig. Sitzen noch auf einer morschen Bank in einem verwilderten Park. Joe konzentriert sich auf das verschiedene Grün der Blätter. Alex versucht, mit David rumzuschäkern. Der fängt an zu heulen.

»Hat Hunger«, sagt Joe. Sie steht auf. Dreht Alex den Rücken zu. Legt David an die Brust. Spürt Alex' Blick im Rücken. Geht zur nächsten Parkbank. Alex bleibt artig sitzen.

Als Joe zurückkommt, meint Alex, dass er auch allmählich los muss. Weil es doch eine lange Fahrt nach Berlin ist. Vielleicht, sagt er, bleibt er das nächste Mal über Nacht. Wenn es Joe recht ist. Irgendein Hotel oder was wird es ja wohl in der Gegend geben.

»Gibt sogar zwei oder drei«, meint Joe.

Als sie wieder vor dem Portal der Villa sind, macht Alex den Kofferraum auf. Holt eine knallrosa Gucci-Tasche raus. Gibt sie Joe. »Fand ich ganz originell«, sagt er. »Weiß natürlich nicht, ob sie dir gefällt.«

»Klar, danke. Muss aber wirklich nicht sein. Ich meine, die ist auch nicht hundertprozentig mein Stil.« Joe lacht ganz locker. Zum ersten Mal seit Wochen. Monaten. Einer Ewigkeit.

Joe ist relaxter, nachdem Alex da war. Sie will nicht groß darüber grübeln, warum. Auf die anderen Frauen hat es jedenfalls richtig Eindruck gemacht, dass da einer im Golf Cabrio gekommen ist, mit rotem Home-Boy-Pullover und Gucci-Geschenk. Natürlich wollen alle gleich wissen, ob er der Vater von David ist.

»Ist er wohl«, sagt Joe.

Ja, warum sie dann in diesem verfickten Heim lebt?

»Weil er noch zur Schule geht und seine Eltern Probleme machen«, sagt Joe.

Ob sie denn heiraten wollen?

»Muss man gleich heiraten, wenn man ein Kind zusammen hat?«, fragt Joe.

Seit Alex da war, akzeptieren die Mädchen sie. Weil alle denken, dass Joe besser dran ist. Denn bei den meisten Frauen lassen sich die Typen nicht mehr blicken, die sie geschwängert haben.

Vorher haben die anderen wahrscheinlich gedacht, dass Joe bescheuert ist. Weil sie selten Bock hat, mit denen abzuhängen und stupide rumzulabern über Typen, Drogen und Babys. Jetzt halten die anderen sie für arrogant. Damit kann Joe gut leben.

Nach zwei Tagen ist allerdings die Gucci-Tasche weg. Garantiert geklaut von einer dieser sitzen gelassenen Bräute. Aber Joe hätte das knallrosa Teil sowieso nicht durch die Gegend getragen. Weil sie sich vorgestellt hätte, dass Engel plötzlich vor ihr steht. Und fragt: »Was ist denn nun kaputt?«

Mama kommt zu Besuch. Joe freut sich. Dann erzählt Mama aber nur, was für ein Glück Joe hat. Richtig herrschaftlich sei sie untergebracht. »Früher, bei uns im Osten, hat es das nicht gegeben. Da wärst du tagsüber arbeiten gegangen wie alle anderen. Und abends hättest du das Kind aus der Krippe geholt.« Aber später werde es Joe schon merken, was es heißt, mit sechzehn ein Kind zu kriegen. Die schönsten Jahre des Lebens herzugeben für ein Kind.

Joe kann auf solche Sprüche gut verzichten. Das sagt sie Mama auch deutlich. Die jammert rum, dass sie den ganzen Weg gemacht hat, nur um sich Frechheiten anzuhören. So schnell kommt sie wahrscheinlich nicht noch mal.

Dafür fährt Alex am nächsten Sonnabend wieder vor. Er hat eine Picknickbox mit. Weiß aus dem Reiseführer, wo ein idyllischer Wald ist. Sie fahren zu diesem Wald. Alex schiebt den Kinderwagen mit David Che, der Picknickbox und einer Wolldecke über einen sandigen Weg zwischen Buchen, Eichen und Kiefern. Die Spaziergänger, die ihnen entgegenkommen, lächeln freundlich. Manche grüßen. Gucken in den Kinderwagen. Weil Joe und Alex bestimmt aussehen wie das glückliche junge Paar, das für Altersversicherungen wirbt.

Auf einer Lichtung breitet Alex die Wolldecke aus. Holt den Proviant aus der Box. David ist gut drauf. Strampelt auf der Decke. Es fehlen eigentlich nur noch die Bambis, die mit Kulleraugen aus dem Wald schielen.

Joe sagt, dass sie nicht genau weiß, wie es weitergehen soll mit ihr und David. Alex legt den Arm um ihre Schultern. Es ist kein schlechtes Gefühl, wenn man nach endlos langer Zeit mal wieder in den Arm genommen wird. Joe lehnt sich ein bisschen gegen Alex. Der fängt an, ihren Arm zu streicheln. Joe sagt: »Beißt es dich auch? Ich glaube, Ameisen.« Sie springt auf und schüttelt sich und meint: »Wir packen besser zusammen.«

Alex fährt am Abend wieder. Joe kriegt Kopfschmerzen. Nachts träumt sie sich den letzten Horror zusammen. Weiß dann nicht, wer sie gerettet hat vor der bösen Inderin mit Kettensäge. Alex oder Engel. Als sie schon gerettet ist, rennt sie los. Fällt endlos in diese Schlucht. Unten steht Alex. Es war wirklich Alex. Fängt sie auf. Legt ihr den Arm um die Schultern.

Es ist wie ein Nachgeschmack, den man nicht mehr loswird. Die Erinnerung an die paar Minuten, als Joe sich gegen Alex gelehnt hat. Die Erinnerung an diese Minuten ist mal peinlich und mal angenehm.

Joe muss an Engel denken. Kriegt auch tagsüber nur noch Horrorbilder auf die Mattscheibe im Kopf. Engel, der seine Hände durch Gitter streckt und schreit: »Bitte hilf mir.« Der auf einer endlosen Papierrolle Briefe an Joe schreibt. Der mit einem Strick um den Hals an den Gittern hängt. Während sie sich an Alex lehnt.

Joe besorgt sich bei einem Mädchen Gras. Es ist das erste Mal seit der Schwangerschaft, dass sie was raucht. Sie fühlt sich nicht wirklich besser nach dem Joint, eher noch einsamer. Sitzt auf dem Fußboden an der runden Wand. Schreibt mit Filzer: »I love you« an die Wand. Malt ein Herz. Schreibt noch mal darunter: »I love you.« Malt noch ein Herz. Kann nicht mehr aufhören, den Satz zu schreiben und Herzen zu malen, bis kein Platz mehr ist auf der Wand.

Joe muss gleich am nächsten Tag zur Psychologin. Die fragt, wen sie denn meint mit ihren Kritzeleien.

»Weiß nicht«, sagt Joe. Sie weiß es wirklich nicht genau.

»Du willst es mir also nicht verraten«, meint die Tante.

»Doch. Irgendjemanden. Weil man irgendjemanden lieben muss, sonst geht man kaputt.«

Man merkt, dass die Psychologin keinen richtigen Spaß hat an Joe.

Nach der Eingewöhnungszeit geht Joe in dem Kaff zur Schule. Sie sitzt alleine an einem Tisch. Steht alleine in den Pausen rum. Ist ihre Schuld. Aber was hat sie mit diesen Kids auch zu tun, die »Bravo« lesen, Popschmalz hören, vielleicht auch mal die »Bösen Onkelz«, und sich die Liebe von Dr. Sommer erklären lassen.

Alex kommt alle zwei Wochen. Übernachtet in einem Hotel. Ist bis Sonntagnachmittag da. Joe geht es besser, wenn er da ist. Sie würde es wahrscheinlich nicht aushalten in diesem Heim, in diesem Kaff, wenn er nicht käme und sie überhaupt niemanden zum Quatschen hätte.

Alex hat ihr ein Handy geschenkt. Fast jeden Abend um zehn ruft er an. Sie kann mit ihm inzwischen über vieles reden. Über das, was so abgelaufen ist am Tag. All die Scheiße. Die bekloppten Weiber im Projekt. Vor allem aber über David. Der versucht, sich hochzustemmen, wenn er auf dem Bauch liegt. Und so was Ähnliches wie »Papa« brabbelt er vor sich hin.

Joe kann mit Alex nicht über alles quatschen. Über Engel reden sie nie. Alex fragt auch nicht nach ihm. Aber Joe muss jedes Mal an Engel denken, wenn Alex den Arm um sie legt. Sie würde gerne wissen, was Liebe ist. Ob sie Engel noch liebt. Oder ob sie zu schwach ist, einen wie Engel zu lieben. Zu egoistisch, zu berechnend, um überhaupt richtig lieben zu können. Weil sie für David auch keinen Spinner als Daddy haben will. Keinen, der zu gerade ist, um durch die Welt zu gehen, ohne sich den

Kopf einzurennen. Und der zu blöde ist, um eine Tankstelle auszurauben.

Ist es vielleicht eher Liebe, wenn sie fünf Kilo abspeckt, damit Alex ihr sagt, dass sie immer schöner wird. Oder wenn sie jeden zweiten Samstag am Fenster hockt, lange bevor Alex vorfährt. Vielleicht gibt es Liebe, ohne dass man sich erst mal megamäßig verknallt.

Es tut natürlich auch gut, dass die anderen Weiber sie um einen Typen wie Alex beneiden. Sogar die Betreuerinnen haben mehr Respekt vor ihr als vor den anderen Mädchen. Weil sie so einen Vater für ihr Kind hat. Engel hat immer gesagt, dass Frauen sich Typen mit Geld suchen. Weil sie dann selber mehr wert sind und ihr Kind eine gesicherte Zukunft hat.

Irgendwann hat Alex sie das erste Mal richtig geküsst. Es war okay. Bis Joe wieder an Engel denken musste. Sie hat die Arme über den Brüsten verschränkt.

Dann fragt Alex am Telefon, ob sie vielleicht am nächsten Samstag mit ihm im Hotel übernachtet. Seine Stimme ist richtig zittrig, als er das fragt.

»Wenn du willst«, antwortet Joe. Alex hat das Recht, sie zu fragen. Und es wäre albern, nein zu sagen. Sie können sich nicht ewig in seinem Golf Cabrio abknutschen.

Joe kriegt Ausgang über Nacht. Wahrscheinlich auch nur, weil Alex Eindruck macht.

Das Doppelzimmer im Hotel sieht irgendwie aus wie ein Interregioabteil. Jedenfalls sind die Farben des Teppichbodens und die Wände ähnlich. Alles soll wohl neu und modern aussehen. Aber der Teppichboden hat schon reichlich Flecken und Brandlöcher.

Joe duscht. Wickelt sich in das Handtuch. Kümmert sich um David, während Alex duscht. Sie ist nicht wirklich aufgeregt. Es ist eben normal, dass sie irgendwann miteinander schlafen. Alex hat ein Recht darauf.

Alex hat sich auch ein Handtuch umgebunden. Er sieht wirklich gut aus. Joe steht vor dem Bett. Alex gibt ihr einen Kuss auf die

Stirn. Zieht ihr das Handtuch vom Körper. Er guckt sie an. Er hat ein Recht, sie anzusehen. Er sagt: »Du bist unglaublich schön.«

Joe meint: »Wart mal ab, bis meine Titten wieder auf Normalgröße geschrumpft sind.«

Er will ihre Brüste küssen. Sie verschränkt die Arme. »Die sind für David reserviert. Sind unheimlich empfindlich.«

Alex zieht sie ins Bett. Joe schützt mit einem Arm die Brüste. Er ist sehr zärtlich. Es ist nicht unangenehm. Er legt sich auf sie. Sie versucht ihn wegzuschieben. Flüstert: »Lass mir bitte noch ein bisschen Zeit. Tut mir Leid.« Er keucht: »Klar.« Er rollt sich zur Seite. Meint dann: »Es ist auch unheimlich schön, einfach nur neben dir zu liegen und dich zu spüren.«

Er ist echt kein Arschloch. Joe umarmt ihn. Macht es mit der Hand. Es ist nicht ekelig. Es erregt sie sogar etwas. Sie muss nicht an Engel denken. Und es ist schön, wie er dann entspannt in ihrem Arm liegt. Nach Luft schnappt. Lächelt. Flüstert: »Es ist das Größte mit dir.«

»Ist es nicht«, sagt Joe, »aber weißt du, viele Frauen haben nach der Geburt erst mal Probleme mit dem Sex. Auch weil die Hormone noch nicht wieder auf Fortpflanzung umgestellt sind.«

»Verstehe ich total«, meint Alex.

David fängt an zu krähen. Joe nimmt ihn hoch, gibt ihm die Brust. Alex sieht ganz happy zu.

Nachts wacht Joe auf. Sie hat wieder mal von Engel geträumt. Wie er ertrinkt. Und sie sieht zu. Weil die Psychotante hinter ihr steht und sagt: »Zwei Nichtschwimmer ziehen sich nur gegenseitig in die Tiefe.« Joe rennt wieder mal weg. Im Traum. Ein nackter Typ versperrt ihr den Weg. Fängt sofort an, sie zu ficken. Sie hört noch Engels Schreie. Aber es gefällt ihr wohl, von dem Typen gefickt zu werden.

Vor Wochen schon hat Joe an Engels Eltern geschrieben, ob sie seine Anschrift schicken können. Sie hat nie eine Antwort gekriegt. Aber sie hat auch die genaue Adresse von den Eltern nicht mehr gewusst.

Alex ist in den Herbstferien mit seinen Alten auf den Malediven. Erst wollte er gar nicht mit. Aber Joe hat ihm gesagt, dass er spinnt, wenn er sich das entgehen lässt. Die vier Wochen, in denen er nicht kommt, fühlt sich Joe wieder unendlich allein. David schläft noch immer nicht durch. Sie muss jede Nacht mindestens zweimal hoch. Manchmal denkt sie wieder, dass sie das alles nicht schafft. Sie heult wieder in ihr Kopfkissen. Muss an Engel denken.

Joe war ein paarmal im Handarbeitskurs. Hat ein bisschen strikken gelernt. Besorgt sich braune, weiße und schwarze Wolle. Fängt an, einen St.-Pauli-Schal zu stricken. Sagt zu Django junior: »Wenn ich in Berlin bin, kriege ich raus, wo dein Zorro ist.«

Schon die ersten Buchstaben, die sie strickt, werden ziemlich krumm. Den Totenkopf kann man kaum erkennen. Joe ribbelt alles wieder auf. Macht aus der Wolle ein kuscheliges Nest für Django junior. Träumt die nächste Nacht was Horrormäßiges über diesen Scheißschal, den sie nicht stricken kann.

Joe sagt Alex am nächsten Wochenende im Hotel, dass sie immer noch nicht so weit ist. Vielleicht, wenn sie mal ein paar Tage hintereinander zusammen sind. Bestimmt. Weihnachten. Dann darf sie nach Hause. Für zwei Wochen.

Joe ist ehrlich froh, dass sie dann Alex hat in Berlin. Denn zwei Wochen mit Mama und ihrem Schleimheini Mike rumzuhängen wäre frustiger als Heiligabend im Turmzimmer.

Beim nächsten Besuch verkündet Alex, dass er Mama kennen gelernt hat und ihren Typen. Er findet beide supernett. Joe sagt nicht viel dazu. Vielleicht ist sie sogar froh darüber, dass Alex Mama und ihren Kerl akzeptiert.

Mama ruft wie ausgewechselt an. Meint, sie hätte ja schon immer gewusst, dass Joe ein Sonntagskind ist. Wie sie sich denn diesen sympathischen Jungen verdient hat? Joe soll jetzt bloß keinen Fehler machen.

Eigentlich will Joe am 22. Dezember nach Berlin. Dann kriegt David Fieber. Erst am Morgen des 24. erlaubt der Arzt, dass sie fährt. Sie hat nicht mal Zeit, Mama zu sagen, wann sie genau ankommt.

Joe staunt nicht schlecht, als Mama zu Hause die Tür aufmacht. Hinter ihr steht Alex und dahinter Mike, der Schleimheini. Alex nimmt ihr David aus dem Arm. Küsst ihn. Küsst sie.

Joe war sowieso schon kalt. Jetzt wird ihr eiskalt. Sie kann mal wieder ihre Gefühle nicht so schnell sortieren. Weil das Gehirn nicht mitkommt.

Was geht denn jetzt ab? Okay, sie hat Alex so gut wie versprochen, dass sie endlich mit ihm schläft. Aber das kann doch nicht heißen, dass er jetzt gleich zur Familie gehört und mit auf Heiligabend macht.

Wie die sie zu dritt angrienen. Joe hat Panik, ohne ganz genau zu wissen, warum. Als Mike sie auch noch in den Arm nehmen will, geht sie rückwärts zu ihrem alten Zimmer. Sagt: »Ey, mir ist nicht gut. Könnt ihr mich und den Kleinen mal ein paar Minuten allein lassen?« Joe nimmt David, den sich Alex schon gekrallt hatte. Macht die Tür von ihrem alten Zimmer auf, hinter sich sofort wieder zu. Sie hört Mama noch sagen: »Joe ist wahrscheinlich einfach überanstrengt. Das dürfen Sie nicht falsch verstehen, Alex.«

In Joes Zimmer steht die alte Waschmaschine. Oben drauf liegt der gekachelte Wohnzimmertisch, dem ein Bein rausgebrochen ist.

Joes verpisstes Bett ist noch da. Sie sitzt auf dem Bett. Gibt David die Flasche. Versucht mal wieder, alles auf die Reihe zu kriegen. Vielleicht ist sie ja tatsächlich leicht hysterisch. Und Mama hat Recht.

Joe legt David neben sich. Sieht ihn an. »Was meinst du? Habe ich einen an der Waffel? Sag mal, dass deine Mutter sich zusammenreißen soll. Weil sie für dich verantwortlich ist. Außerdem wollen doch alle nur unser Bestes.«

Joe holt Django juniors Käfig aus der Tasche. Muss an Engel denken.

Mama ruft im Flur: »Das Essen ist gleich so weit.«

Joe steht auf. Geht mit David auf dem Arm zu Mama in die Küche.

Die fragt: »Alles wieder in Butter?«

»War was in Rama?« Wie immer Heiligabend schwimmt ein Karpfen in trüber Brühe. »Kann ich dir was helfen?«

»Danke. Dein Alex hat schon rührend mit zugefasst.«

Hat er? Wirklich rührend. »Und mein Zimmer ist jetzt die Rumpelkammer? Ob mein Alex das so romantisch findet?«

»Ihr geht doch über die Feiertage in ein Luxushotel.«

»Machen wir das? Interessant.«

»Hätte ich dir jetzt vielleicht gar nicht verraten dürfen. Wir nehmen den Kleinen. Suite im Luxushotel. Ist sein Weihnachtsgeschenk. Klasse, oder?«

»Was denn? Dass Mamas Tochter fünfsternemäßig durchgevögelt wird?«

»Sag mal, Johanna.«

Ist Joe so rausgerutscht. Plötzlich ist ihr aber richtig schummrig geworden bei der Vorstellung, mit Alex in so einer riesigen Hotelhalle zu stehen. Und der Portier zwinkert Alex vielleicht noch zu, wenn er ihm den Schlüssel gibt. Dann ist da ein riesiges Bett mit roter Samtdecke drüber oder so. Und im Badezimmer steht ein Bidet für hinterher. Alex bestellt noch Sekt. In einem silbernen Kübel. Legt schon mal die Präser neben das eingewickelte Stück Schokolade auf den Nachttisch. Weil Joe jetzt endlich die Beine breit machen muss.

Sie ist mit Mama mal in so einem Hotel gewesen, bestimmt vier Sterne. Als in der Türkei der Rückflug ausgefallen ist. War ziemlich cool eigentlich. Jetzt muss sie aber seit langer Zeit mal wieder an die Party in der durchgestylten Wohnung von Alex' Eltern denken. Vielleicht ist ihr deswegen schummrig.

Andererseits ist es ja eigentlich echt geiler, in einem Luxushotel zu schlafen als in ihrem verpissten Bett neben dem alten Kühlschrank. Und die Beine muss sie sowieso breit machen. Weil sie es so gut wie versprochen hat und nicht weiter rumwinseln kann, er soll ihr Zeit lassen. Außerdem mag sie ihn doch. Er hat einen tollen Body, einen knackigen Arsch. Sie muss ja nicht gleich einen Orgasmus haben. Seltsam, sie kann sich nicht vorstellen, mit Alex einen Orgasmus zu kriegen. Ihre Gefühle sind irgendwie schon reichlich verzickt.

Mama sagt dann auch: »Manchmal denke ich, du tickst nicht richtig.« Dabei fischt sie den gekochten Karpfen aus dem trüben Wasser. Dem Karpfen hängt ein Auge raus. Sie redet weiter: »Nun halt dir bloß den Alex warm. So einen Jungen findest du nämlich nicht wieder. Vor allem für das Kind. Ich wollte, ich hätte so viel Glück gehabt in meinem Leben. Oder willst du vielleicht wieder mit dem Asozialen rumziehen?«

Man kann sich jedenfalls drauf verlassen, dass Mama das Richtige im falschen Moment sagt. Joe sieht sofort Engel vor sich. Wie er allein in seiner Zelle steht. Vornübergebeugt. Zur Tür guckt. Die Arme baumeln hin und her. Denn in die Gefängniskapelle zum Weihnachtsgottesdienst ist er garantiert nicht gegangen.

Mama hat den Karpfen auf den ovalen silbrigen Teller gelegt. Mit dem raushängenden Auge nach oben. Mike wird sich das Auge später auf die Gabel spießen und sagen: »Mm, Kinder, ihr verpasst das Beste.« Joe kann dann nichts mehr anrühren von dem Fisch.

Alex kommt in die Küche. »Ach, hier steckst du«, sagt er. Legt ihr kurz den Arm um die Schultern. Nimmt den Teller mit dem Karpfen. Trägt ihn ins Wohnzimmer.

»Toller Schwiegersohn«, meint Mama.

»Heirate du ihn doch«, sagt Joe.

Im Wohnzimmer kann man sich kaum noch bewegen. Der Tannenbaum ist wieder unheimlich breit. Weil Mama spacke Tannenbäume für armselig hält. Die Zimmerpalmen sind auch weiter gewachsen. Der fast lebensgroße Bernhardiner aus Porzellan, der immer noch so treudoof guckt, versperrt den Weg zur linken Tischseite. Er hockt sonst da, wo der Tannenbaum steht.

Mama fällt es wohl auch auf, dass es ein bisschen eng und stickig ist. Sie meint zu Alex: »Viel Platz ist nicht in der guten Stube. Sie sind sicher was anderes gewohnt.«

»Ich finde es unheimlich gemütlich«, sagt Alex. »Bei uns ist eher so eine kühle Atmosphäre. Der Tannenbaum steht so weit weg, dass man ihn kaum wahrnimmt.«

Mike hat die Kerzen angezündet. Quetscht sich zum Tisch durch. »Walte deines Amtes«, sagt Mama. Mike reißt dem Karpfen erst mal das Auge ganz raus. Legt es auf seinen Teller. Stöhnt: »Mm.« Zerteilt den Fisch.

Joe will nur zwei Kartoffeln mit etwas Butter. Alex legt eine Hand auf ihre Hand. Der Fisch stinkt meilenweit nach Moder. Mike schlürft sich das Auge rein und sagt: »Ihr wisst gar nicht, was ihr verpasst. Die Backen sind auch köstlich.« Alex guckt schon ein bisschen komisch. Im Radio spielen sie »Stille Nacht«.

Nach dem Essen steht Alex gleichzeitig mit Mama auf, um abzuräumen. Soll er. Kann Joe sitzen bleiben. Würde sonst sowieso zu eng.

Dann ist Bescherung. Mike kommt mit einer alten Holzkrippe zum Schaukeln rein. Stellt sie vor den Tannenbaum. Mama legt David Che rein. Sagt: »Wie er in die Kerzen guckt. Seine Augen glitzern richtig.« Alex greift in sein Sakko. Gibt Joe den Hotelgutschein für drei Nächte. Joe küsst Alex auf die Backe. Fragt: »Müssen wir das gleich abwohnen?«

»Ist ab heute reserviert.« Alex küsst Joe auf den Mund. Ihr wird wieder schummrig.

Mama schenkt Unterwäsche. Reichlich durchsichtige schwarze Spitzenhöschen. Und einen BH, auf den sie besonders stolz ist. Sie meint: »Ziemlich sexy, oder?«

»Danke«, sagt Joe.

Mike kippt Weinbrand in Schnapsgläser. Joe nimmt sich auch ein Glas. Sie will sowieso abstillen. Mike stößt mit Alex an. »Hören wir mal auf mit dem Sie. Ich bin der Mike.«

Mama stößt mit Alex an. »Ich heiße Rosa. Sagen aber alle Rosi zu mir.«

»Prost, Rosi«, sagt Alex. »Es ist wirklich schön bei euch.«

»Was willst du denn nach dem Abitur machen?«, fragt Mike.

»Professionell skaten, wenn es klappt.«

»Und damit kann man Geld verdienen?«, fragt Mama.

»Kann man, wenn man gut ist. Und zwar richtig Geld.«

»Geht aber auch nur bis zu einem gewissen Alter«, meint Mike.

David Che kräht fröhlich in der Krippe. Er liegt da unter dem Tannnenbaum wirklich wie das Jesuskind. Joe muss daran denken, wie Engel gesagt hat, dass Maria und Joseph auch kein Dach über dem Kopf hatten.

»Später mach ich vielleicht einen Laden mit Skater-Zubehör auf. Mit Klamotten, Boards und allem«, sagt Alex. »Mein Vater will natürlich, dass ich in die Firma komme.«

»Du gehst doch sowieso in Papas Firma«, sagt Joe. Es haut sie um, wie Alex sich an Mike ranschmeißt und auch an Mama. Zorro würde sagen, dass der gleich auf seiner eigenen Schleimspur ins Schleudern kommt.

Mama hat den BH in der Hand. Wendet ihn hin und her. Sagt zu Joe. »Probier ihn doch mal an, ob er auch passt.«

»Mach ich bestimmt«, sagt Joe. »Mama, ich trag keine BHs. Könntest du eigentlich noch wissen.«

»Musst du jetzt aber als Mutter.«

»Wenn ich muss, geh ich aufs Klo.«

»Jetzt werd bitte nicht schon wieder patzig. Hat 'ne Menge Geld gekostet. Willst du, dass dir später mal alles hängt?«

Alex sagt: »Also sexy finde ich das Teil schon.«

Das gibt Joe den Rest. »Ey, was gehen dich denn jetzt meine Titten an?« Sie legt automatisch einen Arm vor die Brüste.

Keiner sagt mehr was. Aus dem Radio dudelt pausenlos Weihnachtsmusik. Joe will nicht an Engel denken und nicht an das Bidet in der Luxussuite. Sie ist total daneben. Das ist eben Heiligabend. Da ist jeder daneben. Joe sagt: »Wie wär's, wenn wir 'n Video reinschieben. Im Fernsehen kommt ja nichts.«

Mama meint: »Am Heiligabend. Das muss ja nun nicht sein.«

»Sagt dann jemand ein Gedicht auf. Oder was? Ey, Alex, du hast doch bestimmt was auf Lager. Von drauß' vom Walde komm ich her. Oder so was.«

Mike schüttet Weinbrand nach. Alle greifen gleichzeitig nach den Gläsern. »Ich mag diese aggressive Stimmung nicht«, meint Mama. »Mensch, es ist nur einmal im Jahr Weihnachten.«

»Eben. Lass uns ein Video reinschieben, und es ist Frieden.«

»Was für eins denn?«, fragt Mike, der die Idee natürlich nicht schlecht findet.

»Was Horrormäßiges. Der Kettensägenmörder. Elfter Teil. Hast du doch bestimmt.«

»Jetzt mach aber mal Feierabend. Am Heiligabend. Und überhaupt«, sagt Mama.

»Passt doch.«

»Joe macht nur Spaß«, mischt sich Alex ein.

Der fliegt jetzt endgültig aus seiner Schleimspur, denkt Joe. Sie sagt: »Dann schieben wir eben einen von Mikes Pornos rein, damit Alex richtig Appetit kriegt.« Sie will das eigentlich gar nicht sagen. Aber sie hat das Gefühl, dass sie keine Luft mehr kriegt in diesem Zimmer.

Alex sagt noch: »Joe meint es wirklich nicht so. Wir können ja auch bald gehen.«

Joe nimmt David Che aus der gammeligen Wiege. »Ich mach mal den Kleinen nachtfertig.«

»Helf ich dir«, sagt Alex.

»Du machst besser mit Mama den Abwasch«, sagt Joe. Sie geht aus dem Zimmer. Knallt die Tür hinter sich zu. Setzt sich auf das verpisste Bett. Muss nur noch an Engel denken.

Sie meint, kleine Steine gegen ihr Fenster fliegen zu hören. Dann geht der Türgong. Joe rennt auf den Flur. Brüllt zum Wohnzimmer: »Ich geh schon.« Sie drückt den Türöffner. Steht im Treppenhaus. Sie hört seine Schritte. Engel kommt sehr langsam die Treppe hoch. Joe starrt ihm entgegen. Er steht vor ihr. Sagt: »Prinzessin. Ich brauch dich. Bitte.«

Joe legt den Finger auf die Lippen. Flüstert: »Es geht nicht, jetzt.«

»Bitte. Ich brauch dich wirklich.«

»Es geht nicht. Du musst wieder gehen.«

»Dann sag, dass du mich nicht mehr liebst.«

»Wir treffen uns morgen Mittag auf dem Alex.«

»Ich will wenigstens David Che sehen. Jetzt.«

Joe will die Tür zumachen. Aber Zorro steht schon halb auf

dem Flur. Das Licht von der Garderobenlampe fällt auf sein Gesicht. Es sieht unheimlich weiß aus.

Mike ruft: »Wer ist denn da?«

»Niemand, Klingelstreich«, schreit Joe zurück. Ihre Stimme überschlägt sich in Panik.

»Hat jemand deine Titten angefasst?«, fragt Zorro.

Mike kommt in den Flur. Stottert: »Das gibt es doch nicht. Schatz, komm schnell. Der Räuber.«

Zorro sagt fast ruhig: »Ich will nur unseren Sohn sehen. Darauf habe ich ein Recht.«

Mama steht auch auf dem Flur. Mike stottert: »Du hast überhaupt kein Recht. Du gehörst doch eingesperrt.«

»Ihr lasst mich jetzt zu meinem Sohn«, sagt Zorro schon ziemlich laut.

Mike geht rückwärts. Mama schiebt sich an Mike vorbei. »Was heißt denn hier Ihr Sohn? Der Vater meines Enkels feiert mit uns Weihnachten. Und ist der Verlobte meiner Tochter.«

Joe sagt zweimal: »Stimmt nicht.« Viel zu leise.

Zorro brüllt. Es klingt eher wie ein irre lautes Stöhnen. Er schiebt Mama zur Seite. Mike drückt sich in eine Ecke des Flurs. Zorro geht zum Wohnzimmer. Joe hinter ihm her. Sie schreit: »Lass das, Engel. Bitte.«

Zorro ist im Wohnzimmer. Alex steht hinter dem Tisch. Zorro sagt fast leise: »Du gelackter Wichser also.« Er hechtet über den Tisch. Der Tannenbaum kippt um. Zorro packt sich Alex. Hebt ihn hoch wie eine Schaufensterpuppe. Wirft ihn durch das Wohnzimmer. Alex landet auf dem Porzellanbernhardiner, der in Millionen Scherben zerbricht.

Joe hängt an Zorro. »Engel, bitte. Lass das. Er kann nichts dafür.« Zorro schleift Joe hinter sich her, als wäre sie nicht da.

Mike tönt aus seiner Ecke: »Ich hole die Polizei. Ich hole die Polizei.« Zorro schlägt ein paarmal zu. Mike hockt mit angezogenen Beinen in der Ecke und schreit: »Hilfe. Überfall.«

Mama hält die Hände vors Gesicht. Zorro schiebt sie zur Seite. Joe hat ihn losgelassen. Er geht zur Wohnungstür.

Joe läuft hinterher. Automatisch. Sieht, wie Engel die Treppe runtergeht, ohne sich umzudrehen. Joe muss sich am Geländer festhalten. Sie schreit: »Der gelackte Wichser hat mir nicht an die Titten gefasst. Niemand hat mir an die Titten gefasst.«

Joe rennt zurück in die Wohnung, in ihr altes Zimmer. Wirft sich auf das verpisste Bett. Sie würde gern abheulen. Es geht nicht. Sie muss auch nicht groß darüber grübeln, was sie jetzt macht. Sie kann sowieso nicht zurück in dieses vermiefte Wohnzimmer, in die verbeulte Fresse von dem Schleimheini gucken oder die Scherben von dem Bernhardiner auffegen. Sie kann nicht mit dem gelackten Wichser ins Hotel und sich aufs Bidet setzen, wenn er fertig ist.

Joe packt den Käfig mit Django junior wieder in die rote Tasche. Sie zieht David den Daunenanzug an. Als sie die Tür aufmacht, kommt Mama aus dem Wohnzimmer geschossen. Verheult. Fragt: »Was willst du uns denn jetzt noch alles antun?«

Joe nimmt ihren Anorak von der Garderobe. Mike wankt auf den Flur. Er drückt sich einen Gefrierbeutel mit Eiswürfeln aufs Auge. Alex ist wohl schon abgehauen. »Will sie etwa dem Verbrecher hinterher?«, fragt Mike.

»Will sie wohl«, sagt Mama apathisch.

»Mit dem Kind?«, fragt Mike. »Ich ruf die Polizei an.«

[30]

Zorro fährt zum Alex. Er geht zum Brunnen. Hockt sich auf den Rand. Er ist der einzige Mensch auf dem Alex. Die Hütten vom Weihnachtsmarkt stehen noch auf dem Platz. Kackbraun gestrichen mit roten Dächern. Wie eine Siedlung für einkommensschwache Zwerge. Überall grinsen einen die aufgeschwemmten Visagen von Weihnachtsmännern an. Ihre Backen sind so rot, als wären sie im Sonnenstudio eingeschlafen. Es regnet.

Genügend Kohle hätte Zorro noch, um sich den allerletzten Schuss zu kaufen. Aber warum soll man das Sterben nicht ein bisschen strecken? Hat man vielleicht mehr davon.

Zorro hat Weihnachtsurlaub vom Knast gekriegt. War vielleicht ein Fehler, den zu beantragen. Er hat ihn wegen Joe beantragt. Wo du krepierst, ist schließlich egal. Und so schlecht war es im Knast auch wieder nicht. Da bist du oben oder unten wie überall. Im Knast war Zorro oben. Er hat den Kanaken, der die Drogendeals abwickelte, ganz schnell weich gekocht. Der war schließlich froh, dass er Zorros Partner sein durfte.

Den Profit hat Zorro sich selber geballert. Wenn du nur zu bist, ist Knast echt zu ertragen.

Der Alex ist ein elender Platz. Jedenfalls Heiligabend. Nur ein kaputtgedröhntes Hirn hat die Idee, Heiligabend auf den Alex zu gehen. Zorro sitzt da, den Kopf auf den Knien. Wie ein echter Junkie eben. Er hört Schritte, die näher kommen. Er denkt, noch ein Irrer. Er hebt den Kopf. Joe steht vor ihm. Mit David Che und der roten Tasche. Zorro sagt: »Du?«

»Ja, ich.«

»Wie kommst du hierher?«

»Ging ganz automatisch, dass ich hergefahren bin. Ich meine, wo soll ich dich denn sonst finden?«

»Prinzessin.« Zorro steht sehr langsam auf. Er streckt die Hände nach David Che aus. Joe gibt ihm den Kleinen. Zorro drückt Ches

Kopf an sein Gesicht. Der Kleine fängt an zu krähen. Wahrscheinlich, weil Zorros Tränen ihn echt nass machen.

Zorro gibt Joe einen Kuss auf die Stirn. Sieht sie lange an. »Er hat wirklich deine Titten nicht angefasst?«

»Hundertpro. Versprochen ist versprochen. Ich hab auch noch was für dich.« Joe macht die rote Tasche auf. Holt Django junior aus dem Käfig.

»Das ist alles nicht wahr«, sagt Zorro. »Er lebt?«

»Nur der Schwanz ist ein bisschen abgeknickt.«

Zorro nimmt Django junior. Macht auch die Ratte nass mit seinen Tränen. Steht dann plötzlich wieder wie mit den Füßen im Beton. »Warum bist du gekommen, Prinzessin?«

»Ich wollte dir Django bringen.«

»Ach so. Danke.«

»Und will nie wieder ohne dich sein.«

»Das geht nicht, Prinzessin.«

»Wir schaffen es irgendwie. Wir drei. Ich geh jedenfalls in kein Projekt mehr und nie wieder nach Hause. Weil ich ohne dich irre werde.«

»Ey, du weißt nicht. Du kannst nicht bei mir bleiben mit David Che.«

»Was soll denn sein?«

»Ich bin drauf. Verstehst du? Voll drauf. Ich habe mich selber so was von angefixt im Knast. Weil ich es sonst auch nicht ausgehalten hätte, mir vorzustellen, dass irgendein Wichser deine Titten begrabscht.«

»Engel, Spinner. An denen war nur David dran.«

»Ich hab es gewusst.«

»Du brauchst diese Scheiße jetzt nicht mehr, wo du mich wiederhast. Und David.«

»Prinzessin, ich weiß nicht, ob ich es schaffe.«

»Ey, du bist ein Fighter.«

»Ein Flachwichser bin ich. Weil ich wieder damit anfangen musste.«

»War auch meine Schuld. Ich hätte mehr machen können, um deine Adresse im Knast rauszukriegen. Jedenfalls lasse ich dich nicht wieder allein. Und du hörst sofort auf mit der Scheiße. Im Frühjahr fahren wir in die Berge.«

»Ey, Prinzessin, lass mir ein bisschen Zeit. Ich brauch ein paar Tage Ruhe mit dir. Lass uns erst mal hier abhauen.«

»Wo pennen wir denn?«

»Kein Problem. Bei Maria. Seine Eltern sind zum Skilaufen.«

Sie steigen in die U-Bahn. Zorro sagt Joe nicht, wo er hinwill. Sie merkt es erst, als er sie am Bahnhof Zoo aus dem Zug schiebt. Joe sagt: »Das ist nicht dein Ernst.«

»Ey, Prinzessin, ich kann jetzt nicht auf Entzug kommen. Ich meine, heute Nacht. Du weißt nicht, was Entzug ist.«

Joe guckt ihn nur an. Zorro findet einen Typen, der auch über Weihnachten raus ist aus dem Knast. Der vermittelt für einen Kollegen. Zorro kriegt das halbe Gramm gleich vor dem Bahnhof. Weil Heiligabend garantiert keine Zivilbullen unterwegs sind.

Zorro hockt sich in einen Eingang bei der Bahnhofsmission. Er sagt: »Dreh dich weg. Che soll es nicht sehen.« Er kocht das Gift auf. Er sieht, dass Joe weint. Zorro bemerkt noch den Wagen, der langsam die Straße raufkommt. Bevor er sich das Zeug in die Vene haut. Dann hört er von weit weg eine Frauenstimme, die er kennt. Die Frau sagt: »Das ist sie.« Joe schreit was. Zwei Männer sind bei ihr. Und die Frau.

Zorro hat die Nadel im Arm. Müsste noch mal aufziehen. Um auch den letzten Rest in die Ader zu kriegen.

Joe schreit: »Nein.« Ein paarmal. Dann hat einer der Männer David Che auf dem Arm. Der Kleine weint.

Zorro will aufstehen. Seine Beine knicken weg. Er kniet. Über ihm ist das Gesicht von dieser Iha. Zorro kann nicht reinschlagen. Weil das Gift ihn lähmt. Iha sagt zu Joe: »Schöne Bescherung hast du mir bereitet.« Und dann zu den Männern: »Der Säugling kommt erst mal zum Kindernotdienst.« Iha und die beiden Männer verschwinden mit David Che in dem Auto.

Joe steht gegen die Hauswand gelehnt. Zorro kniet. Lange. Die Nadel ist immer noch in seinem Arm. Zorro kriecht zur Hauswand. Stemmt sich hoch. Joe zieht ihm die Nadel aus dem Arm.

Zertritt sie. Zorro umarmt Joe. Eigentlich hält er sich fest an ihr. Er sagt: »Vergiss mich.«

»Ey, ich hab nur noch dich«, flüstert Joe.

Sie gehen in die Bahnhofsmission. Da steht sogar ein Tannenbaum. Alle Tische sind besetzt. Die Leute starren vor sich hin. Halten sich an Pappbechern mit Tee fest. Eine Streetworkerin tröstet heulende Junkiebräute.

Joe und Zorro setzen sich auf den Boden. Verkrallen sich ineinander. »Wir holen uns David Che wieder. Hundertpro«, sagt Zorro.

»Es waren Mama und der Schleimheini«, sagt Joe. »Ich will die nie wieder sehen. Ich habe wirklich nur noch dich.« Ihre Stimme klingt sehr müde.

Sie sitzen nur da. Ineinander verkrallt. Irgendwann meint Zorro: »Wir müssen weg aus dieser Scheißstadt. Ich will nicht wieder in den Knast.«

»Aber David.«

»Sie lassen uns sowieso erst mal nicht zu ihm.«

Mit dem ersten Zug fahren sie nach Hamburg. Zorro sagt, er kennt da Leute. Sie stehen vor dem Hamburger Hauptbahnhof.

Joe fragt: »Und wo gehen wir jetzt hin?«

»Wir bleiben erst mal hier«, sagt Zorro. Joe guckt ihn an. Zorro hat ihre Augen noch nie so gesehen. Traurig, aber auch unheimlich gleichgültig. Zorro will was zu ihr sagen. Irgendetwas, was sie tröstet oder zum Lächeln bringt. Oder wenigstens einen Satz, nach dem man sich einen Kuss gibt. Aber ihm fällt nichts ein. Weil er auch genug mit sich selber zu tun hat.

Zorro kennt sich aus am Hauptbahnhof. Er hat hier schon mal ein paar Wochen abgehangen. Damals ist er wieder weggekommen vom Hauptbahnof. Im letzen Moment. Er kriegt die Kurve bestimmt auch noch mal. Obwohl, damals war er noch nicht voll drauf. Der Entzug war kein Ding. Jetzt ist es Horror, wenn er mal nichts hat.

Viele Kollegen von damals sind offenbar nicht mehr da. Die Leute, die er noch kennt, sind so was von fertig, dass sie sich kaum an ihn erinnern. Er findet einen jungen Dealer. Kanake. Kurde oder so was. Für den hat Zorro schon mal ein bisschen vermittelt. In seiner miesesten Zeit. Zorro haut ihn an.

Der glotzt erst mal nur Joe an. Fragt dann: »Deine Braut?« Er pfeift durch die Zähne. »Mann, da hast du ja immer Kohle auf Tasche.«

Zorro darf auch diesmal wieder für ihn vermitteln. Kriegt sogar was auf Kommission. Die Hälfte davon kann er sozusagen als Vorschuss selber verballern. Zorro denkt, dass es ziemlich gut anläuft in Hamburg.

Joe läuft hinter ihm her. Sagt wenig. Hat bestimmt kaum Ahnung, was abgeht. Will es wahrscheinlich auch nicht verstehen. Zorro ist nur unterwegs. Rennt die hundert Meter am Bahnhof rauf und runter. Er organisiert sogar noch einen Platz zum Pennen. Den kann er mit Gift bezahlen.

Joe läuft irgendwann nicht mehr hinterher. Bleibt beim Blumenstand am U-Bahn-Eingang. Vor dem gläsernen Laden stehen ungefähr hundert Plastikkübel mit hundert verschiedenen Blumensorten. Joe guckt nur in diese Blumen.

Abends bringt ein Junkie sie zu dieser Bude. Joe bleibt gleich im Eingang von dieser Wohnung stehen. Es stinkt mörderisch. Durch die offene Küchentür sieht man leere Dosen und Teller mit Nudelresten.

Joe sagt: »Hier penn ich nicht.«

»Ey, ist doch nur für diese Nacht. Morgen mach ich jede Menge Kohle und besorg uns was Erstklassiges«, sagt Zorro müde.

Sie legen sich irgendwo in einer Kammer auf den Boden zwischen Millionen Kippenreste. An den Wänden sind Blutspritzer. Sie schlafen trotzdem endlos. Bis Zorro einen Schuss braucht.

Als er aus dem Bad zurückkommt, fragt Joe: »Wann hörst du auf mit der Scheiße?«

»Ey, morgen oder übermorgen. Weil wir erst Kohle brauchen. Ich kann doch in dem Schweinestall hier nicht entziehen, wo nur abgewrackte Junkies rumlungern.«

Die Bude ist voll mit kaputten Typen. Man weiß gar nicht, wo die alle geschlafen haben. Die anderen beachten Zorro und Joe nicht weiter. Weil jeder mit sich selber zu tun hat.

Sie sind in der nächsten Nacht wieder in dieser Bude. Und in der übernächsten auch. Und die Nächte danach.

Joe fragt manchmal, wann Zorro denn genügend Kohle zusammenhat, um zu entziehen.

Das Vermitteln läuft mies. Joe geht zum Schnorren auf die Mönckebergstraße. Aber auf der Einkaufsmeile hocken zu viele Profis. Penner und Junkies. Die haben fast alle Hunde dabei. Manche zwei oder drei. Weil der normale Spießer eher für einen Hund Geld gibt als für einen Menschen. Und Hunde auch trauriger gucken können.

Am Anfang kriegt Joe von den anderen Mädchen manchmal etwas Gift zugesteckt. Wenn die einen spendablen Freier hatten. Sie gibt das Zeug Zorro. Weil sie glaubt, dass er sich dann nichts kaufen muss und sie das Geld sparen können für den Entzug. Dann meinen die anderen Weiber aber, was Joe sich eigentlich einbildet. Sie könne ja wohl genauso gut anschaffen gehen wie alle anderen.

Joe sagt Zorro, dass sie es nicht mehr aushält. Der meint, wenn Joe ihn jetzt allein lässt, dann ist ihm sowieso alles egal. Dann macht er weiter bis zum goldenen Schuss.

Joe will wissen, warum er sich den Scheiß in die Adern tut. Und warum es die anderen machen, wenn es so ein Drecksleben ist.

»Es läuft nur dasselbe ab wie überall«, meint Zorro. »Du bist den ganzen Tag hinter der Kohle her. Jeder linkt jeden. Der Stärkere gewinnt.«

»Wenn es genauso ist wie überall, warum muss man sich dann das Gift reinziehen?«, fragt Joe.

»Weil du sonst nicht aushältst, was überall abläuft. Außerdem ist es ehrlicher an so einem Bahnhof. Weil du dir gar nicht erst einbildest, dass du Freunde hast. Weil es keine Freundschaft gibt, solange jeder nur dem eigenen Vorteil hinterhergeiert.«

»Auch keine Liebe«, sagt Joe.

»Ich weiß nicht. Bei uns ist es vielleicht anders.«

Sie schlafen nur noch selten miteinander. Zorro macht es eigentlich nur, damit Joe nicht merkt, wie kaputt er schon ist.

Joe hat ihre Mutter ein paarmal angerufen, um rauszukriegen, was mit David Che ist. Die Mutter hat nicht viel gesagt. Nur, dass es ihm gut geht und er zu Pflegeeltern kommt. Und dass Joe sich keine falschen Hoffnungen machen soll.

Wenn es Zorro besonders mies geht, bettelt er Joe an, ihm aus der Scheiße rauszuhelfen. Dann will er plötzlich auch eine Therapie machen.

Joe schleppt ihn in den »Fixstern«. Der Drogenberater hört sich Zorros Geschichte an. Meint dann, wenn ein Haftbefehl gegen Zorro laufe, könne man in Hamburg nichts machen. Die einzige Möglichkeit sei, in den Knast zurückzugehen und da eine Therapie anzufangen.

Als Zorro eines Abends sehr spät in die versiffte Bude kommt, hockt Joe mit zwei anderen Bräuten in der stinkigen Küche auf dem Boden. Sie ziehen sich gerade einen Cocktail vom Blech in die Nase. Zorro reißt Joe hoch. Schlägt ihr ins Gesicht.

Joe sagt total unbeeindruckt: »Bist du jetzt komplett irre? Merkst du denn überhaupt nichts mehr? Glaubst du vielleicht, es ist das erste Mal, dass ich mich zudröhne? Meinst du, ich hätte die ganze Scheiße mitgemacht, ohne mir die Birne dichtzumachen?«

Zorro heult los. Joe nimmt ihn in den Arm. Meint: »Keine Panik auf der Titanic. Ich bin noch nicht drauf.«

»Behaupten alle am Anfang«, meint eine der Bräute. Die Frau, sie heißt Biggi, sagt, sie hat was ausgegeben. Weil sie fettes Geld für Vermittlung erwartet. Zorro versteht erst gar nicht, dass es um Joe geht. Die Alte labert von einem jungen Typen, mit dem sie auf'm Zimmer war. »Sieht gut aus und alles. Der wollte nur hobeln. Hat aber für eine Stunde Bumsen bezahlt. Und immer nur nach Joe gefragt. Zahlt richtig Geld, wenn ich das klarmache.«

Zorro brüllt erst jetzt los: »Du Miststück von Nutte. Willst du etwa Joe verkuppeln?«

»Guck dich doch mal an. Du brauchst es ja wohl am nötigsten, dass deine Frau was für die Haushaltskasse tut«, sagt Biggi.

Zorro zieht Joe aus der Küche. Meint völlig fertig: »Bevor du anschaffen gehst, krepier ich lieber.«

»Nun mach kein Drama«, sagt Joe. »Ich hab das doch nur so gequatscht, dass mich das interessiert. Weil Biggi dann vielleicht noch einen ausgibt.«

»Prinzessin, du machst das nicht wieder. Ey Mann, es ist meine Schuld, dass sie dich angefixt haben.«

»Ist es nicht.«

»Wir fahren nach Berlin. Ich geh in den Knast und mache da die Therapie. Ich will nicht, dass du kaputtgehst.«

»Wir fahren echt nach Berlin?«, fragt Joe. »Aber was ist mit mir, wenn du im Knast bist und ich niemanden habe?«

Am nächsten Mittag stehen sie auf dem Intercity-Bahnsteig. Der Zug nach Berlin ist gerade weg. Zorro meint, dass es nun auf einen Tag auch nicht mehr ankommt. Joe sagt: »Okay.«

Beinah jeden Tag stehen sie jetzt irgendwann auf dem Intercity-Bahnsteig. Meistens ist der Zug gerade weg. Oder er steht auch mal gerade da. Dann fällt ihnen ein, dass sie nicht genug Geld haben für die Fahrkarte. Dass es besser ist, sie fahren samstags mit Wochenendticket oder abends zum Mondscheintarif.

[31]

Joe sitzt auf der Treppe zur U-Bahn und schnorrt. Sie sieht das Mädchen mit dem Koffer die Treppe hochkommen. Joe erkennt sie nicht sofort, aufgestylt, wie die vor ihr steht. Asi. Neben ihr eine ältere Tussi in grauem Pelz. Asis Mutter wahrscheinlich.

»Geht's gut?«, fragt Asi. Kramt dabei in ihrer Geldbörse. Wirft Joe zwei Mark in die Pappschachtel. »Wird doch sofort in Drogen umgesetzt«, meint die ältere Tussi.

Joe rennt los. Erst findet sie Zorro nicht. Sie läuft durch die Straßen hinter dem Schauspielhaus, vorbei an den Stundenpensionen, Spielhallen und Kindernutten. Biggi steht auch an der Straße, um ihren Nachmittagsfreier klarzumachen. Als sie Joe sieht, ruft sie: »Dein Fan ist wieder in der Gegend.«

»Ist er?«, meint Joe nur.

»Und?«

»Nichts und.«

»Sag mal, bist du die Jungfrau Maria?«

»Kannst du mir was leihen? Kriegst es garantiert morgen wieder.«

»Krieg ich? Wenn ich mich richtig erinnere, schuldest du mir noch zwei Halbe. Die habe ich dir nur gegeben, weil du es dir überlegen wolltest mit dem Typen.«

»Ich kann heute nicht.«

»Ach, die Dame kann nicht. Hat gerade ihre Tage. Dann sieh doch zu, was du mit deinem Haufen Elend machst. Der zittert übrigens gerade am Hansaplatz ab.«

Zorro sitzt auf der Mauer am Hansaplatz vor dem stinkenden Blechpissoir. Sein Kopf hängt zwischen den Knien. Er schrickt hoch, als Joe ihm gegen den Fuß tritt. Er fragt: »Wie viel hast du?«

»Ich geh nicht mehr schnorren«, sagt Joe.

»Ey, ich verrecke.« Zorro bekommt einen Krampf. Schreit dann: »Mann, wie viel hast du?«

Joe streckt ihm die Hand mit ein paar Groschen und zwei Markstücken entgegen.

Zorro starrt auf die Münzen. »Das ist alles? Ey Prinzessin, du musst was tun.«

»Ich gehe nicht mehr schnorren.«

»Willst du mich verrecken lassen?«

Joe fühlt sich so was von scheiße. Nicht mal wegen Engel. Der ist ihr beinah egal. Jedenfalls in diesem Moment. Joe hält einfach alles nicht mehr aus ohne Gift. Obwohl sie wahrscheinlich noch nicht drauf ist.

»Du musst was machen«, wiederholt Zorro.

»Was denn? Anschaffen gehen?« Joe ist todmüde. Sie setzt sich auf die Mauer. Macht die Augen zu. Hört von weitem Engels Stimme: »Das machst du nicht. Das darfst du nie machen.« Joe ist wirklich nur noch todmüde. Sie nickt weg. Sie hört sich selber sagen: »Ey Alter, es ist so weit. Jede Frau, die mit einem Junkie rumzieht, geht irgendwann anschaffen. Hast du doch gewusst.«

Und dann Zorro wie von weit weg: »Du gehst nicht anschaffen. Lieber krepier ich.«

Vielleicht hat Engel das wirklich noch gesagt. Aber Joe spinnt sich längst ihren eigenen Horror zusammen. Wie sie hysterisch losschreit: »Was redest du immer nur von dir. Vielleicht brauch ich auch was, um diesen ganzen Dreck auszuhalten.«

Zorro ist aufgestanden. Hält sich den Bauch. »Bitte, mach es nicht«, jammert er.

»Und du krepierst auf dieser Mauer. Oder was?«

Zorro lässt sich auf den Boden sacken. Lehnt mit dem Rücken gegen die Mauer. Sieht hoch zu Joe. »Du guckst dem Scheißkerl nicht ins Gesicht dabei.«

»Ich mach sowieso nur hobeln. Der steht auch nur auf hobeln.«

»Du sagst nichts dabei.«

»Ja, ja.«

»Und deine Titten fasst er nicht an.«

»Du nervst.«

»Mach es nicht«, sagt Zorro.

»Gibst du mir dann was aus?«

Joe träumt, wie sie aufsteht. Los rennt. Und Biggi findet, die immer noch hinter dem Schauspielhaus steht. Wie sie zu Biggi geht und sagt: »Ich gucke mir den Typen mal an.«

»Mit Angucken ist nichts«, meint Biggi. »Bedingung ist, dass du sein Gesicht nicht siehst.«

»Ein Perverser, oder was?«

»Quatsch. Perverse rieche ich auf tausend Meter gegen den Wind. Ist ein Verklemmter. Die Verklemmten sind sowieso am besten.«

»Und der will nur hobeln?«

»Bei mir jedenfalls. Ein bisschen gucken und hobeln lassen und voll bezahlen.«

»Wie sieht er aus?«

»Echt gut. Knackig jung. Könnte jede Braut haben. Ist eben nur verklemmt.«

»Ich würde es machen, vielleicht.«

»Ich habe seine Handynummer. Ich arrangier das. Warte im Hansa-Eck.«

Nach ungefähr einer Stunde taucht Biggi wieder auf. Sie bringt Joe zu einer Pension. »Du sagst nur Zimmer 301. Alles arrangiert. Passieren kann nichts. Ich hab ja seine Handynummer.«

Joe spürt keine Angst in diesem Traum. Fühlt eigentlich gar nichts. Es ist, als ginge nur ihr Body die steile Treppe hoch. Während ihre Seele so lange im Hansa-Eck wartet.

Zwei Schwule sind hinter ihr. Joe lässt sie vorbei. Der eine Schwule hat die Hand auf dem Hintern des anderen.

Auf den Treppenstufen ist roter Teppich mit goldfarbenen Leisten. An der Wand hängen rötliche Leuchten in Muschelform. Es ist keine billige Steige.

Joe hat nur einen total trockenen Mund, als sie an die Zimmertür klopft. Eine unnatürlich tiefe Stimme ruft: »Herein.«

Joe macht die Tür auf. Es ist ziemlich dunkel im Zimmer. Zwischen den zugezogenen Vorhängen ist ein sehr schmaler Lichtstreifen.

Joe entdeckt die Umrisse des Freiers erst, als der mit dieser unnatürlichen Stimme sagt: »Schön, dass du gekommen bist.«

Eine Lampe geht an, blendet Joe. Sie sieht nur seinen blauen Bademantel. Der Typ hat sich halb weggedreht. Die Kapuze des Bademantels bedeckt den Kopf. Der Freier sagt: »Ich möchte nicht, dass du mich ansiehst.«

Joe denkt immer wieder, dass Biggi seine Handynummer hat, dass er nur verklemmt ist. Sie sieht auf den Lichtstreifen zwischen den Vorhängen. Möchte wieder da draußen sein.

»Willst du dich nicht ausziehen?«, fragt der Typ mit dieser verstellten Stimme. Irgendwas in der Stimme kommt Joe vertraut vor. Jedenfalls macht die Stimme ihr keine Angst. Joe sieht zu dem Licht zwischen den Vorhängen und fängt automatisch an, sich auszuziehen. Sie sagt: »Ich werd nervös, wenn mir jemand dabei zuguckt.«

»Ich seh nicht hin«, sagt der Typ.

Joe schielt zur Seite. Er hat sich tatsächlich umgedreht. Sie steht nackt in diesem Zimmer.

»Du bist unglaublich schön«, sagt er.

»Wirklich?«, fragt Joe tatsächlich und erschrickt im selben Moment über sich. Sie merkt erst jetzt, dass er sie im großen Spiegel hinter dem Bett beobachten kann. Soll er gaffen.

Er fragt: »Willst du duschen?«

Joe sagt: »Klar, kann ich machen.« Sie hat immer noch einen total trockenen Mund, aber wirklich keine Angst. Sie duscht. Lässt das Wasser über ihr Gesicht und in den Mund laufen. Trocknet sich ab. Steht wieder nackt in dem Zimmer.

Der Freier hat sich immer noch nicht zu ihr umgedreht. Beobachtet sie wohl im Spiegel. Er fragt: »Weißt du eigentlich selber, wie schön du bist?«

»Nee«, sagt Joe. Beinah verlegen.

»Du hast noch nicht gesagt, wie viel.«

Joe wird immer mutiger: »Zweihundert.«

»Zweihundert?«, wiederholt der Freier.

»Aber nur hobeln.«

»Was heißt denn das?«

Joe bewegt die Hand ein paarmal rauf und runter. »Okay, hundertfünfzig.«

»Du bist teurer. Viel wertvoller«, sagt der Freier. »Guck mal zum Tisch.«

Auf dem Tisch liegen Geldscheine. Ein ganzer Stapel.

»Steck das besser gleich ein«, meint dieser komische Typ. »Man packt immer erst die Kohle weg.«

Joe geht automatisch zum Tisch. Hebt ihre Jacke vom Boden auf. Knüllt das Geld in beide Jackentaschen. Sie begreift sowieso nichts. Hundertmal hat sie sich vorgestellt, wie es ist, wenn man das erste Mal anschaffen geht. Wenn ein Fettbauch mit Arschgesicht und besoffen für fünfzig Mark einen geblasen haben will. Die anderen Frauen haben die Storys erzählt.

Der Typ knipst plötzlich die Lampe aus. Joe gruselt es nicht. Sie hört Schritte von bloßen Füßen. Sie spürt seinen Atem, die Hand auf ihrem Rücken. Er führt sie zum Bett. Joe verschränkt die Arme vor den Brüsten. Er zieht ihre Arme sanft herunter. Joe lässt ihn machen. Er küsst ihre Brüste.

Joe weiß von den anderen, dass man nicht an den Freier denken darf, sondern nur an die Kohle. Sie stellt sich den Stapel Scheine vor. Spürt, wie er ihre Titten küsst. Es ist gut. Mit Engel hat sie schon eine Ewigkeit nicht mehr geschlafen.

Joe klappt die Augen auf. Es ist hell. Sie wacht nur langsam auf aus diesem Traum. Sie hört noch diese verstellte Stimme, die irgendwann gesagt hat: »Nimm das Geld. Hau ab. Rette dich.« Sie fühlt noch die Hände auf ihrer Haut. Den Abschiedskuss auf den Lippen. Die Berührungen, die Stimme, der Kuss waren ihr vertraut. Joe versucht rauszukriegen, warum. Es fällt ihr nicht ein.

Sie hockt noch auf dieser Mauer am Hansaplatz. Zorro liegt neben ihr. Ist auch eingepennt. Joe steht auf. Sie geht wirklich los. Langsam. Weg von Engel. Weg von allem. Vorbei an dem

Protz-Hotel. Runter zur Alster. Der Typ im Bademantel kriegt plötzlich ein Gesicht. Sie erkennt die Hände wieder. Die erst sanft und schüchtern sind. Dann immer gieriger werden. Ey, es war Alex. Bestimmt. Oder doch ein Märchenprinz.

Joe setzt sich auf eine Bank an der Alster. Sie guckt auf das trübgraue Wasser des Sees, in dem ein paar Enten schwimmen. Sie will nicht groß darüber grübeln, warum es ihr vielleicht gefallen hat mit dem Freier. Mit Alex. Oder dem Märchenprinzen. Man kriegt solche Träume sowieso nie mehr richtig zusammengepuzzelt. Man schläft wieder ein. Und der Traum geht weiter.

Joe stellt sich vor, wie sie aus dieser Pension kommt mit dem Geld. Zu Engel geht. Ihm über den Kopf streicht. Er schreckt hoch. Starrt sie an. Fragt: »Ey, was war?«

»Alles okay«, meint Joe.

»Wo bist du die ganze Zeit gewesen? Ey, was war?«

»Was soll gewesen sein?«

»Hat er was versucht, oder was?«

»Logo. Geht es dir besser? Hast du was geschnorrt?«

»Biggi hat mir etwas Valeron gegeben. Hat er dich angefasst und so?«

Joe umkrallt das Geld in ihrer Jacke mit den Fäusten. Sie zieht eine Hand etwas aus der Tasche. »Guck mal hier.« Engel beugt sich darüber. Joe meint: »Guck richtig hin. Aber nicht so auffällig.«

Engel fragt: »Alles Scheine?«

»Logisch.«

Engel greift nach ihrer Hand: »Zeig mal her.«

»Bist du bescheuert?« Joe stopft die Kohle tief in die Tasche zurück.

Engel fragt: »Was hast du dafür gemacht?«

»Ich war anschaffen.«

»Was war das für ein Perverser?«

»Vielleicht ein Prinz. Ein Märchenprinz.«

»Verarsch mich nicht. Ey, Prinzessin, bitte. Wahrscheinlich hat es dir auch noch Spaß gemacht.«

»Du hast doch gemeint, schöne Frauen sind immer scharf auf Männer mit Geld. Dass das ein Trieb ist.«

Engel lässt den Kopf wieder auf die Knie fallen.

Joe sagt: »Ey, wir haben Kohle satt. Klapp jetzt nicht weg. Sag mal, findest du mich eigentlich schön?«

Engel hat sich aufgerichtet: »Find ich.«

»Und warum sagst du Arsch mir das eigentlich nie?«

»Gib mir 'n Schein. Es kommt schon wieder.«

»Ich weiß was Besseres.«

»Gib mir erst einen Schein.«

»Wir fahren mit der Kohle in die Berge.«

Engel sieht Joe erstaunt an. Lächelt sogar. »Machen wir echt. Gleich nächste Woche oder so.«

»Nee, heute. Mit dem nächsten Zug.«

»Ich brauch erst was. Auch für die Fahrt. Ich entzieh dann da.«

»Ey, du entziehst sofort.« Joe besorgt noch Valeron. Ruft bei Mama an. Erzählt ihr, dass sie etwas Urlaub macht in den Bergen. Fragt nach David. Dem gehe es wohl gut, meint Mama. Da gibt es nichts Neues. Das heißt, es gibt doch noch was. Alex hat den Test machen lassen. Er kommt als Vater nicht in Frage.

Joe wacht einen Moment auf. Sie sieht einen Zug, der über die Lombards-Brücke fährt. Sie macht die Augen gleich wieder zu. Spinnt sich zurück in diesen Traum. Will, dass er gut ausgeht. Sie sieht Engel und sich in dem Zug, der ein Tal hochkriecht. In einem ziemlich antiken Wagen. Mit Holzbänken. Und klappernden Scheiben.

Engel klammert sich an Joe. Zittert. Er sagt: »Ich bin glücklich, dass du es jetzt auch weißt, dass David Che mein Sohn ist.«

»War mir doch eigentlich immer klar«, lügt Joe.

Draußen werden die Berge immer höher. Engel presst sein Gesicht an die klappernden Scheiben. Weil das kühlt. Oder weil er dann den Bergen näher ist.

Die Wiesen unter den Bergen sind unheimlich grün. Die Häuser sind dunkelbraun oder braun und weiß. Auch die Kühe sind braun oder braun und weiß. »Wie die Farben von St. Pauli«, meint

Engel. »Wir mieten uns so ein Haus. Mit reichlich Land drum herum. Da haben wir zwei Kühe und einen großen Garten. Von zwei Kühen und einem Garten und vielleicht noch ein paar Hühnern kannst du schon leben.«

»Kannst du nicht«, meint Joe. »Du brauchst auch Geld für Klamotten zum Beispiel oder die Fernsehgebühren.«

Engel sagt: »Einen Bernhardiner haben wir auch. Und vielleicht einen Esel, auf dem David Che reitet, wenn er größer ist.«

»Ich mag die Häuser hier und die Berge überhaupt«, sagt Joe.

Engel entdeckt den riesigen Berg mit dem weißen Gipfel. Sie steigen am nächsten Bahnhof aus. Engel findet auch die Pension. Jedenfalls ist es vor ihrem Fenster total finster. Und wenn man ans Fenster geht, sieht man diesen riesigen Berg mit der schneeweiß glänzenden Spitze.

Das Bett im Zimmer ist aus dunklem Holz. Und die dicken schweren Kissen auf dem Bett sind blau-weiß kariert. Engel lässt sich in die Kissen fallen. Krümmt sich zusammen. Joe bindet ihm ein feuchtes Tuch um den Kopf. Sie legt sich neben ihn. Lässt sich von ihm umklammern. Spürt sein Zittern. Irgendwann schläft Engel sogar ein.

Sie ziehen schon in der Morgendämmerung los. Engel hat das Che-Guevara-Hemd angezogen. Sie sehen, wie der Gipfel rötlichgolden zu leuchten beginnt. Erst nur die Spitze. Dann fließt das rötliche Gold langsam über den noch grauen Schnee nach unten.

Sie hören die Glocken der Kühe. In den Wiesen sind unendlich viele Blumen. Sie steigen auf einem schmalen Pfad nach oben. Engel muss manchmal stehen bleiben. Weil er Krämpfe hat. Joe will, dass er eine Pause macht. Sie kann selber nicht mehr. Aber Engel will nur weiter nach oben. Er sagt: »Bin ich ein Fighter, oder was?«

Sie trinken Wasser aus einem Bach. Joe meint, dass sie es nicht schaffen. Weil es zu weit ist und immer steiler wird. Und es keinen Sinn macht. So wie Engel drauf ist.

Engel sagt: »Weißt du, dass Che Guevara monatelang die Berge rauf- und runtergerannt ist in Bolivien. Kaputt von Malaria und sonst welchen Krankheiten. Und er wusste, dass er keine Chance hatte.«

Sie müssen über Felsen klettern. Die Sohlen hängen ihnen von den Schuhen. Sie versinken bis zu den Knien im Schnee. Engel will nur weiter.

Dann steht er vor Joe an dem kleinen Kreuz auf dem Gipfel. Sieht runter auf den Ort. Joe muss sich festhalten an dem Kreuz. Weil sie Angst hat vor der ungeheuren Tiefe.

»Ich habe dir versprochen, dass es die totale Freiheit ist«, sagt Engel. Er zittert nicht mehr. Er steht nach vorn gebeugt vor diesem Abgrund. Die Arme baumeln.

Joe sagt: »Ey, pass auf.« Obwohl sie nur an ihre eigene Angst denken kann.

»Guck doch mal runter«, sagt Engel. »Ich hab dir doch erzählt, dass die Arschgesichter dieser Welt von hier oben klein wie Fliegenschiss werden. Stimmt gar nicht. Du siehst die nicht mal. So idiotisch klein sind sie.«

Joe kann immer nur kurz runtergucken. Weil ihr schwindelig wird.

Engel geht noch einen Fußbreit näher an den Abgrund ... »Das ist eben die totale Freiheit. Wenn die ganze Scheiße so weit weg ist, dass du sie nicht mehr sehen kannst. Glaubst du mir jetzt?«

»Weiß nicht. Weil sich bei mir alles dreht, wenn ich zu lange runtergucke.«

Engel sagt: »Big Loser Che ist all diese Berge rauf. Weil er dann weit über der ganzen verfickten Scheiße war. Weil er nur noch ablachen wollte über diese Fliegenschisse wie Castro oder Kennedy.«

Aus dem Tal kommen silbrig graue Wolken. Sie überfluten die Felsen. Liegen wie ein wattiger See unter ihnen. »Ist das nicht irre«, meint Engel. »Die Sonne scheint nur noch für uns. Ey, lass uns über die Wolken laufen.«

Joe kriegt mehr Angst. Sagt: »Engel, wir nebeln ein. Nachher finden wir den Weg nicht mehr. Lass uns gehen.«

»Wohin?«

»Runter.«

»Runter? Nicht wirklich. Ey, ich schaff das nicht. Bis runter in die Scheiße.«

»Schaffst du, weil du ein Fighter bist.« Joe friert. Sie fängt an, nach unten zu klettern. Dunkelgrauer Nebel legt sich über sie. Es ist Totenstille. Bis Joe meint, weit weg das Aufschlagen von Steinen zu hören.

Joe schreit: »Engel.« Es ist wieder Totenstille.

Der Nebel rast in Fetzen an ihr vorbei. Die Sonne reißt ihn auseinander. Joe sieht Felsen durch den Nebel. Und dann den See aus Wolken unter sich. Sie guckt hoch zum weiß glitzernden Gipfel. Engel ist nicht mehr da.

Joe friert. Sie macht die Augen ganz auf. Die Sonne scheint durch ein schmales Loch im verhangenen Himmel. Joe sieht auf die silbrig graue Alster, in der ein paar Enten schwimmen. Aus der Traum. Joe weiß, dass sie mit dem nächsten Zug zurückmuss. Hundertpro. Sie wird es ihm gleich sagen. Engel wird es nicht schaffen zum nächsten Zug. Dann muss sie allein fahren.

Joe lebt mit David Che allein in Berlin. Sie will das Abitur machen. Und vielleicht zusammen mit Spasti Archäologie studieren.

Es begann als Reise, aber endete als Trip.

Sie suchte Liebe und Abenteuer, entdeckte Drogen und erwachte in der Ausweglosigkeit. „Wir Kinder vom Bahnhof Zoo" erzählt die wahre Geschichte der drogenabhängigen Christiane F.

324 Seiten, € 9,90.